现代市场经济条件下中国
合作型劳动关系研究

Modern Market Economy of Cooperative
Employment Relationship in China

崔　驰/著

经济科学出版社

图书在版编目（CIP）数据

现代市场经济条件下中国合作型劳动关系研究/崔驰著.
—北京：经济科学出版社，2013.12
ISBN 978 - 7 - 5141 - 4116 - 0

Ⅰ.①现… Ⅱ.①崔… Ⅲ.①劳动关系 - 研究 - 中国
Ⅳ.①F249.26

中国版本图书馆 CIP 数据核字（2013）第 299682 号

责任编辑：杜　鹏　张　力
责任校对：苏小昭
责任印制：邱　天

现代市场经济条件下中国合作型劳动关系研究
崔　驰/著
经济科学出版社出版、发行　新华书店经销
社址：北京市海淀区阜成路甲 28 号　邮编：100142
总编部电话：010 - 88191217　发行部电话：010 - 88191522
网址：www.esp.com.cn
电子邮件：esp_bj@ 163.com
天猫网店：经济科学出版社旗舰店
网址：http://jjkxcbs.tmall.com
北京欣舒印务有限公司印刷
华玉装订厂装订
710×1000　16 开　16 印张　300000 字
2013 年 12 月第 1 版　2013 年 12 月第 1 次印刷
ISBN 978 - 7 - 5141 - 4116 - 0　定价：49.00 元

序

  《现代市场经济条件下中国合作型劳动关系研究》一书，是以研究与雇佣行为管理有关问题作为其核心内容展开研究的。我国改革开放 30 余年，已取得辉煌的成就：经济快速发展，人民生活水平普遍提高。但同时，随着我国人民收入差距不断拉大，紧张的劳动关系问题严重地制约和影响我国经济持续发展。如何能让更多的中国民众分享到改革开放后经济快速发展的成果，更好地处理好初次分配中公平与效率的关系，是当今中国亟须解决的重要问题。

  目前，中国劳动关系的研究多数是集中在以下三种视角：一是从微观角度（企业）入手，人力资源管理的角度研究"纯"雇佣关系；二是运用集体谈判、政治利益表达等理论和方法分析劳动者的谈判地位、集体谈判力不足等问题；三是从宏观角度（政府）研究劳动关系，研究诸如工资被拖欠、克扣，合同不能强制执行，缺乏法律基本的保障等问题。以上三种视角的研究往往都会遇到这样的"瓶颈"：企业自身的人力资源管理能够保证"和谐"的结果吗？《劳动合同法》在劳动关系中能起到多大作用？集体谈判在中国会有效吗？能否建立起有效的企业工资集体协商制度？如果市场失灵导致劳动关系冲突时，政府作用应如何体现？政府应当如何规制劳动关系？

  本书是基于上述三个层次来构架的。第三、第四章是从微观劳动关系对企业影响的角度研究展开的。第五、第六章是从企业狭义的劳动关系向广义的劳动关系研究过渡，开始研究我国集体谈判以及法律解决劳动关系所遇到一些问题。第七章是从市场价格信号失灵角度分析不和谐劳动关系问题产生的原因。

  本书为解决上述问题提出了一些新的思路。本书的最大特色就是在研究劳动关系问题上，研究了政府、市场、企业、员工之间的关系，特别是强调了市场与政府之间的关系，而这正是以往研究常常忽视的地方。同时，本书借鉴西方新制度经济学机会主义理论，从机会主义行为的控制与工作灵活性两个维度尝试解释合同的不完全程度与效率之间的关系，构建了劳动合同的效率模型，提出了公正的合作机制。本书作者认为，中国出现的很多不和谐社会现象是由市场价格机制本身的缺陷所导致的。本书作者分析了市场如何来传播"公平"的信息，认为我国劳动力市场中价格失灵的真正原因是缺乏员工评价价格质量的声誉信息。在我国初次分配中，市场机制并没有起到有效资源配置的作用，反映劳动关系状态"好"与"坏"等信息在劳动力市场中不能被人们观察到。正是因为员工评价声誉信息的缺乏，才使我国出现了很多劳动关系不和谐的现象，如管理者违背"合作精神"，不道德地侵占员工应分得的企业租金（剩余），不公平、不公正地评价每位员工的工作成果，甚至出现拖欠工资等不合法的机会主义行为。本书作者强调，为限制管理者的机会主义行为以及企业权威的目标，我们需要明确的管理制度以及工会、集体谈判等方式，更为重要的是将管理制度（人力资源管理）的成果信息反馈到市场价格机制之中，为劳动关系利益相关者更好地合作创造公平的外部环境。政府如何影响初次分配？本书作者认为，政府不应直接干预市场中的价格，而应该通过建立合作机制来保证劳动力市场中价格机制的正常运转。

我认为本书作者为解决当今中国劳动关系问题提供了一个新的视角。不再一味只谈人力资源管理、完善法制建设或建立集体协商制度等传统观点，而从市场与政府之间的关系来审视劳动关系，这个方向的把握是值得肯定的。

本书也存在很多不足之处。可能是由于本书作者的实践经验方面的不足，没有提出政府完善市场机制的具体方案。这使本书的应用性价值大大下降。当然，这种批评并非单纯是在挑毛病，希望作者以及读者们更加重视当今的劳动关系问题，为构建和谐劳动关系提出更好、更有效的方案或建议。

金喜在
2013 年 10 月 25 日

目　　录

第一章 导 论

第一节 研究的目的

一、研究问题的提出

改革开放 30 多年来，中国经济快速发展，总体上人民生活水平大幅度提高，逐步地实现了从计划经济向市场经济的转变，初步建立了一个更加具有经济活力、国际竞争力不断增加的市场经济体制。然而，在这个过程中，我国出现了宏观层面上贫富差距不断拉大，微观层面上企业工人工资低廉，工资被拖欠、克扣等劳动关系不和谐的现象。

在宏观层面上，我国收入差距问题突出。进入 21 世纪以后，全国收入差距的基尼系数已达到 0.454（2002）[1]，这意味着我国已经进入高收入差距国家的行列。2006 年，中国基尼系数更是高达 0.496[2]，远远超过国际公认 0.4 的分配不公平警戒线。当然，如果分开城乡两元结构单独讨论，这个数字可能会低一些，但城市贫困人口也在不断增多，城乡贫困人口规模巨大。截至 2006 年年末，全国农村还有绝对贫困人口 2 148 万人，初步解决温饱但还不稳定的低收入人口 3 550 万人。在城市，由于失业、疾病等各种原因，还有 2 000 多万城市居民收入在最低生活保障线以下。[3]

在微观层面上，企业和员工之间的利益关系和分配关系日益复杂，企业的劳动争议和劳动纠纷逐渐增多，企业与职工的矛盾不断激化。劳动关系问题特别是

---

[1] 孔泾源：中国居民收入分配理论与政策 [M]. 北京：中国计划出版社，2005：100.

[2] 中共中央宣传部理论局. 理论热点面对面·2007 [M]. 北京：学习出版社，人民出版社，2007：65.

[3] 中共中央宣传部理论局. 理论热点面对面·2007 [M]. 北京：学习出版社，人民出版社，2007：122.

关于企业工人工资低廉，工资被拖欠、克扣等问题，已经成为学术界以及大众所关注的焦点。

　　这就提出了一个问题：近年来，对宏观社会收入差距拉大与微观劳动关系的问题，研究可谓不少，政府不可谓不重视，有关措施也出台了不少，但是却收效甚微——收入差距仍然在不断拉大，劳动纠纷、不和谐劳动现象不断出现。最终政府只能以调节收入的力度不够或法律保障机制仍然不健全作为回答。那么，如何能让更多的中国民众分享到改革开放经济快速发展的成果，就成为近期很重要的一个研究课题。

二、研究意义

　　初次分配公平与效率问题的研究一直被人们忽视。社会经济活动最终都是为了满足人们的需求，这涉及两个方面的问题：一是如何以最小的投入生产出尽可能多的社会财富（效率问题）；二是这些财富如何在各社会成员之间恰当地进行分配（公平问题），两者不可或缺。但在改革开放很长时间内，公平与效率的关系被很多人视为此消彼长，不能协调统一，只能两者选一：要么追求效率，必然以牺牲公平为代价，如，党的十四届三中全会强调的"效率优先，兼顾公平"那样；要么强调公平，又必然以牺牲效率为成本，如改革开放之前将绝对平均主义分配代替公平分配。公平与效率不可兼得，只能两者选一：要么选择效率，要么选择公平，没有中间道路可走。

　　党的十六届五中全会报告中指出："坚持效率优先、兼顾公平，既要反对平均主义，又要防止收入悬殊。初次分配注重效率，发挥市场的作用，鼓励一部分人通过诚实劳动、合法经营先富起来。再分配注重公平，加强政府对收入分配的调节职能，调节差距过大的收入。"虽然，党的十六届五中全会所强调的"再分配注意公平"是对我国防止收入差距过大以及分配认识上的进步，但仍然没有摆脱"效率优先，兼顾公平"、"效率与公平不能统一"的认识。直到党的十七大报告指出"初次分配和再分配都要处理好效率与公平的关系，再分配更加注重社会公平"，"初次分配要处理好效率与公平的关系"的认识才被正式提出。

　　然而，虽然国家已经认识到初次分配要处理好效率与公平的关系，但中国学者在这方面的研究仍然集中在再分配的效率与公平关系的问题上，而初次分配很少涉及公平与效率的讨论。这与初次分配的特征有关。初次分配研究所涉及的内容绝大部分是企业与市场的微观机制研究，与劳动关系问题联系紧密。如果依赖于政府直接干预企业劳动关系中的分配问题就是对市场调节作用的部分否认，又退回了改革开放之前的状态。因此，除国有制企业以外，似乎政府控制初次分配的作用几乎是微乎其微。

如何解决初次分配中公平与效率的关系,这直接影响中国经济发展以及社会的和谐、稳定。当然,这就必然要突破原有思想的框架,重新回到劳动关系、企业、市场等这些微观单元,对其进行更详细的分析与研究。因此,本书的研究并不在于工资被拖欠、克扣、合同不能强制执行以及缺乏法律基本的保障等问题上,本书试图挑战比"法律保障最基本权利"更高、更难的问题,即如何能让更多的中国中国民众分享到改革开放后经济快速发展的成果问题,处理好初次分配中公平与效率的关系。本书基于市场经济既有优点又有缺陷的认识,不同意初次分配中将公平与效率关系对立起来的"冲突论",主张两者是互为条件、互为促进的和谐关系。本书试图寻找一条既能保持市场机制优点,又能消除收入差距扩大的途径,实现公平与效率的兼顾与协调,为中国特色社会主义市场经济条件下的合作型劳动关系提出构思。本书认为,只有在完善的市场价格机制下,才能统一公平与效率两者的关系,真正达到社会和谐、稳定与经济快速发展。因此,针对目前中国社会发展中劳动关系的不和谐现象,我们需要重新认识市场价格机制的运行并完善其机制。

第二节 相关文献综述和评价

上文指出,由于初次分配的特征与劳动关系、企业、市场密不可分,与传统意义上政府宏观调控作用的关系较远,所以我国研究中很少涉及初次分配的公平与效率问题。虽然中国政府已经认识到初次分配要处理好效率与公平的关系有着重要的意义,但是中国学术界的多数研究基本上仍然停留在再分配的效率、公平关系与集体谈判角度上。

一、政府干预的再分配与福利经济学第二定理

如果正如斯密、卢梭、康德强调人人都应该平等地得到尊重,康德进一步论述人人都拥有需要开发自身能力的程度,尤其是通过让他们获得资源后就能实现的自身能力开发,马克思和其他许多人认为社会是人们可以按照自己的意愿改变或者重新改变的合作社,如此,人们就能对社会进行资源的再分配,以便帮助所有成员开发自身潜能。[①] 再分配的正义性甚至被经济学模型化,福利经济学第二定理是微观经济学支持"政府干预"的完美结论。福利经济学第一定理是说任何的瓦尔拉斯均衡(可以理解为完全竞争市场状态)都是帕累托最优的。而福利经

---

① 费莱施哈克尔. 分配正义简史 [M]. 2010:166.

济学第二定理是福利经济学第一定理的逆定理，通过运用一个适当的一次性财富分配计划，可以以市场为基础的均衡形式达到任何合意的帕累托最优配置。

福利经济学第二定理成立条件依赖于政府的税收再分配，这为政府干预论者提供了良好的理论基础。不过，中国很多学者只重视福利经济学第二定理的结论，强调政府的再分配作用可以推进社会帕累托最优的实现，却没有注意到福利经济学第二定理成立还需要一个重要的条件，就是计划当局所掌握的信息必须非常充分。① 马斯－科莱尔等人这样评述福利经济学第二定理："（政府）必须有充分的信息来识别被实施的帕累托最优配置，以及计算正确的支持价格向量。为了此目的，该当局必须至少知道经济行为者的偏好、禀赋以及在经济中确实存在的行为者的其他相关特征的统计联合分布。然而，为了对每个消费者执行正确的转移支付水平，计划当局还必须知道得更多：它必须有能力通过观察每个个人的个体特征（即偏好和禀赋）来完美地分辨出谁是谁，然而，实践中完全不可能获得这样的信息。"② 另外，图洛克从转移支付等角度通过科学的分析，不遗余力地反对任何形式的政府再分配计划。③

只有在保障最低程度、社会最不利成员或称为弱势群体的审视上，政府收集信息的成本相对较低，正如党的十七大报告中所述"再分配要更加注重社会公平"，这对于保障这部分弱势群体的公平性可能较有效。然而，一旦超过最低的基本标准，政府干预就失去了信息优势。劳动关系问题中，政府很难了解到企业所创造出来的租金是多少，更不可能了解每个员工的努力程度、贡献程度，员工是否分享到了企业租金，是否贡献与收入相匹配这样的信息，通过再分配的方式也失去了效率性原则。因此，即使是再分配也很难保障分配达到公平与效率的统一。

亚里士多德曾说过：当中等收入者群体弱小无力并且组织很差时，国家就会分裂为穷人和富人，由于两者是天然的敌人，在政治上往往互相排斥，很难妥协，就会导致社会不稳定。也有研究表明：一个拥有相对同质的中产阶级社会的国家，会有较高的收入水平和经济增长；这些国家有较高的人力资本和基础设施建设的积累，社会动荡极少，并且城市化水平也较高。扩大中等收入者比重，在我国目前收入差距悬殊的情况下，更有重要的理论和实践意义，构建"橄榄形"财富结构成为今后我国收入分配改革的一项必然的政策选择。④ 如何让更多的民

① 政府干预有效性还有另一个重要假设，政策制定者是无私心的，公平的，仁慈的。这条假设在实际中存在着很大的问题，政府官员往往也存在自己的私欲，通过行政权力谋取自己私人的利益。腐败就是政府完美论假设不成立的一种体现。

② ［美］马斯－科莱尔等. 微观经济学（下）. 北京：中国社会科学出版社，2001：781－783.

③ ［美］戈登·图洛克. 收入再分配的经济学. 上海：上海人民出版社，2008.

④ 转引于纪玉山等. 中等收入者比重的扩大及"橄榄形"财富结构的达致［J］. 社会科学研究，2005（2）.

众分享到改革开放后中国经济快速发展的成果，扩大中国中产阶级的比例，成为当今解决收入差距的焦点。而中等收入群体主要并不是看消费水平，也不是看财产的多少，而是看可持续的收入能力。因此，解决宏观收入差距，扩大中产阶级，必然需要仔细研究初次分配与劳动关系问题。

二、初次分配与集体谈判

在初次分配过程中如何保证公平与效率之间的关系一直是一个未曾解决的难题。上文提到，除国有制企业以外，似乎政府控制初次分配的作用几乎是微乎其微的。不过，政府直接干预初次分配的可能性不大，但可以通过间接手段干预初次分配。法律、集体谈判、利益集团政治利益上的发言权等手段就是政府间接干预的体现。

有关这类劳动关系的研究有很多，研究范围也很广，包括法学、政治学、社会学、经济学，甚至管理学的部分研究都会涉及类似主题，也是传统劳动关系研究的核心内容。常凯（1995）认为，私营企业劳动关系雇佣劳动的本质特点，使劳资双方处于利益冲突甚至阶级冲突之中，这是私营经济的一般属性。在私营企业劳动关系的建立、运行过程中，雇主始终占着主导地位，雇工们只是被动、消极地应付。虽然现在常凯缓和了表述方式，但他的研究中有关对抗性劳动关系思路依然没有改变。他（2007）认为，中国的工人和工会并没有成为企业抗衡力量，也没有形成对于雇主的压力。沿着这种思路在评价人力资源管理与传统劳动关系时，常凯认为，中国人力资源管理在劳资关系上特别是在集体劳动关系方面几乎没有压力，在企业管理方面完全单方说了算，可以为所欲为。因此，如何实现中国人力资源管理法制化是一个很大的问题。

姚先国（2005）认为，在雇佣制度条件下，劳资冲突具有内在的必然性。企业主是资本人格化的代表。资本必然追逐利润最大化。如果没有来自外部的有效约束，这种逐利行为就会导致其侵犯劳动者的正当权益。不过，除了法律规范人力资源管理以外，姚先国还对企业内部机制平衡提出构想，如姚先国、郭东杰（2007）建立了企业内部共同治理机制的劳动关系模式。

"政府主导论"成为如何实现劳动关系双方权力平衡的外部机制推动的必要条件。甚至不分社会学、法学、管理学、经济学，绝大部分学者都支持"政府主导论"的观点，如佟新（2009）、石美暇（2005）、常凯等都不同程度上支持这种观点。夏小林（2004）指出，治理劳资关系首先要"治吏"，解决政府目标与行为的二元结构偏差，端正目标，强化理性干预机制。在法律法规体系和工会、雇主组织发育都不完备的市场中，对日益凸显的劳资矛盾，政府应该发挥行政优势，先形成政府主导型的劳资关系调整模式，再逐步向非政府组织的劳资关系调整转移，政府实行适当监管和裁判①。

　　总的来说，尽管存在着细节的不同，但他们都属于多元理论的支持者，在不同程度上依赖于政府协调利益的作用，基本上依循不同利益集团应该表达和诉求的权利，是传统劳动关系分析的主体。甚至还有学者将多元论上升到"民主政治"的框架，认为没有利益表达机制，就不可能产生现代的民主政治。虽然他们以保护弱势群体为分析起点，但是最后往往陷于"扩大保护范围"甚至干预企业租金分配的怪现象中，在保证分配公平（更为准确的是相对平均）的过程中，或多或少地忽略了企业效率问题。

三、评价

　　很多学者根据当今中国分配问题以及劳动关系不和谐的现状得出这种结论：市场只能促进效率不能保障"公平"，或者是市场中存在着价格失灵，需要由政府（法律）来补充市场作用。然而，这种观点一味强调市场失灵的后果，却没有发现政府解决此问题时同样可能出现的新问题，即"政府失灵"。事实上，政府（法律）在分配问题上往往不能掌握劳动合作过程中的"私人信息"，不具有信息优势，很难真正起到高效率的协调作用。如果政府不知道在哪些条件下有信息优势，哪些部分没有信息优势，而是一味强调市场失灵后政府就要干预，这种做法可能会导致更严重的后果。

　　然而，完善的市场机制中，"公平"与"效率"并不冲突。当然，完善的市场机制需要一种合作机制来保证市场价格机制能够有效地运行，限制劳动关系中参与人的机会主义行为，保障机会公平，并推进劳动过程中合作的顺利进行。在劳动关系中，管理者与员工都存在出现机会主义行为的可能性，不过，本书集中研究如何限制管理者的机会主义行为以及企业权威等问题。这与目前中国的国情有关，因为，劳动合同以企业规章、制度在一定程度上限制了员工的机会主义行为，然而管理者的权威、机会主义行为并未受到有效的限制。管理者的机会主义行为破坏了劳动过程中的"合作精神"以及市场经济秩序。市场价格机制的价格信号不能分离出哪些管理者违背了"合作精神"，无法对其实施惩罚，市场中很难观察到工资（价格）以外的有关企业人力资源管理成果的价格质量信息。因为缺乏良好的合作机制来限制机会主义行为，才使市场价格无法正常运作，人力资源管理不能发挥真正作用，所以，中国出现了更广泛的管理者机会主义行为现象，并直接导致了收入差距的不断扩大，出现了劳动关系不和谐的现象。

---

　　① 夏小林. 私营部门：劳资关系及协调机制 [J]. 管理世界，2004（6）：33-52.

第三节 本书逻辑思路和分析框架

劳动关系不仅仅反映管理者与员工的合作情况，而且还包括社会性因素。劳动关系的质量高低不仅影响单个企业的生产效率，且关系社会秩序的稳定性。因此，一方面，我们要分析企业组织内部机制如何预防和解决劳动关系问题的发生；另一方面，我们也要考虑国家所制定的劳动法律以及市场对企业劳动关系的影响，前者是保护员工的基本合法权益，后者为合作型劳动关系创造了良好的外部环境。只有在这些努力的共同作用下，才能达到一种和谐劳动关系的状态。

本书第二章介绍本书中所使用的一些基本概念，如劳动关系、劳动合同、合作等。本书使用的"合同"概念并不是法律所强调"白纸黑字"的书面合同，而是较抽象的经济学概念，是连接劳动关系双方的纽带，是合作的基本单位。本书将区别"合作"与"和谐"两个不同的概念。"和谐"更为强调现状或结果，而"合作"更加重视如何保证在劳动关系过程中遵守"合作精神"，诚实、守信地完成劳动过程的每个环节，包括分配。只有劳动过程的"合作"满足"合作精神"，才能真正达到劳动关系"和谐"的结果。所以，在本书中大部分使用的是"合作"一词。

一般来说，劳动合同（"雇佣合同"）是相对合作期限较长的一种合同，很难把工作内容完全规定清楚，因此产生了一些如签约之后执行上的成本。管理学认为，长期劳动合作过程中，企业与员工产生了一种"隐性关系"或"心理契约"，这种特殊关系可以降低劳动合同不完全性所产生的成本。但本书强调这种"隐性关系"、"心理契约"，不是为经理人而付出的无私奉献，而是基于"针锋相对"或互惠上的策略，也就是员工相信自己的努力在将来可以得到相应的回报，并且这种信任是确实的。一旦信任是不可置信的，员工将更愿意缔结短期不确定性较小的"即时合同"。也就是说，在工作中员工投入大量的努力并且取得了一定的成果，由于合同的不完全特性，劳动过程很难被证实，不能得到法律的强制保护，管理者很容易出现事后的道德风险行为（机会主义行为的一种表现）。特别是当员工投入大量的人力专用性资本投资时，劳动合同的不完全性质很难保证这部分投资不受到管理者"敲竹杠"。因此，如何通过机制设计来限制管理者的机会主义行为及企业权威能力以保障机会公平框架下合作的顺利进行，就成为本书研究的重点。

本书第三、第四章从微观劳动关系对企业影响的角度研究开始，研究劳动合同在哪些部分为企业提供了竞争优势。第三章主要是与劳动关系相关理论的介绍。科斯在《企业的性质》一文中认为，企业劳动合同（"雇佣合同"）代替市场"即时合同",是企业存在的本质。市场的"即时合同"可以视为一种相对短期的完全合同。当环境及任务发生变化时,就要通过再次谈判、全新签订合同修正环境及任务所引起的变化。所以,这种"即时合同"并不存在严重的不确定性问题,更加接近完全合同,并且可以受到法律强制力的保证。多次再谈判的成本可能是十分高昂的,当工作环境或任务较复杂,明确工作内容的成本就会很高。但是,一旦劳动双方合作时间较长,劳动合同的优势就会体现出来。采用较长时间的劳动合同将会降低不断再谈判等方面的成本,节省交易费用。在"资本雇佣劳动"、"劳动雇佣资本"等论点之间的讨论后,本书将研究劳动关系的本质问题。

　　一种直接限制管理者机会主义行为的方法是企业规章、制度的设定与执行。第四章从管理学角度分析了劳动合同提高企业效率的原因。比较美国、日本、德国三个发达国家典型企业中劳动合同调整以及人力资本专用性保障的制度安排,可以得出结论:明确的合同设计,一方面限制了员工的机会主义行为,另一方面也限制了管理者的机会主义行为。本书构造了"劳动合同的效率模型",分析了劳动合同内容的明确程度是如何提高企业效率的,并通过管理学发展史解释劳动合同效率模型的合理性。不过,这种通过企业规章、制度限制企业权威的思想中,天然地假设了规章、制度一定是公平、公正的,并且是可置信的、可执行的,管理者不会出现机会主义行为;并且认为,一旦管理者不信守承诺,不满意的员工可以通过"用脚走路"的方式。但考虑到专用性人力资本投资的特性,员工并非如新古典理论那样可以自由移动。因此,管理学的这种假设很容易造成企业权威缺乏限制,导致人力资本专用性投资不足的情况。

　　第五章从企业狭义的劳动关系向广义的劳动关系研究过渡,研究工会是如何保障人力资本专用性投资的问题。传统经济学,一直认为工会是一种垄断组织,资源配置也就自然达不到最优状态。不过,这只是在新古典理论下交易成本为零的假设前提中推导出来的结论。也就是说,在交易费用为零的条件下,"即时合同"可以通过无成本的再谈判来消除一切不确定性问题,这时劳动合同并不存在成本优势。事实上,交易费用不可能为零,那么工会在保障人力资本专用性投资、防止经理人在缔约后的道德风险问题时就可能起到重要作用,并且节约了社会整体上的交易费用。然而,"工会保护人力资本专用性投资"的认识只是反映了经济规律下工会的作用。工会还存在其他提高谈判力的手段,特别是规模较大的工会往往通过政治、法律强制力来提高讨价还价能力。在第五章的中间部分讨论了这部分内容,并指出其不足。最后,对比一些西方发达国家中工会以及集体谈判的发展路径,总结了值得我国借鉴之处。

　　承接上章,规模较大工会提升其谈判能力最直接的方法是"法律的强制力"以及政治手段的支持。第六章回顾了中国的《劳动合同法》所引起的一系列争论。正是因为中国在微观企业规章、制度的实施上往往是不可置信的，不能有效地保证员工的人力资本专用性投资，所以，为了从宏观层面上加强交易的公平性，才会强行出台《劳动合同法》。但是，在一定程度上，笔者也同意传统经济学家对《劳动合同法》的批评。《劳动合同法》中的确存在着过度保护劳动者的部分条文，这将会反方向助长员工机会主义行为的出现，不利于构建合作型劳动关系，影响劳动合同效率，也不能达到分配的公平性。因此，本书分析法律解决劳动关系的边界，讨论分配中最有争议的"分配的公正性"问题，为此需要区分"合法分配"与"道德分配"两个重要概念。分配需要保证公平性原则，还需要保证分配是否符合人们的"道德是非判断"，这反映出分配的社会性关系。因为分配的公正性部分包括人们的主观价值判断，很难以某一人为（政府）制定的标准给予回答。所以，如何设立合作机制促进分配的公平性与公正性问题将留在第七、第八章回答。

　　第五、第六章所描述的情况近似于传统工业、具有较高人力资本专用性投资特征的劳动关系（industrial relations），第七章扩展到更广泛意义上的劳动关系（工业以外包括通用性人力资本投资）。本书第七章从维持长期合作的另一个重要方法——信任入手，信任关系到企业制度、规范实施情况，甚至是管理者的承诺能否保障员工长期劳动合同的未来收益，即信任限制机会主义行为的另外一种表述。如管理者能得到员工的信任，可降低"即时合同"讨价还价的成本，同时还约束了管理者的机会主义行为。之后，区别了大中型企业与小型企业中信任是如何产生以及如何维持这种信任。本书指出，当前中国劳动关系中，双方之间低信誉（管理者承诺不可置信）、低合作，管理者机会主义行为未受到限制的一个重要原因，在于中国劳动力市场价格机制的不完善，即市场中很难观察除了劳动力价格（工资）以外的信息。市场价格机制中无法观察到（或者观察的成本很高）管理者对待员工的有价值的信息，如人力资本投资的保障、员工贡献是否与收入匹配、企业所创造的租金分配情况等评价企业人力资源管理成果的信息。这是导致市场价格机制失灵的真正原因。因此出现了分配不公平、不公正，一些不讲信誉的企业不但不给员工分发企业租金（合作剩余），甚至还会出现拖欠工资等违法行为，进而造成宏观收入差距不断拉大。一些管理者的不良行为（机会主义行为）直接影响整个劳动力市场中的市场秩序，劳动力供求双方都更加不信任对方，市场价格机制中损失掉了包含价格质量信息的信号，包含是否"合作精神"的声誉信号变成了一种公共物品，人力资源管理的成果在市场中无法体现。市场无法作出良好有效的分离均衡，因而不能将不讲信誉的企业与讲信誉的企业分离开，所谓的市场失灵也就出现了。

　　最后一章总结全文，提出构建中国特色的社会主义市场经济下合作型劳动关系的框架。本书重新探讨了"三方合作机制"的含义，认为"合作机制"不应该单纯停留在"集体协商"机制的认识上，广义的"合作机制"应该能更有利于劳动双方的机会公平，起到推进他们之间合作、诚实守信的作用。因此，针对我国当前情况，"三方合作机制"关键要解决第七章所分析的市场价格失灵原因——劳动力市场中声誉信息缺失的问题。劳动力市场声誉信息发布机制可以起到完善市场价格机制失灵的作用，从而降低管理者机会主义行为的可能性，并诱使劳动关系中的双方从不合作转向合作状态。较完善的市场机制是合作型劳动关系框架的基础，只有在其指导下，企业人力资源管理才能发挥出真正的效果，初次分配的公平与效率才能统一，才能解决当今收入分配差距扩大以及劳动关系"不和谐"的现状。由我国市场不完善的特殊情况，我国政府应该在初次分配市场中起到规范市场微观秩序的积极作用。

第四节　创　新　点

一、劳动合同是一种特殊的合同

当前，中国劳动关系研究往往集中在法学与政治学角度。政治学角度强调不同利益集团应该表达和诉求的权利。他们甚至上升到"民主政治"的框架，认为没有利益表达机制，就不可能产生现代的民主政治。集体谈判制度、利益集团的政治表达都是这种思想的典型代表。然而，政治上的利益集团分析方法往往缺乏良好的微观基础，甚至忽视客观的经济规律。比如，2010年"星光大道"节目使"旭日阳刚"这对农民工组合一夜成名，但成名之后的他们并不愿意回去继续做农民工，他们都有了自己新的想法。这个简单的例子反映了利益集团微观基础的代表存在着很大的不稳定因素，传统利益集团的政治方法忽视了利益集团中微观个体的利益，直接影响着这种分析方法的解释能力。而以个人、企业利益为分析起点的微观经济学分析手段可以良好地解决这一问题，并且也能解释集体行动。

更为重要的是，法律以及政治斗争在短时期内可能影响了经济结果，但如果忽视经济规律，单纯追求利益集团政治利益表达的方式则很难长期维持。利益集团讨价还价的结果以及法律调整都缺乏灵活的调整空间，本身就是在一定程度上否认市场调节机制。比如2008年中国出台的新《劳动合同法》中的一些规定偏离了保证劳动关系合作框架的"中立"原则，而过分保护劳动关系中谈判能力较弱的一方。因为正好遇到2008年全世界范围的经济危机，《劳动合同法》出台总有一种生不逢时的感觉。在这一背景下，企业生存都成了问题，尽管中国政府马上调整了目标，提出了"保就业"的口号。但实现《劳动合同法》的全部内容仍是难上加难，一些条款变成了一张白纸。因此，只有良好地分析微观个体（企业、员工以及利益相关者）的利益，才能制定出更好的政策，才能真正解决分配以及劳动关系问题。为此，本书脱离法律、利益集团的政治发言权等传统的劳动关系分析框架，以交易费用经济学分析方法为基础，回归最基本微观利益分析，重新建立一种全新的劳动关系理论体系。

二、劳动合同不完全程度与效率的关系

传统劳动关系研究很少将焦点集中在劳动合同如何为企业节省市场交易成本、带来竞争优势，他们甚至忽视了经济规律。本书从企业的雇佣关系（狭义的劳动关系）研究开始，分析劳动合同提高企业效率的（"雇佣合同"）特别之处。劳动合同的不完全特性与法律的明确书面合同干预形成了鲜明的对比，将为后文法律干预是否会影响劳动合同的效率打下基础。本书认为，如果法律过分干预劳动合同的实施，将使劳动合同失去效率。法律只是限制企业管理者机会主义行为的一种方法，并不是全部。法律上所要求的明确合同、规定全部内容本身就是否定劳动合同的效率性，并不能解决劳动关系的不和谐现象。认识到这一点非常关键。威廉姆森认为，劳动关系治理的意义就在于诱导秩序，从而减少冲突，最终实现共同利益。[①]

上述的研究重点是如何防范由不完全合同导致的机会主义行为问题，但还有一个更为重要的问题一直被人们所忽视，这就是合同的不完全性程度与效率之间的关系。究竟将合同的不完全程度设定在哪里才能更好地发挥企业效率，这直接关系到合同设定有效性，本书第四章从机会主义行为的控制与工作灵活性两个维度试图解释合同的不完全程度与效率之间关系，寻找不完全程度合同的最佳设定，进而构造了劳动合同效率模型。

三、公正的分配机制

本书最容易引起争议的讨论应该是关于"什么是公正的分配"的回答上。"公正的分配"本身包含了一定程度的社会性因素以及个人主观价值观评价。所以，关于"公正的分配"的回答，即使在西方发达国家中仍然存在着很大的争论。本书并没有直接回答"公正的分配"的标准，事实上，从宏观角度回答

---

① O Williamson. The Lens of Contract: Private Ordering. American Economic Review, 2002 (92): 438 – 443.

"公正的分配"标准也是不可能的。但本书的思想构造了什么是"公正的分配"机制，即让更有信息优势的人评价什么是"公正的分配"。

当保护范围超过"社会最不利成员"时，利益集团的"政治"途径或者国家法律的强制保障等传统方法往往有悖于平等的基本自由，有悖于经济发展的效率，也并非是公平的①，是对中国改革开放市场作用的一种局部否认。本书所构造出来的"合作机制"提倡平等的基本自由，也是符合公正的分配的。"合作机制"下提倡在市场条件下公平，诚实守信，劳动双方在"合作精神"下进行合作，并将包含着社会关系因素以及"道德是非判断"的"公正"信念作为一种质量信息反馈于市场价格机制中。本书提倡的"合作机制"不仅能够保证效率性，而且还能保证公平性原则，甚至解决了什么是"公正的分配"这一问题，这些都将起到完善市场价格机制的作用。

四、重新审视市场机制价格信号失灵部分

改革开放 30 多年，我国经济快速发展的最大原因应该归结于肯定了市场价格机制调节的作用。然而，在经济高速发展的同时，我国出现了贫富差距不断扩大、劳动争议和劳动纠纷逐渐增多、劳动关系不和谐等现象。根据这些现象，一些学者得出了"是市场价格机制失灵的表现"以及"应该强调政府干预"的论断。似乎改革开放很长时间内我国注重的是"效率优先，兼顾公平"，而现在就应该反过来突出强调政府干预的"公平"作用了。本书则强调"政府干预"、"法律干预"、利益集团的政治手段等必须注意所能保障的对象，即干预只能保障最底层利益集团。如果保护范围扩大，那么与改革开放前的否认市场调节作用的计划经济又有什么区别呢？

本书认为，当今中国出现的很多不和谐现象的确是中国市场价格机制的缺陷所致，但正是因为存在这种缺陷，我们需要更加细致地分析市场价格机制，分析为什么会出现市场价格机制失灵，能否改善市场价格机制，而不是将所有的问题都一味推给政府、过分强调需要通过"政府干预"来解决问题。事实上，经济规律问题只能通过经济手段解决。大禹治水功绩在于疏导，在于治水机制上的设计。通过政治手段、"政府干预"等方法正如堵洪水一样，至多只能短期有效，不能从根本上解决我国收入分配以及劳动关系问题。在完善的市场价格机制下，推进中国企业人力资源管理更好的发展，公平与效率并不是二选一的关系，而是公平与效率能够同时达到。

---

① 上述的"社会最不利成员"和"平等的基本自由"两个概念参见罗尔斯。罗尔斯. 作为公平的正义——正义新论［M］. 北京：生活·读书·新知三联书店，2002：70.

五、重新审视政府的作用

改革开放之前，政府通过行政、指令等方式直接干预国有企业的租金的创造与分配，如图 1.1 中①所示。这种做法造成了企业缺乏灵活性的调整空间，不能有效地激励员工的工作热情以及企业生产力低下的现象。改革开放以后，政府放宽了对企业的直接行政命令指导，给予企业灵活性调整空间以适应市场环境变化，突出市场调节作用。这种认识是我国改革开放的一大进步，促进了社会整体上的生产力发展以及人民生活质量的显著提高。然而，伴随着中国高速经济发展，同时出现了分配以及劳动关系不和谐的现象。在这种情况下，政府并不能如以前那样直接干预企业行为，而是转向一种间接干预手段，即通过法律规定、集体谈判等方式强制规范企业行为、改变劳动力市场相对价格，如图 1.1 中②所示。目前我国学者的研究以及政府的做法就是这种间接干预手段。似乎是更具有说服力的说法，他们强调政府作用通过改变劳动力市场的相对价格，使穷人获得更多的收入，进而提高穷人的能力。然而，不完善市场价格运行机制，单纯凭借政府干预修正以往"错误"的做法并不能从根本解决使"穷人"得到更多的问题，还会继续产生更严重的问题。

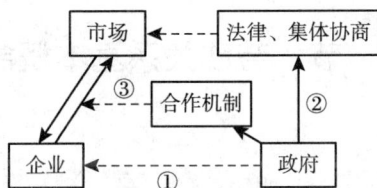

图 1.1　政府影响劳动关系的方式

本书提出，政府应该建立合作机制①，解决劳动力市场中信息不对称问题，降低人们搜寻管理者信息的成本，让市场机制惩罚那些不合作、占有全部剩余的管理者。这种合作机制在保证公正分配的过程中，不再强调政府直接或间接改变劳动力市场相对价格，而是发送目前我国劳动力市场价格以外的员工评价企业声誉质量信息，起到完善市场价格机制运行的作用，如图 1.1 中③所示。为此，政府应该在初次分配市场中起到规范市场微观秩序的积极作用。

---

①　最初可理解政府部门的一项职能，可见第八章。

第二章 合作型劳动关系的基本概念

本章介绍本书中所使用的一些基本概念，如劳动关系、劳动合同、合作等。本书使用的"合同"概念并不是法律所强调的"白纸黑字"的书面合同，而是较抽象的经济学概念，是连接劳动关系双方的纽带，是合作的基本单位，劳动合同本身就存在一定的调整弹性。本书将区别"合作"与"和谐"两个不同的概念。"和谐"更强调结果状态，而"合作"更加重视如何保证劳动关系过程中遵守"合作精神"，诚实、守信地完成劳动过程的每个环节（包括分配企业剩余）。只有劳动过程的合作满足"合作精神"，才能真正达到劳动关系"和谐"的结果。为此，本书将焦点放在如何通过合作机制限制机会主义行为，保证机会公平的机制设计上。

第一节 劳动关系基本概念

一、劳动关系与劳资关系的概念

对于劳动关系与劳资关系的含义及它们之间的相互关系，理论界的认识也并非完全一致。

杨河清认为："劳动关系包括广义和狭义两种。广义的劳动关系是指人们在劳动过程中发生的相互之间的联系。它包括三类：（1）从业关系或就业关系，即劳动力与生产资料的结合关系。（2）组合关系，即一般分工和特殊分工关系。（3）分配关系，即产品如何分配问题。"他解释到："劳动关系的狭义含义则是指在实现现实的生产过程中劳动者与劳动力使用者所结成的一种社会经济关系。其存在的前提条件是劳动力的所有者与实现劳动力的物质条件相分离。所谓劳动关系是指劳动者与劳动力使用者之间为实现劳动过程而发生的劳动力与生产资料相结合的社会经济关系。劳动关系是生产过程中资本与劳动力结合的表现形式，劳动者与生产资料结合是通过劳动力的所有者与生产资料的所有者的关系来实现的。狭义的劳动关系也就是劳资关系。"①

程延园认为，劳动关系是在就业组织中由雇佣行为而产生的关系，是以研究与雇佣行为管理有关问题作为其核心内容。劳动关系的基础含义是指管理方与劳动者个人及团体之间产生，由双方利益引起的，表现为合作、冲突、力量和权力关系的总和，它受制于一定社会中经济、技术、政策、法律制度和社会文化背景的影响。由于各国社会制度和文化传统等因素各不相同，对劳动关系的称谓不同，劳动关系在不同国家又被称为"劳资关系"、"劳工关系"和"产业关系"等。② 按程延园的这种说法，劳动关系与劳资关系的含义相同，劳动关系等同于劳资关系。有些学者进一步认为，由于各国社会制度和文化传统等方面的不同，劳动关系又被称为"劳资关系"、"雇佣关系"、"雇员关系"、"劳使关系"甚至"产业关系"等。其中雇员关系虽然也是雇主与工人之间的关系，但它更加强调雇主在个人层次上加强与员工队伍的直接交流和与雇员的关系。劳使关系与前文第一种看法的狭义观点是一致的，主要是日本使用这种概念。而产业关系不仅包括从社会角度而言的人力资源策略，也包括从企业和社会角度而言的劳动关系和集体谈判，同时还包括从企业角度而言的员工管理等。③

劳动关系的核心是人与人之间在劳动过程中发生的关系，它以人们之间在劳动过程中发生的关系为主，但不限于直接劳动过程中发生的关系。它还包括劳动过程发生之前和劳动过程发生之后形成的一些经济联系，如劳动力的供求关系、就业关系、失业关系等。劳资关系是在就业组织中由雇佣行为而产生的关系，生产资料私有制和劳动力成为商品是劳资关系的基础。劳资关系强调的是在劳动者与生产资料分离的情况下劳动的确立过程中形成的劳动者与生产资料的所有者之间的关系。当然，劳资关系虽以劳动过程中形成的各种经济联系为主，但它也不限于劳动过程中形成的各种经济联系，如劳动力的供求、就业、失业等经济关系也属于劳资关系范畴。

而我国许多学者更加喜欢采用生产资料所有制的性质来决定劳动关系与劳资关系这两个概念的区别。根据我国当前生产资料所有制的状况，我国的劳动关系可以分为以下几类："（1）全民所有制单位的劳动关系；（2）城乡集体所有制单位的劳动关系；（3）个体、私营经济中存在的劳动关系；（4）中外合资经营企业中的劳动关系。前两类劳动关系是在劳动者和生产资料在不同范围直接结合情况下形成的，后两类劳动关系是在劳动者和生产资料分离情况下形成的。劳动关系既包括劳动者和生产资料直接结合情况下形成的，也包括劳动者和生产资料分离情况下形成的。"在此基础上，他们认为："劳资关系的基础是雇佣劳动制度，

---

① 杨河清. 劳动经济学 ［M］. 北京：中国人民大学出版社，2002：374.
② 程延园. 劳动关系 ［M］. 北京：中国人民大学出版社，2002：2.
③ 郭庆松. 企业劳动关系管理 ［M］. 天津：南开大学出版社，2000：2.

前提是劳动者与生产资料相分离，以及相应的劳动力成为商品，在此基础上形成的劳动关系则是劳资关系。显然，不能把生产资料公有制和联合劳动基础上形成的劳动关系看成是劳资关系。在公有制企业，生产资料的所有者是劳动者的集合，劳动者与生产资料直接结合，劳动力不是商品，因而不存在劳动者与生产资料分离基础上的劳资关系，因此，人们在公有制企业的劳动过程中形成的各种关系不是劳资关系，而是劳动关系。"① 更有学者认为，在我国公有制企业里，劳动合同是一种劳动关系，在国有企业中，企业是与劳动者是平等的。他们进一步得出不存在剥削的结论。

这种区别方式看似很有道理，而且以生产资料所有制的方法区分还有一个"好处"：从目前我国宏观统计数据上得出"明显的"结果——在私有制企业中，工资低廉、工资被拖欠和被克扣等劳动纠纷问题要超过国有制企业。其实，这种比较本身就是错误地运用统计手段，只注意了数字意义上的比较，忽视了目前多数国有企业规模比较大、有一定的垄断实力的背景；而对于中小私营企业来说，它们大多数处于近似完全竞争市场的状况。另外，剥削的本质在于凭借对某种资源的掌握而无偿占有社会财富或别人的合法收入。这里的关键在于通过"掌握某种资源"的手段达到"无偿占有"之目的。那么，又如何提供公有制企业不存在管理者或其他部门无偿占有不属于自己利益的证据呢？把所有问题都归结于"私营企业"这顶"大帽子"下是有问题的，所以得出的结论对社会主义市场经济发展的意义并不是很大。②

其实，劳动关系与劳资关系的概念是密切联系又存在区别的，它们属于不同层次，包含不同的内容，他们之间可以部分用"合同"关系来解释。"劳资关系"（或译成"雇佣关系"，employee relationship）从其英文的研究范围来看，主要焦点是劳动者与管理方的关系，在新古典经济学和管理学的研究中常常可以观察到。而中文翻译后，从字面上看，强调的是劳动者与资方或者资本的关系，这样只能解释为把管理方与资本方等同。这部分研究集中在管理者与劳动者在企业内部关系、市场的供需关系、企业效率等方面。而部分研究中将传统劳动关系翻译为"产业关系"（industry relations），不仅包含了"劳动者"与"管理方"双方之间单纯的"劳资关系"或"雇佣关系"，而且还包含与劳动有关的所有社会关系。如政府在内的其他参与者相互之间的关系以及经劳动法调整（往往出于社会关系力量、市场环境等相对的变化所影响）的那一部分社会关系。因此，"产

① 吴江，刘行前. 劳资关系与经济发展 [J]. 西北师大学报（社会科学版），2005（6）.

② 不可否认的是，我国的国有企业与私营企业的劳动关系还是有着区别的。重大区别可能在于剩余干预权（residual rights of intervention），这直接影响到目标函数建立。目前我国私营企业的目标函数还是在于利润最大化，而国有企业除了这一经济目标还存在着很多其他目标。比如，在 2008 年全球经济危机条件下，国家政策使得国有企业存在着不同目标，如防止国有企业大规模裁员等政策性目标。

业关系"意义上的劳动关系是一个可以适用于任何社会形态的外延较为广泛的概念。不过，这种认识也在改变。李维斯等人认为，近些年更多人采用"employ-ment relationship"表示劳动关系代替"产业关系"（industry relations）。他解释到："毫无疑问，这其中有赶时髦的成分。然而'产业关系'是与日益衰落的'冒烟产业'、蓝领工人以及强调与之相伴的雇主与工会之间的集体谈判相联系的。劳动关系则意味着一个更加广泛的雇佣关系领域。在这一领域中，无工会的雇佣制度和白领的工作也受到同样的重视。"① 他们扩大了"employment relation-ship"意义上的劳动关系研究范围，包括集体谈判、法律等传统"产业关系"的研究部分，并且加上了心理等因素。②

　　另外，有些中国学者认为，将劳资关系研究局限于经理人与企业员工在雇佣劳动过程中所凝结的关系，这种认识会使企业性质残缺不全。"劳资关系"定义对于"成熟"的企业来讲是可以的，但对于企业在创业期、劳动者与生产资料往往没有完全分离的情况下就说不通了。而且，如果认为劳资关系只是单纯重视雇佣关系，就会看不清企业本身的真正性质，从而忽略了考察能使企业组织者以购买、租赁或借入的方式来指挥资本（设备或货币）使用的合同，这会使企业的性质残缺不全。例如，股东、债权人、经理人等的利益协调可能会直接影响到企业的效率问题，在劳动关系研究中往往被人们所忽视。这种雇佣关系意义上的劳资关系并不是广义上的劳动关系，企业无非是股东（或出资者）、债权人、经理人员及企业员工等利益相关者之间缔结的一组契约的集合，这种意义上的劳动关系是由利益相关者之间的关系而产生的合同制度安排。

　　总之，劳动关系比劳资关系的含义更广，劳动关系包含劳资关系；劳资关系（雇佣关系）则是劳动关系的组成部分，或者说是劳动关系的一个特殊部分。狭义的劳动关系（雇佣关系、劳资关系）是指劳动者与用人单位在劳动过程中建立的社会、经济关系。而广义的劳动关系是指在生产过程中形成的社会关系，既包含企业中的雇佣关系，还包含法律框架下市场环境中与劳动有关的所有社会关系。

二、劳动关系的研究对象

　　本书是包括了所有社会关系的广义劳动关系研究。本书从管理者和劳动者之间的狭义劳动关系（雇佣关系）的研究开始，集中研究狭义的劳动合同上劳动双

---

　　① 李维斯，桑希尔，桑得斯. 雇员关系 [M]. 大连：东北财经大学出版社，2005：3.

　　② 他们认为劳动关系是指一种经济的、法律的、社会的、心理的以及政治的关系，在这种关系中，雇员投入自己的时间和专业知识为雇主谋利，以此换取一系列个性化的经济的和非经济的报酬。他们书中所强调的心理的与本书使用隐性关系，特殊时期非理性假设是一致的。

方之间合作过程制度安排以及如何产生了企业特殊的竞争优势。本书第五、第六章将放宽研究范围,从"劳动者"与"管理方"两者之间的企业中的"劳资关系"(雇佣关系)外延到法律下的工会组织与法制市场环境影响下,"劳动者"与"管理方"在劳动过程中相应的基本权力限定等关系。而在第七、第八章,突破了传统劳动关系研究对象,回归到科斯意义上企业劳动关系与市场的联系。

我国大多数研究劳动关系的学者认为,通常劳动关系涉及两个基本研究主体,即企业管理者或称企业家、经营者、雇主和企业员工或称劳动者、雇员。[①]他们认为,企业管理者在实现企业资产保值增值的过程中,作为劳动力的需求主体、用工主体,必然是构成企业劳动关系的一方;而劳动者在让渡自己劳动力的过程中,作为劳动力的供给主体、劳动主体,构成劳动关系中的另外一方。

这种狭义定义劳动关系(雇佣关系)的做法存在着一个不足之处,如果单独把雇佣关系定义为经理人与员工之间关系的话,将导致分配关系与生产关系脱离。如股东、债权人、经理人等的利益协调可能会间接影响的企业效率问题,在雇佣关系研究中往往被人们所忽视。股东、债权人与经理人之间关系在委托代理理论上已经有着大量的文献,本书对这方面不作过多的论述,把这部分讨论放进管理者的协调作用之中。这样做的目的是始终把分配关系与生产关系紧密地结合起来,雇佣合同在哪些方面节省了企业的交易成本,为企业带来竞争优势等分析搭建桥梁。在这个体系中,与很多管理学的思想一致,将管理者的职能放在企业的中心部分,即他是协调利益相关者(包括自己利益)的联系人。因此,员工、管理者甚至包括债权人、股东、供应商等的影响构成了企业内部雇佣关系,即狭义的劳动关系。如图2.1左下方所示。

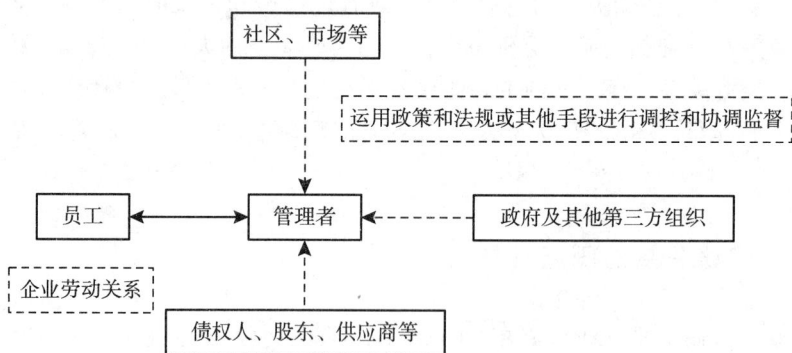

图 2.1　劳动关系的运行方式

另外,在完善的市场经济条件中,劳动关系还受到一定的社会因素影响。这

_____

① 本书在后文如使用这些词语不加说明,则不加区别地表示相同意思。

种影响机制通常是指政府的法制与如工会一类的企业组织内部机制。在这里，政府只是一种身份，其基本职能是代表国家运用法规和政策手段对劳动关系的运行宏观调控、协调和监督。① 如图 2.1 右上方部分所示。当前中国传统劳动关系研究主要集中在劳动合同法律制度、集体谈判等问题上，通过政府改变立法原则（进而改变了劳动力市场中劳动力的相对价格），制约劳动关系运行的一般环境。

当然，无论是狭义的雇佣关系还是广义的劳动关系都是与市场机制不可分隔的。交易范围较小的社区以及交易范围较大的市场都将影响企业劳动关系。社区中小规模企业可能还称不上雇佣关系，通过亲人、熟人等降低了搜寻信息的交易成本等；而大规模企业内部劳动关系与外部环境之间的直接联系就是通过市场机制。如管理学中的人力资源管理就是研究对企业各类员工的录用、开发、维持、组织、指导和控制的学科，其作用就是将企业内部的劳动关系与市场机制紧密联系到一起。本书第七、第八章就主要研究劳动关系的外部市场环境以及如何影响企业劳动关系的运行问题。

第二节　合同的概念

上述定义中，多次提到"劳动合同"、"雇佣合同"等概念。在市场经济体制下，劳动关系的一个共同点在于人与人之间在劳动过程中发生的关系，多数以合同的形式得以凝结。因此，有必要介绍本书一个核心研究内容——"合同"的概念。在劳动关系中，它是凝结参与人之间关系的重要联系。在现实中很多问题也正是从合同这里产生的。让我们介绍下什么是合同。

一、合同的概念

"合同"（contract）通常被解释为"协议"（agreement）或"允诺"（promise）。罗马法中，"合同"（contractus）一词是由"con"和"tractus"组合而成的，前者源于"cum"，有"共"的意思；后者意为交易，合起来就是"共相交易"。

二、合同与契约的概念比较

对于契约与合同的含义我国理论界的说法也是众说纷纭。一种观点认为，契

---

① 郭庆松. 企业劳动关系管理［M］. 天津：南开大学出版社，2000：5.

约俗称"合同"、"合约"或"协议"。在李风圣老师所译的《契约经济学》中注解中写到,我们之所以将 contract 译为契约,而不将其译为合同、合约,其理由是"合同"一词,在中国用得太滥,逐渐失去了契约原来意义上"自愿协作和自由合意"的本质,将"合同"一词变成了纯粹的法律用语。"合约"一词,也不能体现出"契约"的法律意义;"合约"一词的含义也过于狭窄,体现不出契约含有的自由、立宪层次上的含义。① 在这种意义上,虽然承认经济学中契约与法律规定的合同有一定的联系,但却强调了它们之间的不同之处。法律所规定的有效合同的基本要素有:双方当事人或各方当事人在缔结合同时必须具有缔约能力,并且具有缔结该项合同的合法权限;必须就其交易的全部主要条款达成协议,通常的方法是通过交换要约和承诺;当事人的意图必须是为了建立在法律上具有强制力的契约,而不是一个社交性的或超出法律的协议;协议在执行上不得有障碍,如协议的目标不可能实现、违法、违背公共政策以及其他不可强制执行的情况。在某些情况下,合同需要一定手续或证明,否则合同就不具有强制力,甚至导致合同完全无效。当事人之间相互承担的义务,包含在诸如数量、质量、交付及其他规定中。一般来说,合同只能由当事人履行或针对当事人履行,对第三人不具有强制力。他认为,现代经济学的契约概念比法律所使用的合同概念更为广泛,不仅包括具有法律效力的合同,也包括一些默认契约和行为契约。在现代经济学中,实际上将所有的市场交易(无论是长期的还是短期的、显性的还是隐性的)都看作一种契约关系。② 而最近在经济学领域有与法学统一的倾向。由费方域老师所翻译的一系列著作中,甚至没有任何说明地直接把"contract"一词译成了"合同"(如合同理论),而不使用契约这个词语。

在史晋川老师的《法经济学》中,对于契约与合同概念辨析作了专门的注解。1949 年新中国成立后,"契约"一词已逐渐由"合同"所替代,在中国内地从国家立法到日常用语,已广泛用于许多场合。但随着国际交往和译著的增多,"契约"一词又被广泛用于许多场合。两者的内涵是否一致?有民法学者对此问题作了回答。他们认为:为谋不同利益而合意者应为契约,如买卖,买者为了物而卖者为钱;为谋共同利益而合意者,则应为合同,如合伙合同,合伙人的利益是一致的。③ 但是,目前我国学理和立法通常对契约和合同不作严格区别而同义地交互使用。因为有时契约可能会更符合习惯,如"契约自由"要比"合同自

① [美] 科斯,哈特等. 契约经济学 [M]. 北京:经济科学出版社,2003:译者前言,2.
② [美] 科斯,哈特等. 契约经济学 [M]. 北京:经济科学出版社,2003:译者前言,3.
③ 但笔者认为这样根本无法区分了合同与契约的本质。劳动关系就是一个很好的例子,对于管理者与员工之间的关系很难区别是为谋不同利益还是共同利益,本书反复在强调这样一个思想,员工在企业中长期工作之后可能会从单纯的为谋求自利状况转向为了企业共同利益而奋斗的思想。也就是说在劳动过程中,随条件变化双方的关系可能会发生变化,且这种情况不仅仅是因为人力专用性资本投资的原因。

由"在语感上更顺畅；有时用合同比用契约能达到更好的效果。①

所以，本书中不加区别地使用合同与契约这两个词语，虽然多数将使用"合同"这一词语，但由于学术上使用习惯或在引用其他学者思想中，不可避免地会使用"契约"这一词语。

三、合同的历史与进程

一般而言，从法律角度来看，合同法主要目的在于调整财产流转关系，规制交易行为。合同的历史与进程可以间接反映出本书的中心思想：正是因为合同在实施过程时，遇到了一些新的问题（如监督成本、收集信息成本很高），一种新的合同关系才会出现。本质上讲，本书就是研究各种合同之间在市场条件下能否以一种较低交易费用达成合作的目的。

（一）古典合同（classical contract）理论②

古典合同的思想，就世俗的源头而言，可追溯到古希腊。现代合同精神是从罗马法体系中沿袭而来的。在罗马法体系中，合同原则得到全面的规定："合同是由双方意愿一致而产生相互间法律关系的一种约定。"③ 在这个定义中，包含了合同自由的原则。罗马法为现代合同理论提供了一个价值判断的标准，对现代合同理论产生了重大影响。正如梅因所说，罗马法的合同理论在合同法史上开创了一个新的阶段，所有现代合同观念都是从这个阶段发源的。④

罗马法的合同自由原则在影响人们日常生活的同时，也不断渗透到宗教组织与政治领域中。在政法权力领域引入合同自由的思想，成为社会合同论的渊源。由霍布斯、洛克、卢梭、孟德斯鸠等人创立的社会契约论，对古典合同理论产生了重大影响。霍布斯强调了以下两点：第一，平等是社会合同的首要条件。"如果人生而不平等，那也由于人们认为自己平等，除了在平等的条件下不愿意进入和平状态，因而同样必须承认这种平等"。⑤ 第二，合同是人的自由意志的结果。霍布斯认为，各种合同以何种方式进行，以何种语言签字方为有效，均由主权者作出决定⑥。洛克认为，在人的理性范围内，人们有权按照他们认为合适的方式，决定他们的行动和自由处理他们的财产，而不必得到其他任何人的许可或听命于

---

① 史晋川主编. 法经济学 [M]. 北京：北京大学出版社，2007：123 - 124.

② 以下内容转于，[美] 科斯，哈特等. 契约经济学 [M]. 北京：经济科学出版社，2003：译者前言

③ 查士丁尼. 法学总论 [M]. 北京：商务印书馆，1989：159.

④ 梅因. 古代法 [M]. 北京：商务印书馆，1984：177.

⑤ 霍布斯. 利维坦 [M]. 北京：商务印书馆，1985：685 - 686.

⑥ 霍布斯. 利维坦 [M]. 北京：商务印书馆，1985：195.

任何人的意志①。在洛克看来，既然人是生而平等的，没有一个人享有比他人更多的权力，那么，任何人就不能侵害他人的生命、健康、自由或财产。这样，洛克就提出了如何限制国家权力这一重要思想。洛克自由合同论的思想成为古典合同理论指导思想，构成了古典经济学的哲学基础。

自然秩序论是古典经济学赖以建立的前提。在斯密看来，自然秩序有无比的优越性，"最显然并简单的自然的自由体系"是最和谐的②。但古典经济学没有说明这些自然权利是如何转化为可交易的权利的。哈耶克的"扩展秩序"理论就是对自然秩序的重大发展。古典经济学崇尚自由竞争，自然秩序是人类的天性所使然，而利己动机又是人性的一个基本特点，很自然，"看不见的手"就成了调节市场交易的自然机制。古典合同理论可以说是受完全竞争理论所支配的。

总体来看，古典的合同思想主要有以下三个特点：③

第一，合同是具有自由意志的交易当事人自主选择的结果，他们所签订的合同不受任何外来力量的干涉。古典合同论的这一特点，既体现了自由选择的思想，又体现出反对政府或立法机构控制、干预的思想。

第二，契约是个别的、不连续的。在古典合同中，没有持久性的通过合同建立起来的合作关系。斯密认为，"由于合同而产生的办理某事的义务，是基于由于诺言而产生的合理预期。诺言跟意图的单纯的宣告大不相同。虽然我说我想为你做这件事，但是后来由于某种事件发生我没有做到，我并没有犯违约罪。诺言就是你向允诺的人宣告你一定履行诺言。因此，诺言产生履行的义务，而违反诺言就构成损害的行为。"④

第三，合同的即时性，缺乏对社会各种环境变化而作出反应的弹性。个别性的契约对交易当事人的权利、责任、义务作了明确的规定，协议条款是明确的，不需要对未来的事件作出规划，合同对违约当事人的赔偿方式的限制也是十分清楚的。

总之，古典合同法适用于法律和经济学的理想交易，这种交易可以"靠明确的协议迅速达成，以容易界定的业绩来结束"。⑤ 在这种交易中，双方的身份并不重要，单个的买者和卖者之间并不存在相互依赖的关系。如果合同被一期一期地延续，那只是因为目前的供应商可以持续地满足现货市场的报价。这种交易仅通过货币来实现。合同法以一种极其法律化的方式进行解释：如果正式的条款与

---

① 洛克. 政府论（下）[M]. 北京：商务印书馆，1983：77.

② 亚当·斯密. 国民财富的性质和原因的研究 [M]. 北京：商务印书馆，1982.

③ 易宪容. 交易行为与合约选择 [M]. 北京：经济科学出版社，1999.

④ 布坎南编. 亚当·斯密关于法律、警察、岁入及军备的演讲 [M]. 北京：商务印书馆，1982：149.

⑤ Macneil. Lan R, 1974；"The many futures of contracts"，Southern California Law Review, 47：691 - 816.

非正式的条款（如书面协议和口头协议）之间出现了争议，就以较为正式的条款取代不那么正式的条款，而这些交易的特征就是合同法的规则被严格地应用于艰难的讨价还价过程中。

（二）新古典合同（neoclassical contract）理论

古典经济学的创始者们虽然给后人留下许多光辉的经济学思想，但他们基本上缺乏严密的定义和逻辑论证。直到 19 世纪 70 年代开始的边际革命，瓦尔拉斯到阿罗—德布鲁的一般均衡理论使经济学理论走上了新的发展道路。如埃奇沃斯指出，现存合同除了因现存各方的同意面临重新签约而改变，或者因竞争领域中的合同而改变以外，均衡可以实现。如果交点不在合同曲线上，那么所有各方都趋向于合同曲线，对大家都有利（一种帕累托改进）。虽然传统新古典理论的部分中有一些合同的思想，但是传统的新古典经济学中，合同的作用不是人们主要关注的地方。在那里，更加关注的是市场成为资源配置的核心，如众多的代理人按市场给定的价格，作出他们各自的购买与销售决策。

由于对于这些的忽略，早期的新古典理论与古典理论在合同方面的进展可以说是微乎其微，合同可被视为简单的、完全性的。新古典合同也是在有秩序、不混乱、没有外来干扰的情况下顺利进行并完成的。合同条款在事前都能明确地规定出来，在事后都能完全地执行；当事人还能够准确地预测在执行契约过程中所发生的不测事件，并能对这些事件作出双方同意的处理；当事人一旦达成合同，就必须自愿遵守其合同条款，如果发生纠纷，第三方能够强制执行合同条款。在新古典合同理论中，合同对当事人的影响只限于在缔约双方之间发生，对第三者不存在外在性；每一合同当事人对其选择的条款和合同结果具有完全信息；存在足够多的交易者，不存在有些人垄断签订合同的情况；合同签订和执行的成本为零。

渐渐地，新古典中开始重视合同的弹性以及不确定性的因素。阿罗—德布鲁模型考虑了资源可获得性的不确定性和产生可能性的不确定性，也研究信息不对称性和不完全性问题。阿罗指出："关于未来，一个最引人关注的特征是，人们不能完全地认识它。人们的预测，不论是关于未来价格的，还是关于未来销售状况的，或者即使是关于人们未来在生产或消费过程中可以利用的产品质量的预测，也肯定是不确定的。"[①] 然而阿罗—德布鲁模型中，在不确定性的环境下，要获得最优化结果就要求存在一组完全的自然或有商品，并假定代理人拥有信息的不同不会影响个人行动的结果，也就是信息的交易费用为零的条件，这使现实中的市场与标准模型中的市场相差甚远。而且在存在信息不对称和信息差异性的情况下，导致市场失效，最优合同无法签订，出现逆向选择和道德风险问题。如

---

① 阿罗．信息经济学［M］．北京：北京经济学院出版社，1989：158.

何解释这一问题就成了现代合同理论所要研究的核心问题。

在科斯 1937 年的《企业的性质》以及后期众人的一系列研究与 20 世纪 50 年代形成的博弈论的不断挑战下，逐渐形成了现代合同理论。现代合同理论首先区分了完全合同与不完全合同。所谓"完全合同"是指缔约双方都能完全预见合同期内可能发生的重要事件，愿意遵守双方所签订的契约条款，当缔约方对合同条款产生争议时，第三方如仲裁机构（甚至于法院）能够强制其执行。在现代合同理论中，放松了阿罗—德布鲁范式下的假设条件，但存在一种在现实的约束条件下的最优合同，通常这不是帕累托最优合同，而是一种次优的合同。一个最优合同要满足以下条件：第一，要求委托人与代理人共同分担风险；第二，能够利用一切可能利用的信息，也就是说，在经济行为者隐藏行动和隐藏信息时，要利用贝叶斯统计推断来构造一个概率分布，并以此为基础设计合同；第三，在设计机制时，其报酬结构要因信息的性质不同而有所不同，委托人和代理人对未能解决的不确定性因素和避免风险的程度要十分敏感。[①] 相机机制就是上述要求的一个应用。相机机制要求有效选择合同依赖于当事人对未来状态的判断，它要求当事人能够预期可能出现的突发事件的发生概率，设计相应的对策，并且这种对策是可行的。相机机制下的合同是完全合同，但达成完备的条款代价却是高昂的。所以，尽管这种新古典合同富有调适性，但它的弹性有限，当困扰愈发严重时，交易双方的自主所有权的地位会不断产生违约激励的不足。

不完全合同正好相反，由于个人有限理性，外在环境的复杂性、不确定性，信息的不对称和不完全性，合同当事人或合同的仲裁者无法证实或观察一切，就造成了合同条款的不完全性，需要设计一种机制以对付合同条款的不完全性，处理由不确定性事件引发的有关合同条款带来的问题。为了完成这个任务，要将要素引入管理结构中，包括将它的等级、它的规则和它的管制引入管理结构中，用一种更为依赖于相互之间关系的合同代替新古典合同。不过，如果要这样做，就要存在一种控制权，这正是劳动合同区别于一般关系性合同的原因所在。在本书第三章，我们将描述不完全合同而形成的身份性关系合同的作用，进一步论述企业劳动合同解决合同的适应程度，并且在最后一章提出如何更和谐的解决由企业劳动关系合同所产生的问题。

第三节　人的行为假设

威廉姆森认为，市场引起交易成本的主要有两个方向。一个是市场环境因

---

① Ross，S. 1973："The Economic Theory of Agency：the Principal's Problem"．American Economic Review 63. 134 – 149.

素；另一个是人的因素。前者主要是指交易发生中对于未来的不确定性或者交易复杂性，在上文已经大量的描述。在这节继续讨论引起交易的另一个因素，人的行为假设。①

一、人的行为理性

很多交易费用经济学或新制度经济学中都假设了人是有限理性的（bounded rationality）。不过本书的假设与其不太一样，本书对人的理性采用分段式的描述。

（一）人在多数的常规决策时是有限理性

这里有限理性是相对于理性而言的，即人们不能够获得完全的信息、不具有处理问题的完全的能力。阿罗认为，有限理性就是人的行为是"有意识的理性，这种理性又是有限的"。这种有限理性除了自利与机会主义倾向外，也强调最大化原则，即每个人在既定的条件下选择自己的最优（在新古典中所谓的边际效用与边际成本相等）。在这点上，有限理性对于新古典经济学中的理性有很大的修正。有限理性最早应该是西蒙（Herbert A. Simon）提出来的，他认为："有限理性是指那种把决策者在认识方面的局限性考虑在内的合理选择——包括知识和计算能力两方面的局限性，它非常关心的是实际的决策过程怎样最终影响作出的决策。"② 有限理性是指信息和环境复杂性决定人的认知水平只能处于有限理性状态，人的计算和分析能力受有限理性制约，无法充分利用所掌握的大量信息来计算并得到最优决策。克雷普斯（Kreps）说："一个具有有限理性的人试图最大化（其效用），但是他发现做到这一点成本极高。并且，他发现他无法预测到所有的偶然事件，认识到自己的能力有限，他就会在事前为可能会发生意外事件（这几乎是不可避免的）的事后做准备。"③

阿罗理念中的有限理性只是从信息的获得、处理等方面对理性进行了限制，然而传统经济学的"效用最大化"、"利润最大化"等理性概念仍然适用。这是一个很强的简化过程，但在实际生活中，人们在作常规决策时的思考的确是与这种假设很相似。比如，中国很多人买房子不是为了自己使用，而是一种投资。因存在着长期性固定成本，他就会考虑如果投资房子就不能闲置，就要把它出租出去，而出租一套又不如打插间或隔断方式租出去的收益大。这些思考过程都是服从于理性的最大化原则。新古典主义经济学关于经济主体的理性的核心看法的本

---

① 威廉姆森的交易成本经济学除了有限理性、机会主义行为假设外，还有一个重要的假设就（或者是他的研究范围）就是专用性投资，将在第四章有专门的讨论。

② 西蒙. 管理行为［M］. 北京：机械工业出版社，2009：57.

③ 转引自卢现祥. 新制度经济学［M］. 武汉：武汉大学出版社，2004：14.

质是正确的,在这种简化下可以得到很多有用的结论。

(二) 在特殊时期,人可能会有非理性行为

在现实生活中,这种理性思想并非总是适用的。特别是对于企业劳动关系问题,单纯运用理性假设是不够的,甚至有时可能导致与真实世界中人的行为大相径庭的结论。战略性行为的选择以及情感上人与人之间微妙的关系常导致人们非理性行为的出现。管理学、心理学等学科对这些方面已经有了大量的研究,证明了人并非是完全理性的[1]。

非理性并不是指行为不正常(即不追求效用最大化),而是说存在着超出单纯交易关系范围外的一种特殊效用函数。新古典经济学中也开始认识到非理性的重要性并进行了一定的研究,如博弈论的"针锋相对"(tit-for-tat)战略就运用了这种非理性思想。非理性行为被视为一种战略,以一个大于 0 的概率出现这种非理性行为,这种非理性行为与泽尔腾的"颤抖手"(trembling-hand)的概念很相似,可以视为一种随机扰动、当事人有一定可能性犯错误。由于获得并处理私人信息的能力不同,人们往往并不是在进行了大量的成本与收益分析之后行动的,他们的决策常常依赖以往对方所做进而影响自己的行为,"以牙还牙"或"知恩必报"的思想更是人们的行动指南。

另外,人们之间微妙感情的关系以及社会交往关系也可能引发非理性行为。感情关系之意绝对没有任何"贬低"的含义,这也恰好证明了人并非如泰勒的科学管理中所视为的机器,人也是有感情的生物。阿克洛夫认为,员工们在工作中彼此产生了感情,并对企业有了感情。事实上,阿克洛夫强调社会性因素,并分析雇佣安排具有"礼物交换"的特征。在这里,"礼物交换"在一定程度上建立在决定的行为规范基础上[2]。卡尼曼等人也认为,人的行为决策通常是在特定心理活动支配下处理和加工信息的结果,而不是按照传统经济理论所描述的最优行为假设来进行行为决策。不同于单纯的以金钱利益最大化的提高效用思维,由于一些特殊外部事件的发生将会引发这种感情的爆发,特殊效用表现出来,人们放弃理性思考而进行决策。比如,2008 年的中国四川汶川大地震,万科总经理王石的理性反应认为,万科捐出的 200 万元是合适的,这是董事会授权的最大单项

---

① 卡尼曼和特维斯基通过认识心理学实验,否定了传统经济学所谓的人的决策行为存在着内在有序偏好一致性的经验规则,他们指出,人们通常会根据事件 A 的相关数据和信息来事件预测事件 B,从而产生一定有代表性(representativeness)的相似偏差;人受记忆能力或知识水平的制约,并不能对所有有必须考虑的信息都作出正确的评估,他们通常只能利用自己熟悉或能够想象到的信息来进行直觉推断,这种只利用部分信息进行的决策,将会产生信息的可利用性偏差。Kahneman, D. and A. Tversky, 1979, "Prospect Theory: An Analysis Decision under Risk", Econometrica, 47 (2).

② George Akerlof. 1982. *Lobor Contracts as Partial Gift Exchange.* Quarterly Journal of Economics. 47 (4): 543 - 569.

捐款数额……毕竟，（企业的）生命是第一位的。但是，这种理性在特殊时期是不恰当的。这种话语引起了全国人民的指责，对万科的公司形象造成了很大的负面影响，王石马上就进行了公开道歉。任何时候都用理性的思考分析，现实生活中人的行为将导致类似错误。在特殊时间，个体受不确定性因素影响而无法对风险和收益作出清晰的判断时，他就有可能放弃理性思考而在直觉或感情机制的作用下作出选择。

这种非理性的思想在劳动关系中也是很常见的，这是管理学中强调的"隐性关系"的另一种表述方式。企业不同运营方式影响着经济行为人的目标和动机，如注意企业文化这类隐性合同关系将会产生一种凝聚力、使雇员有了企业的归属感，增加了人们的非理性的行为的可能性，进而双方形成了一种隐性关系。贝克尔、吉伯昂和默菲（Baker、Gibbon and Murphy）对企业隐性关系性合同与市场合同进行了比较，分析了企业隐性关系的优势[1]。在特殊时期，即使没有达到个人理性的要求（甚少满足参与相容与激励相容），只要存在隐性关系合同，个人理性仍然可能服从集体理性，使个人理性与集体理性达到统一；人们不再如新古典经济学中那样是完全利己的，存在着愿意为组织（集体）贡献的利他行为。劳动关系学家考夫曼也认为，应该将环境与人的决策结合起来，换句话说，就是跳出作为行为人纯理性、自利的经济模式，建立一种人的决策和选择模式[2]。事实上，本书也在反复强调，企业的优势之一就是当事人双方因某种共同目标进行长期合作而产生一种依存关系，从而降低市场交易所引发的成本。这种长期的依存的关系性合约可能产生奉献精神，当出现困难时，首先考虑的不是自己的努力是否可以得到相应的回报，而是企业的优先发展。对于一般组织甚至国家也是一样：只有当中国富强的时候，中国人才能真正站起来，因为我们之间形成了一种有别于其他群体的关系，这时中国人为集体利益牺牲自己的个人利益就变得可能，企业（组织）的优势体现出来了。

> 例：
>
> ### 理性与非理性
>
> 赫伯特·西蒙就谈到了新制度经济学与本书的非理性区别，他写到：
> 近年来，有人打着"新制度经济学"的旗帜，试图在经济理论中为现实组织找到一席之地。新制度经济学的关键观点是：把多数组织现象只看成是另一种市场行为，即员工

---

① Baker, G. P., R. Gibbons, and K. G. Murphy, 1994, "Subjective Performance Measures in Optimal Incentive Contracts." Quarterly Journal of Economics, 109, 1125 - 1156.

② Kaufman, Bruce E. 1999. "Expanding the Behavioral Foundations of Labor Economics." Industrial and Labor Relations Review 52 （April）: 361 - 392.

与雇主间相互的市场关系。这种观念关注于雇佣合同。新制度经济学试图通过分析雇佣契约及其他个人与组织之间的各类隐性或显性契约，来解释组织的动作方式。

这种方法相比它取代的（新古典）骨架式抽象概念的确有所改善，但是也有很大局限。事实上，支配我们所有组织员工行为的因素，不仅包括个人短期利益的目标，而且在相当程度上还包括为实现组织目标作贡献的意图。组织成功运作的必要条件是，在绝大部分时间里，大多数员工处理问题、制定决策时，不只考虑到个人目标，还会考虑到组织目标。无论组织成员的最终动机是什么，组织目标都必须在员工和经理的目标规划中占据重要地位。

新制度经济学试图解释产生上述动机的原因，它认为权威及对良好业绩的奖励使雇用合同生效。不过众所周知，"奖惩制"本身只会导致最小化的生产行为。因此，现实的组织理论，必须解释形成组织目标的其他动机来源。……讨论组织忠诚的本质和心理根源时，会深入讨论激励主题。

资料来源：西蒙. 管理行为［M］. 北京：机械工业出版社，2009：17.

（三）理性分段假设的意义

有限理性与非理性一定存在相互影响的关系。当有限理性长期没有得到满足时，非理性行为发生的概率会降低，双方又回到了自私自利思维方式，在双方达到协议的事前与事后都不可避免地出现大量的讨价还价的现象。相反，如果企业在非理性的这种关系上进行投入，将可能实现比有限理性下导致的合作成果更有效率，对当事人可能是帕累托改进。所以人们的非理性行为必定需要理性激励方式的保证，只有建立一种双方合作的长期劳动关系，非理性行为出现的概率才比较大。

分段理性假设与主流经济学中的隐性激励有联系，但是存在一定的区别。笔者是基于以下三个方面考虑的：第一，研究劳动关系主题将会涉及大量的隐性激励问题，而主流经济学在处理时间问题上只将长期与短期之间的关系视为一种包络关系，存在着一定的模糊性，体现不出企业区别于市场的优势。第二，分阶段假设并非完全反新古典经济学的，它只是对于其中的理性（有限理性）进行了部分修正，说明在劳动关系中非理性行为是存在，且有时是重要的，人们稳定的偏好假设本身应该包含 P 概率的转化过程。非理性处理只需要引入一个随机变量的因素，就可以与主流经济学分析方式相同（可以参见 KMRW 声誉模型的处理方法）。最后，可能是最重要的一点：不同于有限理性的假设思想应该是源于实际中的人的行为观察。有限理性是指不可能获得全部、准确的信息，所以人们有自己的私人处理信息的成本，在有限资源下进行效用最大化的思考。而事实上，单纯运用有限理性的思维方法预测人们的行为会得到非常可笑的结果。比如，士兵打仗只想着如何保证自己不牺牲。在他所拥有的所有信息下，他的有限理性思维告诉他在部队的最后方安全。但如果每个士兵都这样思考的话，那么冲锋就变成大撤退了。企业（组织）的一个优势就在于一部分短期活动超越了市场上自利的活动。

所以，分段修正的理性是非常重要的，如果只在理性（有限理性）的假设条件下，企业劳动关系甚至可以说企业、组织（包括国家）的存在都没有太大的意义。在那种纯理性交易情况的企业，任何所需要的商品（包括劳动力）只需要在市场里购买即可，人与人之间的关系只是在进行简单的交换，"资本雇佣劳动"是对这种简单交易过程的最佳描述。正如新古典教材中那样，合作过程只是因为它满足了个人理性的参与相容与激励相容，利润分配过程只是当事人之间的讨价还价过程。然而现实中人们之间的关系并非如此简单，讲义气、重信誉、企业奉献精神常常成为人们默认的行为规范。企业或者对于更大范围的组织来说，必然会存在组织特殊的规范指导人们的行为，企业在一些方面节省了市场交换所需要花费的交易费用，这正是市场不可能完全代替企业最重要的原因之一。另一方面，分段修正理性还可以把经济学理论很好地与管理学、心理学、法学的理论结合起来。[①] 在本书第三章，我们将利用这个假设推导出劳动关系与企业竞争优势的关系，进而得出劳动关系的本质。

二、机会主义倾向

与其他新制度经济学派的文章一样，本书同样重视这条假设，甚至在劳动关系问题中，这个方面研究更为重要。本书所研究的如何更好地合作中最重要的一条原则就是建立相应机制限制人的机会主义倾向。机会主义倾向是人们对自我利益的考虑和追求，意思是说人具有随机应变、投机取巧、为自己谋取更大利益的行为倾向。

首先我们要区别机会主义行为与经济学中的自利行为（self-interested behavior）之间的区别。斯密在《国富论》中指出："我们每天所需要的食物和饮料，不是出自屠户、酿酒师和面包师的恩惠，而是出于他们自己的打算。我们不说唤起人们利他的心的话，而说唤起他们利己的心的话，我们不说我们自己需要，而

---

① 理性的更多谈论可参见何大安的《选择行为的理性与非理性融合》，本书假设与何大安的观点有一定相似之处。不过何大安认为由于非金融领域里，影响决策收益的信息和环境等复杂性因素相对比较稳定，行为人的理性决策比非理性决策出现的概率要高，在金融市场的平稳运行期间，投资者的决策行为一般趋向于理性化；在金融市场的剧烈波动期间，投资者的决策行为很容易趋向非理性化（35 页）。在这点上笔者持有一定的保留意见。因为对劳动关系来说也是如此，在市场经济平稳期间，当事人的决策行为一般趋向于理性，如果未有很好的绩效激励，当事人理性选择可能是换一个工作；但在发生经济危机当事人决策行为容易趋向于非理性化，他们更可能为了企业工作而不过于计较报酬。所以，笔者认为在金融市场中，人的非理性行为不是概率要高，而是频数大。

说对他们有好处。"① "而是出于他们自己的打算" 还有翻译成 "来自他们对自身利益的关切"。在经济学研究中，追求自身利益是驱使人作出经济选择的根本动机。这种自利行为并不等于日常语言所理解的 "自私自利"。杨小凯在谈到这点时指出："比如一个基督徒，由于相信上帝的原因，充满行善的欲望，他人得到幸福时，他会觉得自己更幸福，这也是自利行为，但显然不是自私自利。自利行为是指将自己的目标函数在约束条件下最大化的行为。而这目标函数（可能）包含行善这种欲望。"② 对于中国人，这种情况立刻让人联想雷锋精神。

但是机会主义行为与自利的意思是不一样的。自利的过程可以通过等价交换（交易）本身来达到；而机会主义倾向往往对别人产生不好的影响，即为了谋取私利，可能是以牺牲别人的利益为代价。威廉姆森认为："机会主义是指信息的不完整或受到歪曲的透露，尤其是指旨在造成信息方面的误导、歪曲、掩盖、搅乱或混淆的蓄意行为。它是造成信息不对称的实际条件或人为条件的原因，这种情况使得经济组织的问题大为复杂化了。"③ 机会主义行为可以被称为 "欺诈性追求自我利益"（Self-seeking with guile）。

其次需要说明的问题就是机会主义行为概念与主流新古典经济学的关系。有些学者对 "机会主义行为" 这个概念提出了一定的质疑。他们认为，在主流新古典经济学中，很难找到 "机会主义行为" 这个词，或者说，通过其他分析方式，比如逆向选择、道德风险等信息不对称问题通过效用或者利润最大化的分析后就可能同样得出结论。逆向选择是由于事前缔约信息不对称的一种机会主义行为，而道德风险问题对本书研究更为重要——是事后缔约信息不对称而引起机会主义行为。然而主流新古典经济学者认为，逆向选择与道德风险倾向是包含于经济人最大化动机之中，有着深厚的社会经验的基础，根本就不需要增加机会主义这个概念。当然，这种所谓的 "社会经验的基础" 的质疑声音本身就包括对人理性 "人之初性本恶" 的假设。我们不过于追究这个问题，回到机会主义行为概念与主流新古典经济学的关系问题上。图 2.2 是产生交易成本的 5 个因素。

①有限理性；②机会主义行为假设是人的固有的行为因素；③环境不确定性、复杂性；④供需的方面稀缺性；⑤信息不对称是环境性因素。有限理性与环境不确定性、复杂性之间在程度上可能相互加强。当交易环境的不确定性、复杂性加大时，相应地，有限理性程度也可能受到制约。机会主义行为与供需方面稀缺性之间在程度上可能相互加强。环境不确定性、复杂性是信息不对称的必要条件。机会主义行为使信息不对称问题更加严重化。另外，信息不对称还与参与人的人数与信息传播方式有关，供需某一方面出现稀缺性或者信息传播速度很慢都

①　亚当·斯密. 国富论 [M]. 北京：商务印书馆，1972：14.

②　杨小凯. 经济学原理 [M]. 北京：中国社会科学出版社，1998：4.

③　转引自 [美] 迈克尔·迪屈奇. 交易成本经济学 [M]. 北京：经济科学出版社，1999：34.

会增大机会主义行为以及信息不对称的程度。在新古典经济学中，由于代替的交易者很多，可以以几乎为零的成本换其他的参与者进行交易，机会主义行为出现的可能性也就很低；但当参与者人数变少，外加⑥存在专用性资本投资时，信息寻求费用的成本可能就会很高①，这时可能反过来会加大机会主义行为的可能性。

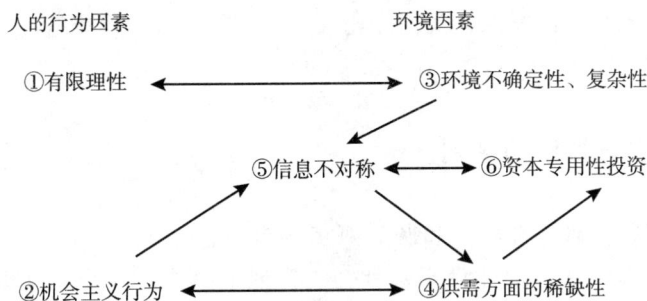

人的行为因素　　　　　　　　　　环境因素

①有限理性 ←→ ③环境不确定性、复杂性

⑤信息不对称 ←→ ⑥资本专用性投资

②机会主义行为 ←→ ④供需方面的稀缺性

图 2.2　产生交易成本 5 个因素

当然，笔者认为机会主义行为的假设并非多余的。即使存在着环境的不确定性、复杂性以及供需某方出现稀缺性问题的情况，如果机会主义行为不存在，也就是说参与人双方以公平、信任的原则进行交易的话，交易也会很顺利地完成。有些学者认为，"机会主义倾向在于经济人最大化动机之中，有着深厚的社会经验的基础"。"人性本恶"或者"人性本善"这些观点对于经济学家来说，完全没有必要考虑。在没有机会主义倾向（+有限理性）的情况下，所有的经济合同问题都不会出现任何问题，合作过程自然可以达到。事实上，在这种情况下，根本就不必对经济制度进行研究，人与人之间的关系自然进入一种"和谐"的状态，有没有制度就无所谓了。但是，由于经济环境存在着正的交易成本和不对称信息使决策变得很困难，合作受到阻碍。为了保护交易的合作免受机会主义倾向的影响，经济主体就会寻求一种非市场形成的组织安排或修正原来市场机制。这种补充本身近似于市场机制所达到的一种分离均衡——如果做好事没有表扬，最坏的一种可能就是下次不做好事了。但对于做坏事没有得到责怪，一种可怕的结果就可能导致很多人都做坏事。所以，本书研究如何使劳动关系利益相关者之间更好地合作。我们把研究范围缩小化，专门研究那些可能出现机会主义的情况，如何避免机会主义行为的出现，保证参与人双方能够以合作的姿态进行交易。

---

① 专用性资产投资的定义见本书第四章。

第四节　合作的概念

　　阐述机会主义行为的概念之后，马上引出本书另一个重要的概念——合作。为了更清楚明确合作的概念，我们先比较一下目前中国比较流行的词语——"和谐"与"合作"的区别。

一、合作与和谐的区别

　　当今中国很多研究都与"和谐"两字挂钩。党的十六大和十六届三中全会、十六届四中全会，从全面建设小康社会、开创中国特色社会主义事业的全局出发，明确提出构建社会主义和谐社会的战略任务，并将其作为加强党的执政能力建设的重要内容。党的十六大报告第一次将"社会更加和谐"作为重要目标提出。党的十六届四中全会进一步提出构建社会主义和谐社会的任务。从此，与和谐相关的研究就如雨后春笋一般，劳动关系的研究也并不例外，如"和谐劳动关系"等。

　　"和谐"是指对立事物之间在一定的条件下，具体、动态、相对、辩证的统一，是不同事物之间相同相成、相辅相成、相反相成、互助合作、互利互惠、互促互补、共同发展的关系。这是对自然和人类社会变化、发展规律的认识，是人们所追求的美好事物和处事的价值观、方法论。"和谐社会"是指一种美好的社会状态和一种美好的社会理想，即"形成全体人们各尽其能、各得其所而又和谐相处的社会"。和谐社会是民主法治、公平正义、诚信友爱、充满活力、安定有序、人与自然和谐相处的社会。因此，在和谐社会之中的劳动关系问题也不应该是敌对的，应该是管理者与员工等人互相之间信任、满意的合作。

　　"合作"的字面意思就是个人与个人、群体与群体之间为达到共同目的，彼此相互配合的一种联合行动或者协作行动。从某种意义上说，人类社会的发展就是一部人类合作的历史。正如哈特认为的那样，任何发展水平的群体得以存在的必要条件之一，就是群体成员之间的最低限度的合作。自有人类活动开始，人们之间就存在相互合作的行动。经济学的鼻祖亚当·斯密的研究集中在劳动分工上，其目的在于找到劳动生产力改良的原因。而分工的前提就是人与人之间的合作。再如劳动关系问题中，管理者与员工为了达到共同目的——企业租金的创造与合理的分配——而进行合作。对于那些刚刚进入企业的新员工来说，他们的目标与企业目标可能并不一致，他们只是为自利而进行合作，当然这点并不重要，毕竟完成了合作的过程任务，达到了合作的结果。合作过程要求参与人诚实、守信，通过友好协商，本着互惠互利、优势互补的合作原则。在合作原则下，和谐的劳动关系状态自然可以达到。然而，一部分人缺乏诚实、守信等信息的沟通、交流，比如管理者一方在分配过程中多占有一些本来应该分给员工的利益，就违背了这种合作精神。一旦长时间违背合作精神或由于某种外部因素干扰，就可能产生不和谐的效果——冲突。

从上述解释来看，和谐是合作劳动关系达到一种自然静态的结果状态。合作更加强调劳动动态过程中，劳动双方如何去做、如何限制双方的机会主义行为，强调在机会公平的框架下创造更多的企业租金并合理分配推进合作。目前我国劳动关系所强调的和谐只是在给出不和谐的现象与结果状态之间的分析。因为缺乏利益双方的微观分析，所以并没有实际讨论如何去做、如何解决劳动关系不合作状态，特别是缺少限定管理者能力的分析。最后，现有研究往往只能从道德上批评管理者，由于缺少理性分析又只将所有的任务推回给了政府，得出应该由政府出头去解决。甚至有学者研究了一定的“公平”指标，证明政府干预市场调节作用的合理性。然而，政府在处理很多劳动关系问题上力不从心，对企业产生租金的分配更是无能为力。缺乏合作过程以及限定机会主义行为的分析，结果自然不能达到他们所预期的和谐结果。合作过程在实际操作过程中达到一种均衡，这种均衡符合劳动双方的利益，并且限制任何一方的机会主义行为。就中国现状来看，虽然我们吸收了大量西方先进企业的管理经验，限制了员工的机会主义行为，但是管理权力却并未受到限制，包括管理者分配合作剩余等方面的权力。虽然这种分配方式也达到了一种均衡状态，但这种均衡状态是不稳定的均衡状态，即是社会不和谐的状态。问题是，为什么达到不和谐状态的分析却一直没有形成完整的微、宏观理论体系？如果保证合作的过程实现，和谐的劳动关系结果自然可以达到。因此，我国劳动关系问题的关键在于如何建立完善机制以保证劳动过程是合作的，这是根本问题所在。

二、合作与冲突研究

传统合作的研究被称为冲突、合作管理研究。为了实现某些共同目标，许多成员结成群体并进行有效的资源（人财、物或理念）投入和组合，并建立一定的运作机制。但随着机制的运作以及成员间相互作用的复杂化，在群体中会暴露出许多原来不存在或处于潜伏状态的矛盾，这就使本来处于合作状态的群体呈现出许多冲突的裂痕，导致群体成员的利益不完全相同。这就是合作—冲突问题。这些利益冲突可能表现为财和物的分配，时间、心理成本的负荷不均，组织结构中权力的分配失衡等。为了保证群体整体效益的增加，就必须解决这些冲突，这涉及冲突管理问题，即要通过一些有效的刚性或柔性、定性或定量的方案促进群体成员间的合作。①

　　劳动关系冲突研究的目的是在把握劳动关系冲突特点的基础上，力图减少、利用和控制劳动关系冲突。有学者认为，劳动关系冲突的形式是多方面的，如罢工、怠工等。在西方社会中，工会与企业管理集团的冲突是劳动关系冲突的主要方面，这种冲突主要表现为一种有组织的对抗行为。冲突是由组织内部的权力结构差异造成的。这种差异常常使管理者和员工在利益方面缺乏一致性。② 通常这类问题的解决以罢工和集体谈判（collective bargaining）方法居多。由于冲突涉及双方或多方的利益，通过集体谈判这种途径就可以使冲突各方认识到利益的共同点，在当事人之间达成妥协，达到双方可接受的范围，因而其成为解决冲突的一种重要手段。我国学者提倡的"集体协商制度"或是"三方合作机制"就是冲突管理的一个实际运用。

　　早期传统观点认为，所有的冲突都是不良的、消极的，它常常作为暴乱、破坏、非理性的同义词，因此冲突是有害的，应该避免的。20 世纪 30～40 年代，这种观念占优势地位，代表了大多数人的态度。这种观念认为，冲突是功能失调的结果，其出现的原因是：沟通不良（信息不对称）、人们之间缺乏坦诚和信任、管理者对员工的需要和抱负不敏感。为了避免所有的冲突，提高组织和群体的工作绩效，我们必须仔细了解冲突的原因，以纠正这些组织中的功能失调。尽管在当代"冲突水平的降低会导致群体工作绩效提高"的观点受到斥责，但现实中的很多人仍然在使用这个标准来评估冲突。

　　20 世纪 40 年代末至 70 年代中期，冲突的人际关系（human relations view of conflict）观念在冲突理论中占统治地位。其思想是：对于所有的群体和组织来说，冲突都是与生俱在的，是无法避免的。人际关系学派建议接纳冲突，并使它合理化，但冲突不可能被彻底消除，有时它会对群体的工作有益。冲突的作用具有积极的一面，它可以促进组织创新，对组织以及团体的行动方案进行质疑和评价，它也可以防止组织的停滞不前。

　　冲突相互作用的观点（interactionist view of conflict）认为：融洽、和平、安宁、合作的组织容易对变革的需要表现出迟钝、静止和冷漠，从而降低组织的群体旺盛的生命力。只有存在一定程度的冲突，才能保证企业不断地创新，才能提高群体绩效。它认为，冲突是好还是坏，关键要看这种冲突是否有利于组织和群体功能的发挥和目标的实现，也就是取决于冲突的类型——是功能正常的冲突，还是功能失调的冲突。詹森和威恩斯特拉（Janssen O. and Veenstra C.，1999）③

① 张朋柱等. 合作博弈理论与应用 [M]. 上海：上海交通大学出版社，2006：2.
② Miller D. C. & Form W. Industrial Sociology. 3d ed.，New York，Harper & Row，1980：97.
③ Janssen O. & Veenstra C. How task and person conflict shape the role of positive interdependence in management team. Journal of Management，1999，25（2）：117 - 142.

通过一个结构模型用调查和统计处理的方法研究了任务和人际冲突在管理中的正相互依赖的作用。

　　冲突管理（Cconflict Management，CM）理论的著名人物的托马斯（Thomas K. W.）说："冲突不是恶魔，而是具有建设性和破坏性的双重性东西。至于哪种特性占主要地位，主要取决于管理。"① 这种管理学的观点将在后文深入研究。管理者的一个很重要的作用在于协调利益相关者之间的利益，使他们能更好地为企业努力，但同时管理者的权力（如分配等）也应该相应地受到限制。

　　张朋柱提出一种效用转移机制，试图解决这一问题。对群体内各成员的合作，虽然在利益分配上存在着诸多的冲突，但至少存在一种使各方均能接受的利益分配方案，这就要求群体内各成员均参与合作；在合作中，获益较多的成员应给获益较少的成员以一定量的利益补偿。效用转移机制可以在一定程度上解决这种利益分配上的冲突。在一定的假定条件下，这个补偿是由转移量确定的，并且这种利益补偿机制有可能吸引那些对其他成员有较大的正外部效应的成员参加合作。群体的参加者追求各自利益最大化的行为本身会促使这种外部效应的内部化，这不但可以使具有这种正外部效应的参与者同时也使其他参与者获得更大的合作收益。但在更多的情况下，成员之间是通过协商谈判来解决利益冲突的，通过有效磋商，合作各方可以建立一个利益平衡机制，使所有合作成员分得大致公平的收益。② 即在激励和协调机制的作用下，成为实现群体目标而结成的"伙伴"以达到一种双赢局面。

　　这种合作概念至少存在两个不足之处。第一，"伙伴"的形成是存在强大的市场交易关系的，只有在个人理性被充分满足后才有可能达到个人理性与集体理性的统一，一旦上述两个条件都没有达到，个人理性没有被充分满足时，员工可能就会出现怠工，或者出现与经理人过分讨价还价的事件。第二，合作剩余分配人数大小问题。"合作中获益较多的成员应给获益较少的成员以一定量的利益补偿"的方法只有在合作人数较少的情况下才可能实现。而在合作人数较多时，合作将会陷入奥尔森所描述的集体行动理论中的低效率。张朋柱认为，这种理论是一种非完全共同利益群体合作管理。笔者认为，其并不能解决合作问题，因为忽视了管理者的作用，并且也没有注意到合作的解决不仅仅是依靠工人与管理者之间的谈判能力，而且还要依靠于市场。其缺少企业与市场之间优势的讨论。另外，如果一味讨论理性范围，劳动关系中缺少了管理者与员工之间隐性关系等讨论余地，那么劳动关系将不会对企业有足够的吸引力。比如，企业无法满足个人理性情况下的充分描述，这时企业又应该怎么发展，是不是如传统理论那样与员

---

　　① Thomas K. W. Conflict and Conflict Management, In M. D. Dunette, ed. , Handbook of Industrial and Organiztional Psychology, Chicago：Rand Mcinally, 1976：45.

　　② 张朋柱等. 合作博弈理论与应用 [M]. 上海：上海交通大学出版社，2006：43.

工进行无休止的讨价还价，或是采取裁掉员工的解决方法呢？

合作劳动关系问题的研究意义应该促使利益相关者之间更好、更公平地合作，以实现企业长期财富创造能力最大化这样的目标（创造企业租金并合理将其分配）。"合作"的反义词可以是"冲突"，但能推进劳动双方更好合作并不是单纯地限制冲突，也不可能完全限制冲突。然而，如果合作没有保障、不是在一个公平的机制中，就更有可能引发不良的冲突。因此，真正合作的方法在于限制机会主义行为、实现保证机会公平的相对完善的经济机制。而无论是通过法制经济下的规制，还是"集体协商"、"三方合作机制"，都只是一种限制管理者以及员工的机会主义行为可能性的机制，是保障合作过程中双方都能本着合作精神进行交易的一种手段。因此，本书定义所使用的"合作"的概念是一种广义的概念——简单表述，它是保障机会公平、限制人的机会主义行为的可能性的一种机制。

三、主流经济学的合作理论

本节回顾主流经济学中研究社会生活人与人的合作究竟在交易过程中是如何产生的。从主流经济学所论述的有关概念，如合作、最大化、均衡等出发，并借助博弈论有关研究成果，研究合作均衡的产生。而博弈论中同样也有着阻碍合作、机会主义行为的另外一种表达形式。

（一）"囚徒困境"博弈

"囚徒困境"可以很好地反映出在个人理性条件下当事人双方非合作结果的产生。让我们来回顾劳动关系中"囚徒困境"的变形版：最初，人的行为是理性的，在不完全信息条件下的重复博弈中，他们放松对理性的假设找出合作的基本条件。

劳动关系中雇员与雇主的支付如下：如果雇主不选择雇用雇员且雇员不进入企业工作，即在当事人双方都选择不合作的情况下，对当事人双方没有任何损失或产生利润，这时当事人双方的收益都是0；当雇员进入企业努力工作，他因此而付出了一定的成本，但雇主以不合作的行为压榨雇员努力的成果，只支付一点点报酬，还不足以补偿雇员的努力程度（当然，这种支付情况只有在雇员存在着大量人力资本专用性投资的极端条件下可能发生，后文将继续分析这种情况），这时，雇主、雇员得到的收益分别为8与-2；当雇主采取合作态度为雇员支付一定工资，并对厂房、设备等固定成本进行投入，然而雇员不努力工作而能得到事先设定的工资，这时双方的收益分别为-2和8；当雇主对雇员支付合作型工资，而雇员也努力完成雇主的指定工作时，双方的收益都是4。换化成矩阵形式，如表 2.1 所示。

表 2.1　　　　　　　　　　　　劳动关系的囚徒困境模型

雇主 \ 雇员	不合作	合作
不合作	(0, 0)	(8, -2)
合作	(-2, 8)	(4, 4)

在理性条件下，由纳什均衡可知，双方的最优战略结果都是不合作。我们先不讨论支付问题，但劳动关系的"囚徒困境"变形模型在这里反映了一个很深刻的道理，这就是个人理性与集体理性之间的矛盾。如果当事人双方都选择合作，双方的收益都为 4，显然比双方都选择不合作使收益为 0 要好。从总收益角度看，双方的合作的总收益为 8，比一方合作而一方不合作的总收益为 6 的结果要大。这是源于斯密的分工定理：双方都选择积极合作产生了更大的收益。相对其他方法，合作是一种明显的帕累托改进。然而合作的情况并不一定会出现，因为他不满足个人理性条件。因为彼此都知道对方的类型是理性的，所以"囚徒困境"博弈中人与人之间的关系只有利益关系、交换关系，没有任何的信任。雇主与雇员不会商谈他们如何合作，即便雇主、雇员事先约定选择合作的结果，但在个人理性引导下破坏合作的成果，将没有人有积极性遵守事前的约定。

（二）鲁宾斯坦"讨价还价"博弈

避免"囚徒困境"的非合作结果、由不合作转向合作结果的一种思路是斯塔尔和鲁宾斯坦（Sathl，1972；Rubinstein，1982）的"讨价还价"思想。这个新古典模型与马克思激进主义经济学的思想很相近，只不过在马克思思想中，劳动者的讨价还价能力很小，可以视为一种极端的形式。但是，鲁宾斯坦的讨价还价能力是一种能力的体现，而且模型中的解是一个合作解。整个合作博弈的过程，可以以两个当事人分割一块蛋糕为例，简化并模型化这一过程。在这个模型里，两个当事人分割一块蛋糕，参与人 1 先出价、提出分配比例，参与人 2 可以选择接受或拒绝。如果参与人 2 接受，则博弈结束，蛋糕按参与人的方案分配；如果参与人 2 拒绝，他将还价，参与人 1 可以接受或拒绝；如果参与人 1 接受，博弈结束，蛋糕按参与人 2 的方案分配；如果参与人 1 拒绝，他再出价……如此一直下去，直到一个参与人的出价被另一个参与人接受为止。用 x 表示当事人 1 的份额，$1-x$ 表示当事人 2 的份额，x_1 和 $1-x_1$ 分别是当事人 1 出价时当事人 1 和当事人 2 的份额，x_2 和 $1-x_2$ 分别是当事人 2 出价时当事人 1 和当事人 2 的份额。假定当事人 1 和当事人 2 的贴现因子分别为 δ_1 和 δ_2。这样如果博弈在时期 t 结束，t 是当事人 i 的出价阶段，当事人的支付的贴现值是 $\pi_1 = \delta_1^{t-1} x_i$，当事人 2 的

支付贴现是 $\pi_2 = \delta_2^{t-1}(1 - x_i)$。

保证合作的出现是因为模型中当事人之间出价获得的份额受到贴现因子的影响，这是模型中最重要的部分。它表示为当事人之间的"耐心"程度，也是一种"成本"。比如在分蛋糕的例子中，可以理解为存在双方在讨价还价中所浪费的时间成本，时间越长，蛋糕的味道可能越差。而在劳动关系中，贴现因子可以视为讨价还价的能力。比如，草莓这类易腐烂的水果在收获期如果出现了员工罢工的情况，将会给雇主带来更大的损失，员工的"耐心"程度就比较高。我国新《劳动合同法》中能起到重要作用的内容之一就是集体谈判制度的建立。法学集体谈判的思想与传统经济学的讨价还价思想是一致的。而我国许多学者认为，在我国当前的经济发展状况下，劳动力供给大于需求等原因导致普遍认为雇主的"耐心"程度比较强，他们可以有更多的选择，有着更强的谈判能力。而与此相对，多数雇员往往处于弱势地位。因此法律强调谈判地位的对等，如提升雇员、农民工的弱势群体地位等。通过法律可以迅速调整当事人之间的价格，但这种调整一定是以改变了市场价格的指导作用为基础的，而且增加了当事人的权利（贴现因子）之争的可能性。后文将会在法律对劳动关系影响中深入讨论这一问题。

另外，"资本雇佣劳动"的思想隐含在上述模型中，在其他多数新古典经济学理论中更是清晰可见。这种思想在一些作品中，甚于马克思当年描述的程度。笔者不赞同这种"资本雇佣劳动"或是"购买劳动力"的说法。在现代企业实践中，企业有着自身区别与市场的一个重要优势就在于劳动关系，在本书第三章中有更为详细的讨论。

（三）完全信息条件下的重复博弈论

鲁宾斯坦"讨价还价"模型是一种"序贯博弈"（sequential game）[①]，另外一种特殊但对于劳动关系问题研究也是非常重要的概念就是"重复博弈"（repeated game）：雇主与雇员在类似的博弈结构下选择是否合作的博弈重复多次。事实上，这是劳动关系最重要的特点之一，至少在现实中，雇主与雇员的合作关系不太可能只是一次的交易关系。雇主指派雇员完成一项任务，当完成之后还会再指派相似或其他的任务，理论上说就是前一阶段博弈不改变后一阶段博弈的结构（对比之下，如鲁宾斯坦"讨价还价"模型的序贯博弈涉及物质上的联系）。即使非常短期的劳动关系中，如装修住房，对于一个雇主只可能是一次交易，但如果雇员活干得好，雇主还可能推荐给自己的亲戚、朋友等有类似需求的雇主，

---

① 序贯模型的特征当事人在前一个阶段的行动选择决定随后的子博弈的结构，因此，从后一个决策结开始的子博弈不同于从前一个决策结开始的子博弈，或者说，同样结构的子博弈只出现一次。本书尽量避免过多的专业词汇，这里也并没有过多的叙述，不懂这些并不影响对整个文章的理解，不过有兴趣可以参看下完全信息下的动态博弈论。

通过声誉方式延续博弈次数。劳动关系通常并不可能是"一锤子买卖"。

在重复博弈中，人们有了一定的战略性选择，以保证合作解的出现。一般是从"冷酷战略"（grim strategy）分析开始的。"冷酷战略"是这样一个过程：在第一阶段选择不合作，第二阶段选择不合作，直到有一方选择了合作，然后永远选择合作。可以将其简单理解为绝对不原谅对方任何背信弃义的行为。当博弈重复次数近于无穷次且每个人有足够的耐心，任何的短期的机会主义行为所得都是微不足道的，当事人有积极性为自己建立一个合作的好声誉，同时也惩罚对方的任何机会主义行为。[①] 当然在完全信息条件下的"冷酷战略"下，当事人没有改正错误的机会，在这种意义上，这个战略确实是很冷酷的。但冷酷的结果诱使双方都没有背叛对方的动机，因而结果可能是友善的。这个例子可以成功的推动不合作转向合作，使集体利益最大化，改善了"囚徒困境"的问题。

然而，阿伯罗（Abreu，1986）证明了，"冷酷战略"并不是保证最大合作的战略。最大合作战略是使用最严厉的"可信惩罚"（the strongest credible punishment）。[②] 这里的"可信惩罚"是指让不合作者支付一部分由于不合作所造成的实际损失。可以马上引出"萝卜加大棒"战略：如果任何当事人一方在合作期内不合作，惩罚期开始；如果没有任何一位当事人在惩罚期不惩罚，合作期开始。雇员在合作期不合作、犯了错误给企业带来了损失，除雇员在惩罚期要受到运用"大棒"的惩罚外，雇主事实上也受到了一定的惩罚——承担由雇员不合作而带来的一定损失。这相当于对雇员的不合作行为的一个"萝卜"（可以视为一种宽容）。"萝卜加大棒"的战略也可以在无限制的条件下使用，保证不会出现"囚徒困境"的问题。

上述的两个战略思想保证了合作的可能性，但是两种战略都是传统新古典经济学纯理性的产物；推动合作的条件也是十分的苛刻，甚少需要完全信息和无限期重复的博弈两个条件。完全信息不光是要求对当事人是哪种类型的人（是合作者还是非合作者）有着充分的认识，而且对未来的任何一方的机会主义行为所造成的损失都能有清楚的认识。机制设计理论认为，在事前的合同里就需要明确地规定出对于任何不合作给予多大的惩罚。在实际劳动关系问题中，这种思想需要在开始就在合同中加以充分规定，包括以后工作中所有的细节，这构成了一种复杂的依赖性合同（contingent claims contracts）。签订复杂的状态依赖性合同是否可行，归根到底要回到有限理性问题的讨论。费尔德曼（Feldman）和坎特

---

① 在无限次的重复博弈证明可见无名氏定理（Friedman，1971）。最初的无名氏定理（nash folk theorem）是无限次重复博弈纳什均衡的情况，因为它在博弈论发展初期就为大家所共知但无人曾发表过。弗里德曼定理将无名氏定理扩展到子博弈精炼纳什均衡。

② Abreu, D., 1986, "External Equilibrium of Oligopolistic Supergames", Journal of Economic Theory, 39: 191－225.

(Kanter) 对复杂决策树的讨论很能说明问题。他们认为，即使是中等复杂程度的问题……也无法绘出完整的决策树。原因有几个：第一个原因是树的大小。在复杂的决策问题中，路径的数量非常大……第二个原因是，在大部分决策环境中，与下棋不同，既想象不出各种路径，也没有一个创造路径的规则……第三个原因是对结果的估计问题……对许多问题来说，估计出各种路径的结果是十分困难、几乎不可能的。对于大部分有意义的决策问题，完整的决策模型并不可行。而在多数情况下，劳动合同是一个非常复杂、对未来有着不可预测性的合同，人的有限理性不可能计算出所有的路径。另外，上述理论都要求当事人之间的博弈次数为无限次博弈，而在实际劳动关系问题中劳动合作次数必定是有限次的，因而理论条件很难被满足。

（四）不完全信息条件下的重复博弈

解决上述问题的一个替代的战略是"针锋相对"的思想，其相对更加接近于现实条件。当事人可以以一个大于 0 的概率采取非理性策略。这个非理性策略可以简化理解为你不合作我就不合作，你合作我也合作。中国成语中，"以德报德"或"投桃报李"表达的是双方互动作用产生良好结果；而"以牙还牙"、"以眼还眼"则表达产生的负面结果。这类人群都可以理解为讲义气、重视信誉的人。这种战略思想超出了新古典经济学的纯理性假设，更加近似于真实世界中人们的战略选择。"针锋相对"战略的一个好处是并不要求事先建立复杂的决策树，因而不会引起状态依赖性合同订立模式所引起的严重有限理性问题。至少对于员工来说，他们不太可能完全理解、要求评价他接受复杂合同的含义。因此，在合同订立方式中，员工更偏向求助于经验，它有助于更好地理解各种依赖性义务的含义。这种思想采用了有限理性与非理性行为分段思想修正新古典经济学，对人的纯理性假设的一部分思想也是源于这里。

新古典经济学中的 KMRW 声誉模型运用了这种"针锋相对"的策略思想：当事人的类型都可以是私人信息（不完全信息），即使在一个很小概率的理性行动下，只要博弈重复次数足够多，即使在有限次数博弈条件下，合作仍然可能发生。KMRW 定理的直观解释是：尽管每一个当事人选择合作时冒着承受另一个当事人的机会主义行为和被"压榨"的风险。但如果他选择不合作，就暴露了自己是非合作类型的，如果对方是合作型的话，就失去了获得长期合作收益的可能性。如果博弈重复次数足够多，未来收益的损失就超过短期的机会主义行为的收益。因此，在博弈开始，每个当事人都想树立一个合作者的形象，即使他在本性上并不是合作型。张维迎在《博弈论与信息经济学》中写到：一个人干好事还是干坏事常常不取决于他是好人还是坏人，而取决于别人认为他是好人还是坏人，因为坏人也有兴趣建立一个好人的形象以谋取长远利益。① 不过新古典中的一个理性的另一个结论在博弈快结束的时候，当事人可能会一次性把自己的过去建立的声誉利用尽，合作才会停止。我国广泛出现的"59 岁现象"就是这个道理。

例：

关于非理性行为的例子

　　中国人的思想有很多是符合"针锋相对"战略的思想。我国商界供奉关公像的现象很常见，使有些人误认为关公是财神。其实关公像在商界是讲义气、重信誉的意思。《三国演义》中的关公绝对不是经济学中的理性人，"赤壁之战"时，关羽因诸葛亮不给自己分配任务而立下军令状：必捉拿曹操，否则愿受到军法处置。但后来关羽还是在华容道放走了曾经对自己有恩的曹操。如果他是理性人的话，他就会思考抓住曹操他能得到什么样子的奖励、放走他有什么样子的处罚，经这样一番计算的话，关羽的选择一定不可能是放走曹操。但他为了义气甚至可能会受到死的军法处置，做出了非理性的行为。正是因为这种非理性被中国人所称赞，在商界拜关公的人表达自己做生意讲信用，会遵从某些行为规范、信用。

　　有人说讲义气、重信誉是一种道德规范并非是中国或是东亚特有的文化，西方人非理性行为则较少。事实上，虽然西方国家不强调这种讲义气、重信誉的例子，但起码"互惠"的思想已经深入了西方人的思想之中，互惠行为也可能导致一些非理性行为的产生。在西欧语言的两个主要分支中，poison（毒药）和 gift（礼物）两个词的词根相同。在古德语中，gift 一词既指礼物又指毒药；而毒药在希腊语中为 δόσισ，它的英语单词 dose（药剂）一词的词根，与希腊语中表示 give（给予）的单词词根相同。在这些古代语言中，poison 和 gift 两词之间存在密切关系的原因来自礼物的强制性互惠特征；或者说，来自这样一种信念：一个收到礼物者如果没能还礼就会受到伤害。（Marcel Mauss，1954）

　　在不完全信息条件下，博弈次数增多，就可能达到合作的结果。这可以扩展到劳动关系上。也就是在企业劳动关系中，非短期的合作关系成了企业性质中的一种直接结果②。"针锋相对"战略思想会促使企业劳动关系产生一种隐性关系，使企业组织直接节省了市场上可能源于双方强烈的、自私自利的讨价还价而引发的成本，这种成本可能会阻碍劳动关系中利益相关者之间相互依存的合作关系。

　　①　参见张维迎. 博弈论与信息经济学［M］. 上海：上海三联书店，2001：219。当然，张维迎也同样认为这超出了经济学的研究范围。经济学家的研究不应是评价人的好坏，而是如何诱使坏人不做坏事，而好人更多的做好事。这种观点与法学是诱因的思想是一致的，本书第五章还有论述。

　　②　严格起来说，上述博弈思想仍然属于新古典思想的，这种合同属于一种连续性现货合同（sequential spot contracts）。企业关系与这种关系还是有一些不同之处，在下一章讨论。

四、我国目前劳动关系问题研究与机会主义行为

中国传统在劳动关系研究中往往认为资方处于强势地位,劳方处于弱势地位。其中,绝大多数研究都集中在法学的角度上,并且往往是对劳动关系中特定的现象或情理、道德上的表述,缺乏学理上的分析。研究者总在强调"从社会现实来看,由于劳资力量不平衡和不对等,致使劳动者权益屡屡被侵害已经成为一个突出的社会问题"状态,强调"公平"、"公正"等问题,但他们却无法将"公平"、"公正"良好地表述,不能阐明其如何能够真正改善社会主义市场经济发展。而通过经济手段研究劳动关系问题也多数集中在宏观层面上,通过问卷调查与宏观数据,衡量劳资关系的指标,试图得出符合"和谐劳动关系"结果的标准。他们的分析也缺少对于管理者权威限制的分析,很难反映微观企业管理者与员工的基本动机。虽然在研究劳动关系问题上,法学与经济学的分析手段、方法不同,但往往得出相似的结论,即需要政府推动解决劳动关系问题〔法学主张,政府该通过法律保护劳动者或者是政府应该推动集体谈判(三方协商机制)建立;经济学主张再分配达到"和谐"结果的标准〕。

但是,他们往往没有看清真正阻碍劳动双方顺利合作的最重要原因是"机会主义行为",正是机会主义行为的存在才直接导致了一些不好的现象。"没良心"、"黑老板"这些似乎都变成了资方的代名词了。而事实上,机会主义行为是人的本质,并不分资方还是劳方,甚至还包括政府官员。劳动者一方也存在机会主义行为。这种机会行为表现为员工可能没有能力胜任他所获得的较高收入或者存在偷工减料、偷懒、怠工的行动,甚至在一些生产小而贵重商品的企业中,一些员工可能随意"拿走"生产出来的商品。当然,针对这种机会主义行为在传统经济学和管理学等学科中可以找到解决答案。前边的问题,企业可以通过提供绩效工资或效率工资诱使员工工作效率的提高。而最后的问题可以通过明确的规章制度以及监督规定出机会主义的后果,通过罚金或"解雇"威胁的惩罚手段,阻止员工的机会主义行为。

同样,管理者也可能出现机会主义行为,如不分发给劳动者合理收入,甚至拖欠工资等。然而,针对劳动关系问题,在经济学中限制管理者的机会主义行为的研究并不是很多。在中国传统理念中,人们对社会"公正"的追求往往寄托于"包青天"式的人物身上,以至于一个企业或一个部门一旦出现问题,人们首先想到的是该企业的领导肯定有问题,而不是制度、企业规章系统是否有问题。这种思维定式影响着人们的行为方式。人治社会的一个突出特点是不重视制度(尤其是法律制度、经济秩序)对人的行为约束,而强调经营人品德及自律来限制自身机会主义行为出现。马基雅维里对人性的基本假设与威廉姆森的机会主义行为

概念一致，他认为："不管是谁，只要他渴望建立一个国家和为它制定法律，那么他首先必须这样假设，即所有的人都是坏人，而且只要他们有机会，就会随时表现出自己的邪恶本性。"① 因此，本书集中研究如何限制管理者权力的机制设计。研究合作机制的构建问题，在不过分影响管理者的"权威"作用、发挥企业中"雇佣合同"节省交易成本特点的同时，又可以防范管理者签约后的道德风险以及限制管理者对企业剩余的分配权力，降低其机会主义行为的可能性。通过合作机制，可以降低市场中的交易成本，增加市场效率，构建并完善中国特色社会主义市场经济制度下合作型劳动关系的框架。通过机制限制管理者的机会主义行为，节省交易成本，发挥企业优势，完善社会主义市场经济的市场秩序，保障初次分配的公平以及效率性的统一等问题。这是本书的主要研究内容。

---

① 丹尼尔·雷恩. 管理思想史 [M]. 北京：中国人民大学出版社，2009：36.

第三章 现代企业劳动关系理论

本章主要研究企业劳动关系的本质，当然这个问题自然离不开对合同的研究。我们从科斯 1937 年的文章作为研究起点，把企业视为一种企业合同性质的企业。尽管这篇文章的内容有些"不完备"，对企业的存在本质并未给予充分的回答①，但文章存在大量的与劳动关系有关的思想。因此，本章就着重回顾现代企业理论中劳动关系研究，并将焦点集中在劳动关系以及劳动合同上，最后将阐述劳动关系的本质。

第一节 现代企业劳动关系理论综述

一、科斯思想中的劳动关系理论

科斯本人称，《企业的性质》一文完成于 20 世纪 30 年代初期。文章指出了存在着交易费用时通过合同关系如何促使双方进行合作。其后他在 1960 年的《社会成本问题》一文中写到，如果不存在交易费用的话，任何制度安排都是没有必要的。但是科斯所提出的问题并未马上引起经济学家的重视，直到 20 世纪 70 年代，很多经济学家才开始关注这一问题，科斯理论也成为经济学的焦点之一。不过科斯当年的企业理论存在一定不完整性，并且这个问题仍然受到经验性的以及理论性的不断挑战②。

经验上的挑战来自难以将企业中发生的所有现象抽象成单一的理论。其中最重要的是如何能够把企业正式的治理结构描述清楚，如科层式（hierarchy）的治理结构或者是内部化（internalization）等问题。理论的挑战来自当今出现

---

① 科斯是假定了企业已经存在条件下讨论为什么企业会存在。见 Coase，R. H. 1937. "The Nature of the Firm," Economica，pp 386 – 405. 在第一节（一）中，直接标注数字页码均出于此篇文章。

② Gibbons，R. S. 2005. "Four Formalizeable Theories of the Firm," J. Econ. Behav. Organ.，58，2，pp 200 – 245.

的更加复杂的现象，如企业间联盟等。这使人们很难通过单一的理论去解释所有现象。因此，即使对同样一个问题的描述，由于分析方法、角度的不同，可能得出不同的结论。这些分析的不同方法，有时可以相互补充，有时可以进行代替。另外，很多学者批评科斯的文章中没有基于明确的假设，文章不够标准化。他们认为，这给企业的明确定义带来很大的问题，很难描述企业的合作如何去代替市场中的合作。这种理解是不正确的。《企业的性质》一文源于科斯那个年代的企业劳动关系问题的观察、思考与总结，文章中明显使用了大量的假设。

（一）有限理性

人的行动的有限理性假设可以作为构建科斯 1937 年文章中企业理论的基础。有限理性主要在于"当组织的交易增加时，或许企业家不能成功地将生产要素用在它们价值最大的地方，也就是说，不能导致生产要素的最佳使用。再者，交易增加必须达到这一点，即资源浪费带来的亏损等于在公开市场上进行交易的成本，或者等于由另一个企业家组织这笔交易的亏损"（394 – 395）。同样的意思还有："企业在如下情况下将趋于扩大……当企业家犯错误的可能性愈小，随着被组织的交易的增多，失误增加得愈少。"（396）

可以看出，科斯思想的核心集中在交易与合同的缔结上。事实上，由于企业管理者自身有限理性的限制，企业处理交易问题本身就在不断寻求最适合自己的方案。人行为的有限理性假设使科斯可以解释为什么企业的规模不能一直扩大：因为管理者有限理性很难能得到完全的信息，并利用这些信息控制企业。

（二）环境的不确定性

科斯在 1937 年的文章中，虽然批评了奈特有关不确定性的认识，但并不等于说科斯否定不确定性问题。在他的文章同样也可以找到一定的运用了不确定性的假设。比如因为不完全合同无法预测较长时间的未来所存在的不确定性："现在的问题是，由于预测方面的困难，有关物品或劳务供给的契约期越长，实现的可能性就越小，从而买方也越不愿意明确规定出要求缔约对方干些什么。"（391）当然，"不确定性"等内容的讨论还是留给了交易费用经济学（TCE），由其作出更进一步的研究。

（三）现代企业劳动关系

许多学者在解读科斯 1937 年的文章时认为，作者强调"企业是市场的一个代替物"，然后寻找企业与市场的边界。然而，科斯当年所关注的并不是市场与企业的严格边界在哪里，而是对（与市场有关的）企业的收益和成本的一种非常全面的比较，如何能节约交易成本则是他所关注的。尽管科斯赞成普兰特（科斯的老师）的观点，即竞争能为经济体系的自行运转提供必要的协调，但他认为这种方法是不完善的——该方法遗漏了"企业管理和雇主——雇员关系的不引人注意的作用"。①

企业问题本质上是契约的选择和安排。正如《企业的性质》中所说："即使有了企业，也不能消除契约，但却会大大减少其使用。"原因在于采用了某种特殊合同，"某一生产要素（或它的所有者）不必与企业内部他所合作的一些生产要素签订一系列契约。当然，这种合作如果作为价格机制起作用的一个直接结果，这一系列的契约就是必需的。一系列的契约被一个契约替代了。"在 1960 年的文章中，科斯明确了"一系列的契约被一个契约替代了"的思想："在企业内部，各个协作生产要素之间的议价被取消了，因为行政决策指令替代了市场交易。这样，不用借助生产要素所有者之间的议价，就可以重新安排生产……实际上，企业将获得契约各方的合法权利，所以重新安排活动无须再按照契约对权利的重新安排，而是成为如何使用权利的行政决策的结果。"

以"协作"、"命令"、"行政决策"等话题作为企业的研究内容，必然是以劳动关系为重要的焦点（原文使用的"雇佣关系"这个词）。科斯在强调劳动关系是企业性质的重要特征时，引用了巴特（Batt）文章中的一段文字："有权告知雇员什么时候工作（在工作时间内）和什么时候不工作，以及做什么工作和怎么做（在工作范围内），这种控制和干预的权利，即为这种关系的本质特征。正是这种权力使雇员区别于独立签约人"。② 而且，科斯抓住了劳动关系的本质——不同的利益相关者之间的关系是通过合同关系而产生的。从科斯的角度，"企业是市场的一个代替物"可以理解为"企业家的控制或称为科层式机制代替了市场价格机制"。与此类似，西蒙从不完全合同理论的角度曾经正式分析了劳动关系问题。西蒙比较了两份长期合同，一份合同准确地指定了卖者在未来某时点所提供的服务，另一份契约赋予买者有权在"接受集合"范围内选择服务。西蒙将前一份合同视为"销售合同"，而将后一份合同视为"雇佣合同"。在缔约时买者未来确切偏好何种服务的不确定程度和卖者在"接受集合"范围内提供一项具体服务的无差异程度决定了契约的选择。③ 马斯特恩论述了雇员有一种忠诚的义务，并有一种以独立签约人不能的方式向雇主披露有关信息的责任。④ 当然，科斯也着重地研究了什么是企业权威（authority），这个问题将在下节重点讨论。

① 威廉姆森等编. 企业的性质 [M]. 北京：商务印书馆，2007：46.

② 威廉姆森，温特编. 企业的性质 [M]. 北京：商务印书馆，2007：70.

③ Simon, H. 1951. A formal theory of the employment relationship. *Ecnometrica*. 19, 293 – 305.

④ Masten, Scott. 1988. A legal basis for the firm. *Journal of Law, Economics and Organization*. 4：181 – 198.

很大程度上，劳动关系成为企业规模的一个重要因素。

　　这里需要注意的是，科斯当年研究企业理论存在着不足。他的研究范围仅仅是管理者（雇主）与员工（雇员）之间的劳动关系，他所说的生产要素指的是劳动力，而合同就是经理人与员工之间的合同。由于只是重视"雇佣关系"的企业理论，结果就忽略了企业组织者以购买、租赁或借入的方式来指挥资本（设备或货币）使用的合同，致使企业的性质残缺不全。① 特别是在有关专用性资产问题上，科斯的论述存在着很大的不足。资产的特征无论在选择企业还是选择市场以及长期合同设计中都可能起着关键作用，尽管这种可能性引起了科斯的兴趣，但他并没有把它作为重要特征。他认为，专用投资所具有的机会主义危险"常常通过需要考虑企业的行为对未来经营的影响而得到有效的抑制"②。科斯并没有研究这样的声誉效应何时起好作用或不好的作用、哪些条件可论证是能与企业理论和市场组织相关的，甚至是主要的。

　　而且，专用性问题同样可能发生的劳动关系问题中，如人力资本专用性问题。如果仍然按照科斯的"声誉"理念回答的话，那么，为什么劳动关系仍会出现很多问题？本书将在第七章集中研究这一内容。资产专用性的问题是相当重要的，这将引出后面要综述的交易费用经济学与不完全合同理论。虽然科斯只把劳动关系中"雇佣关系"的性质作为企业理论的全部有些不妥，但至少可以看出劳动关系在企业理论中的重要地位。

二、交易费用经济学中的劳动关系理论

　　在市场交易过程中的合作可能会产生一定的问题，一种解决方法是通过管理者控制、监督来协调人们之间的合作关系。这种观点是交易费用经济学理论（Transaction Cost of Economics，TCE）的中心思想。

（一）交易费用经济学

　　TCE 可以说继承了科斯的基本思想：当通过市场方式签约而产生的抵制性交易费用较大时，可能选择企业合约作为代替。当然，相对科斯理论而言，TCE 有

---

　　① 科斯雇佣关系的局限性可能是源于他当时对物质契约不完全性的偏见有关。在《企业的性质》中，科斯写到（物品契约）"主要物项能够事先在契约中规定，而细节可以待以后决定，这不很重要"。然而，事实上，物质契约中（在资方之间）也存在着强大的机会主义行为。而且如股东、债权人、经理人等的利益协调可能会直接影响到企业的效率问题，在劳动关系研究中往往被人们所忽视。由于企业家与资方关系的委托代理问题类似内容的讨论却十分多，本书就不再重复。然而，如专用性资产投资可能引起更大的机会主义行为，或者从劳资双方的讨价还价不同能力的导致的分配不公等问题。因此，本书论述重点放在如何限制管理者机会主义行为的研究上。

　　② 威廉姆森等编. 企业的性质 [M]. 北京：商务印书馆，2007：46.

着明确的、较为标准的理论假设，如前面介绍过的有限理性、机会主义行为以及交易人数频度等概念。当市场不确定性不存在时，即使是有限理性也不会出现问题，市场交易会顺利地进行。但是，当不确定性程度增加到一定程度时，将导致与代理人只能签订不完全合同。

不过，TCE 特别强调了假设"专用性资本"这一概念。只要可以"保证"市场交易（一种完全竞争市场状态），即使是在只能签订不完全合同，同时存在着机会主义行为的情况下也不会出现问题。在这种情况下，人际关系可以相对比较独立。但是，完全竞争市场状态所要求的条件是存在着大量的签约人，真实世界中很难满足这个条件。当交易双方数量变为少数时，上述情况将出现问题。即交易双方在很难改变交易对象或是改变交易对象需要支付很高的成本，2009 年诺贝尔经济学奖得主威廉姆森称之为"专用性资产投资"。专用性资产问题可以说是劳动关系的重要问题，主要是指人力资本专用性投资而引起的交易方面的问题。这种投资往往会产生一种人与人之间的双边关系。在不完全合同与机会主义行为的联合条件下，可能会产生危害。结果就是合同不能只依赖于承诺（promises），而尽可能基于可置信承诺（credible commitment）。但是当不确定性与专用性资产太高的情况下，企业合同关系就可能代替了市场交易合同关系。

（二）TCE 企业合作机制理论

TCE 被很自然地被视为科斯理论的延伸——通过人类的有限理性和机会主义行为假设，把注意力集中在研究资产专用性投资上，从而研究企业存在的原因。然而，科斯认为这种经济关系的概念与他的思想是不一样的[①]。准确地说，科斯维护着自己的原有思想，并认为声誉效应（reputation effects）在一定频率的条件下可以降低机会主义行为。这种不同意见使 TCE 不得不给出一种代替科斯企业思想的定义。

在 TCE 的分析框架中，"企业与市场由拥有着完全不同的两种契约法构成，企业的内部组织隐含的一种契约法是具有自我控制性"[②]。更加准确地说，企业可以被描述为一种合作机制，它可以提供低能激励（low-powered incentives）和范围较大的行政管理与控制，并且还部分具有自我解决争议的机制。企业自我解决争议机制是非常重要的。通常我们听到的劳动争议问题往往只是通过法院来解决，而在生产实践中，人与人之间的不一致，法院也不可能处理得非常完善。法院只是在双方争议解决不了的时候，采取最终的判定。当然这种判定还依赖于一个重要条件：法院能够低成本获得一定量的信息，从而才能有效进行裁决。对企

---

① ［美］威廉姆森，温特等. 企业的性质 [M]. 北京：商务印书馆，2007.

② 威廉姆森，马斯滕. 交易成本经济学经典名篇选读 [M]. 北京：人民出版社，2008：106.

业而言，无论是在高能激励下还是在低能激励下，都需要对部门、员工进行监督，以约束其行为，这就是企业内部管理中激励和控制的平衡。如果单有激励，部门和员工就会拼命耗用设备，增加眼前的收入，因而必须加上控制和约束，形成一种互动配套关系，以保证实现组织目标。另外，企业内部行为的行政特征，将产生一定的行政成本，进而削弱企业的竞争力。企业规模越大，一体化程度越高，这些行政特征就暴露得越明显，行政成本也就越高，这就制约了企业无限度的扩张。

TCE 的主要思想是企业拥有一种特殊能力，企业治理被视为一种特殊的交易关系（专用性投资）。而这种交易关系相对市场交易关系有一定的成本优势。威廉姆森在 1999 年的一篇文章中讨论了廉洁自律问题：当在一种缺乏员工忠诚度、信任、个人没有责任感的情况下，会破坏交易的合作精神。乔斯科（Joskow）证明了，在存在特殊交易关系的情况下，企业可以明显地降低机会主义行为与交易成本，会更好地建立一种人与人之间的相互依赖关系[①]。但是上述科层式的治理结构将会产生一定的行政成本或称为官僚式行政成本，这种官僚式本身也需要一定的激励强度。因此，由交易成本的大小决定是选择市场方式还是选择企业方式。

总的来说，以威廉姆森为代表的 TCE 改进了科斯式的分析方法，更加明确地定义了企业性质及交易费用的概念。他增加了环境因素（不确定性、交易频度、专用性投资）以及人的行为因素（有限理性和机会主义行为）的假设，在此基础上分析市场与科层式企业的区别以及什么时候将会被"选择"。"选择"通过企业主要是避免事前、事后（ex-post）机会主义行动而造成的负面效应冲击，特别是存在专用性资本投资的合同执行问题。

不过，即使标准化了分析手段，但似乎与分析手段不是通过正规数学模型有直接联系，TCE 仍然停留在很多案例"经验上成功地陈述"地位。而且在官僚式行政成本、选择性干预的不可能性以及企业内部的交易费用可能源于市场中一些要素交易等问题的解释上，TCE 理论框架都存在着不足。比如，TCE 在解释企业为什么出现以及什么时候将会出现管理上的变化是无能为力的，这与TCE 仍然没有形成一个正式、具有一定数学的框架有关。从更加正式的分析角度来看，新产权理论和激励理论（incentive theory）可能得出更令人满意的结果，即使它们在分析企业的角度以及劳动关系问题方面相对 TCE 涉及的问题的范围要小很多。

---

① Joskow, P. L. 2004. "Vertical Integration," in Mrenard, C. and Shirley, M. M., eds, Handbook of New Institutional Economics. Norwell, MA: Kluwer Academic Publishers, 319 – 348.

三、不完全合同理论与剩余控制权

(一) 不完全合同理论概况

不完全合同理论 (incomplete contract theory, ICT), 通常又称为新产权理论 (property rights)。尽管 TCE 能相对更好解释企业的边界, 但对 "制造还是购买" (make-or-buy) 决策, 由于缺少相对正式的分析框架, 在解释企业与市场的边界时, 预测能力有一定局限。而相对 TCE 理论, ICT 中能够更好地预测效果。

ICT 假设交易双方拥有着对称的信息, 且其使用的理性假设概念也与 TCE 理论不同。哈特甚至在 1990 年的文章怀疑过有限理性假设的必要性。不过, 他在文章中认为, 合同不完全的原因一部分可以归结为当事人的某种 "有限理性" (bounded rationality), 即当事人对于未来不可能是全知全能的, 要把或然状况都写入合同是不可能的或者说这样做的交易费用太高了。但是 ICT 对于当事人的 "有限理性" 程度的定义仅限于此, 而在正式分析中, 当事人仍然被假定具有对行为的未来成本和收益的精确计算能力。也就是说, 一方面, ICT 假定双方不可能签订一个让第三方保证执行的完全合同; 另一方面, 又假定当事人能够计算出他们不能签订的一份完全合同的效用后果。因此, ICT 意义上的 "有限理性" 比 TCE 意义上的 "有限理性" 的理性程度要高, 但又不是完全理性。因此, 哈特文章的理性可以被称为 "充分理性" (sufficient rationality)。这种对理性的 "暧昧" 假定产生了一些麻烦, 这也是 ICE 理论的一点不足, 我们在后面还会涉及。

TCE 主要关注专用性投资所产生的准租金 (quasi-rent) 的大小, 而不完全合同理论把研究对象集中在非签约投资的边际回报率 (marginal returns to non-contractible investments) 和权力上。因此, 哈特等人把可被观察的且能够被证实的物质性投资放在最重要的地方。而且因为 TCE 的中心思想并不是衡量专用性资产所产生的准租金的大小。所以, ICT 指出, 即使在不确定性程度很低的情况下, 只要投资是可观察且可证实时, 准租金也可能产生不恰当的投资 (可能存在过分投资或投资不足)。这就与 TCE 的预测结果完全不一样。在哈特的文章中非常重要的就是在事前一定要知道谁拥有资产和他们的相对边际收益, 然而在 TCE 的分析框架中则没有明确指出这些。

另外, 有关合同的不完全程度一直困扰着 ICT 理论。ICT 主要研究由于合同的不完全性对结果导致的冲击, 但是却无法度量出合同的不完全程度, 也无法反映人们的合作意愿, 即合同的不完全程度是外生变量。哈特与莫尔在 2004 年一篇文章描述了合同不完全程度是如何内生的。他们把合同看作一种结果清单 (a list of outcomes), 它既排除出现在清单外的东西, 因此是 "排除的" (rule out);

同时又不完全选择清单上规定的每一个结果，因此又是"非包含的"（not rule in）。在这种情况下，合同可能是"松弛的"，也可能是"紧的"。松弛型合同的好处是事后有更多灵活性，坏处是不能足够地激励事前专用性投资；而紧型合同的好处是可以保证事前专用性投资，但是事后灵活性很小。如果关系专用性投资很大，那么双方将选择紧型合同，否则双方将选择松弛性合同。最佳合同形式在松弛型与紧型之间权衡取舍。①

（二）剩余控制权

很多人认为 ICT 是一种 TCE 的理论标准模型化，事实并非如此②。至少从上述的假设与结论方面看，ICT 已经与 TCE 存在着很大不同，与科斯理论的差别就更加明显。而且 ICT 还有一个更为重要的定义——剩余控制权（residual rights）。虽然签约者之间涉及专用性投资的合同是不完全的，但这并非意味着所有的权利都是含糊不清的。格鲁斯曼和哈特把所有的合同权利（contractual rights）分为两类："具体权利"（specific rights）和"剩余权利"（residual rights）。所谓具体权利，就是合同中已经明确规定了的对物质资产（physical asset）的权利（对另一方来说就是责任），如利润分成比例、交货时间等。传统产权经济学通常将剩余索取权（residual claim）或剩余收入权（residual income）作为所有权的象征，认为资产的所有者有权获取资产的剩余收益。ICT 与上述传统思想有些类似，但又不完全一致。ICT 定义了一个新的概念——"剩余控制权"，并且认为剩余控制权的作用更为重要，尽管剩余控制权与剩余索取权通常是对应的。

所谓剩余控制权利，就是初始合同中没有规定的所有对物质资产的权利。拥有剩余控制权的一方，可以按照任何不与先前的合同、惯例或法律相违背的方式决定资产的所有用法（usages）。哈特明确将剩余控制权等同于所有权，因为只有资产的所有者应该拥有剩余控制权。在不完全合同下，剩余控制权或所有权的配置，必定会影响当事人的事前专用性投资激励。因此，为了最小化对投资激励的扭曲后果，应当让某一方将剩余控制权购买过去。在一个企业中，经理人就相当于拥有剩余权利的一方，否则这样的权利配置就是低效的，因为它会造成敲竹杠（hold-up）问题。

哈特强调物质性资产作用。此处的物质资产即非人力资产（non-human as-

---

① Hart, O. and J. Moore. Agreeing now to agree later: contracts that rule out but do not rule in. 2004. Working Paper, Harvard University and London School of Economics, and Edinburgh University and London School of Economics

② Whinston, M. D. 2003. "On the Transaction Cost Determinants of Vertical Integration," J. Law Econ., Organ., 19: 1 – 23. 或者 Fares, M. and Saussier, S. 2002. "Contrats Incomplets et Couts de Transaction," Rev. Fr. Econ.: 193 – 230.

sets)，包括"硬"的方面，如机器、存货和厂房；也包括"软"的方面，如专利、客户名单、合同以及企业的声誉。哈特认为，只有在物质资产的意义上定义企业，才能正确理解企业的并购。因为人力资产合法地属于个人所有，所以，如果一个企业兼并另一个企业，除了兼并其非人力资产，还能兼并什么呢？兼并方必须有某种类似于"黏结物"（glue）的价值来源，以便"黏"住被兼并企业的工人。而且，在物质资产的意义上定义企业，便可以解释企业权威的来源，以回答阿尔钦和德姆塞茨（1972）对科斯（1937）的质疑。一个雇主和独立签约人（independent contractor）的差别在于，如果中止合作关系，雇主可以选择性地解雇任何一个雇员，可以带走全部非人力资产；而独立签约人只能选择解除全部关系，且只能带走属于他的一部分非人力资产。因此，哈特认为，如果没有某种将企业凝聚在一起的非人力资产，那么企业只不过是一种幻影而已！

哈特曾经承认，自己的观点与马克思关于劳动关系的观点具有一定的相同点。马克思认为，资本家之所以能够支配工人并且榨取其剩余价值，是因为资本家拥有生产资料。相比之下，ICT 对劳动关系的处理比较"温和"，假定进行了专用性投资的工人和资本家之间是一种双边垄断关系，各自都具有一定的谈判力，从这个意义上讲，也可以把马克思的观点看作是 ICT 的某种特殊形式（Hart，1995，P56）。但这只是人力资本的持有者与资本为了达到一个共同目标而进行合作，并分配企业的剩余。这一点只是科斯所谈到合作意义上的一种极端情况而已。这部分内容将在本章第三节继续讨论。

不过，ICT 也并非是一种完善的理论，也存在着一定的不足。ICT 缺乏一个坚实的理论基础，难以调和"有限理性"和"预见未来收益"这两个基本假设之间的冲突。GHM 模型一方面假定当事人在某种程度上是有限理性的（无法预见所有或然情况）；另一方面又假定当事人在事前对于成本与收益之间具有完全计算能力，这显然有些矛盾。另外，GHM 模型忽略了企业中所有权和控制权分离的事实，难以解释没有所有权经理的行为，从而难以提供一个科层或分权理论。把焦点放在事前专用性投资水平上，导致对组织内的事后调适过程完全忽略；即使哈特与莫尔研究的重心不是事前效率，而是一种事后效率，但他们也假设不存在科斯式的事后再谈判。[①] 即使 ICT 规定了物质资本的重要性，但从实际操作上也无法确定谁拥有资产以及剩余控制权，这种命题几乎是"不可证实的"（Whinston，2003）。当然，近期 ICT 也在不断完善自己的理论体系。

---

①　Hart, O. and J. Moore. On the design of hierarchies: coordination versus specialization [J]. Journal of Political Economy, 2005, 113 (4): 675 - 702.

四、其他理论

(一) 激励机制和财产集的统合

霍姆斯特姆[①] (Holmstrom, 1999) 统一了科斯等合作激励机制理论与哈特财产集的剩余控制者理论, 认为权威在企业内部的作用应该是把产权的重新分配与其他元素联系在一起。更准确地说, 如果拥有企业内部的控制权 (通常是源于拥有资产权), 内部激励机制也会从中受益, 往往会更加有效。这就是为什么要将内部激励战略与财产所有权联系起来。劳动关系问题就是企业内部核心问题之一。他写到: "我们不能把内部企业的组织结构与市场运作分析完全独立分开。我们分析企业与市场之间是如何相互影响与补充, 特别有关于个人工作能力的匹配与提供个人的适当的激励等问题的解决方面。" 事实上, 霍姆斯特姆认为, 产权的强度观点明确表示了市场激励的作用与他们怎样可以改变拥有的财产权。但它无法解决企业内部产生的激励问题。真正的挑战是要理解当影响到个人激励问题时, 企业和市场机制是如何相互补充与完善对方。"与消费者或是其他的商业合作者有自由选择其他人一样, 员工可以以个人意愿退出企业。通过这种方式去限制企业的能力。" 如果在科斯的企业性质下, 企业是市场的一种代替物, 那么, 劳动关系只是发生在企业中以区别于市场意义上的交换。但霍姆斯特姆的这种意义上的劳动关系不只是单纯发生在企业内部, 而且把企业内部劳动关系与市场联系起来。也就是说, 企业不应该是市场的代替物, 而是一种互补物。

这种框架下的理论已经明显不同于科斯在 1937 年单纯企业内部的劳动关系意义下所表达的意思。霍姆斯特姆从激励、多任务、权威的分配等方面整合了企业理论。更重要的是, 在此理论的影响下, 有更多的学者开始对新古典式的狭义的激励理论的基础进行挑战。有些学者通过正式的理论分析[②], 还有一些通过行为主义实验[③], 讨论了对经理人的努力的激励是否有效率的问题。而更为重要的是, 激励理论并非在一种合作框架下的分析。批评非合作的思想更是被企业资源论 (resource-based view of the firm) 所强调。

---

① Holmstrom, B. 1999. "The Firm as a Subeconomy," J. Law, Econ. Organ. , 1: 74 – 102.

② Benabou, R. and Tirole, J. 2003. "Intrinsic and Extrinsic Motivation," Rev. Econ. Stud. , 70, 3: 489 – 520.

③ Fehr, E. and Gachter, 2002. "Do Incentive Contracts Crowd-out Voluntary Cooperation?" Work paper W34. (Available at: www. iew. unizh. ch/wp/iewwp034. pdf).

(二) 企业资源论

究竟什么是企业的黏结物？是什么把企业内部战略与外部战略联系在一起？企业资源论认为，企业具有不同的有形和无形的资源，这些资源可转变成独特的能力；资源在企业间是不可流动的且难以复制；这些独特的资源与能力是企业持久竞争优势的源泉。虽然在某种程度上，员工的能力通常被定义为源于专用性设备或企业规章的"掌握"技巧或拥有着诀窍"精通"，但与不完全合同理论不同，企业资源论的研究人员几乎毫不例外地把企业特殊的资源指向了企业的知识和能力，而获取知识和能力的基本途径是学习。因此，他们把工作中所积累的经验与知识的传播与习得等因素考虑进来。

他们认为，知识不是凭空产生，而是建立在合作与交流机制的基础上，并且源于某种共享式的认同。① 这种共享性认同降低了由于未来研发与技术学习等方面所引发交流上的成本。这种活动使企业越来越具有专用性，并且发展了一种通用的组织沟通代码，使这种特别的知识能够得到有效的传播和保护。企业资源论认为，企业应该是一种治理结构，这种治理结构应该产生一种企业的专用语言和惯例，因而可以产生一种有价值的能力。当知识有着隐性特点或者很难被传播时，通过纯市场交易的方式（独立契约者）将会导致巨大的交易费用，且纯市场交易方式也很难摆脱机会主义行为的问题。只有科层式的沟通才可能较容易，并且通过权威的方式解决争议问题。

不过，与 TCE 略有不同，TCE 以为由于专用性投资可能会产生很高的交易成本。而企业资源论者却认为科层式的企业通过正式条例或非正式的习惯处理劳动关系的方法相对市场来讲更加有效。特别适用于企业的活动存在着特殊性并且活动往往需要内部化人力资本专用性投资。总之，人力资本专用性投资并非提高了企业内部的交易成本，反而是降低了成本。

但需要注意的是，上述的分析还是缺乏激励因素，似乎人们天生就趋向于一种合作的趋势。有学者假设，企业员工认同提供了规范性的范围。这种企业认同感改善了劳动关系中人与人之间的合作、沟通和学习过程。而从管理学角度，对企业不完全模仿、特殊资源的确定过于模糊，操作起来非常困难。

第二节　管理者与权威理论

在上一节，多次谈到企业家权威的作用。在这一节，把劳动关系中管理者的

---

① Kogut, B. and Zander, U. 1996. "What Firms Do? Coordination, Identity, and Learning," Organ. Sci., 7: 502 – 518.

权威作用这一问题展开。但在回答这个问题上，无论经济学还是管理学对于企业家本身应该是什么一直是众说纷纭，没有一个确定的答案。本书第一部分回顾企业的管理者理论（企业家理论），第二部分从现代企业理论解释劳动关系中管理者的作用。

一、企业家理论①

（一）承担不确定性风险

企业家最早源于法语 entreprendre，是指那些从事军事远征活动的、勇于承担风险的领导者。到了 18 世纪，法国经济学家理查德·坎蒂朗（Richard Cantillon）首先将"企业家"引入经济学的分析中，并保留"勇于承担风险"的原始含义。具体而言，企业家是这样一些人，他们在产品销售价格还不确定的情况下就（承诺）购买生产要素并希望最终以超过成本的价格出售这些产品。比如，农场主为其生产要素支付了固定成本，希望能够以超过成本的价格出售；运输者购买了农场主的产品，把它们运到城市以尚不确定的价格卖给批发商；批发商卖给零售商，零售商卖给消费者。在整个过程中，卖方都面临着价格的不确定性。坎蒂朗认为，企业家的这种投机与风险承担活动正是市场体系的关键所在。

不过，关于"不确定性"与"风险承担"观点的最有影响力的人物是弗兰·奈特（Frank Knight，1921）。他强调厂商为了满足市场需要而生产，而市场需求是不可预期的，即存在不确定性。当然，如果没有不确定性，就不会有利润；更为重要的是，由于不确定性的存在，使得决定干什么和如何干成为首要的问题，而任务的执行只是第二位的事情（Knight，1921，pp. 268 – 295）。奈特将企业家与不确定性和风险承担联系起来，指出企业家就是在高度不确定环境中进行决策并承担决策后果的人。

在此基础上，米塞斯（Mises）进一步发挥了企业家承担不确定性的观点。他指出，不确定性广泛存在，每个人都要面对并处理不确定性，因此"所有的行为人都是企业家"。不过，他真正强调的是那些资本家——企业家（the capitalist-entrepreneur），因为"存在一个区分企业家和非企业家的经验法则。企业家是这样一些人，即资本使用所发生的损失将最终落在他们头上"（Mises，1951，P. 112）。事实上，这也正是奈特的思想——没有风险承担能力的人成不了企业家。

---

① 本节参考于杨其静. 企业家的企业理论 ［M］. 北京：人民大学出版社，2005：30 – 36.

（二）组织和协调者

19 世纪初的法国政治经济学家萨伊（J. B. Say）注意到，各种分散的生产要素并不能直接满足市场需要，而有效地组织起来才能创造价值。在他看来，企业家就是"结合一切生产手段并为产品寻求价值的人"。或者说，"企业家是预见特定产品的需求以及生产手段，发现顾客，克服许多困难，将一切生产要素结合在一起的生产行为者"。当然，这个过程之所以值得发生，必须是"企业家能够把经济资源从生产效益较低和产量较少的领域转移到生产效益较高和产量较大的领域"。总之，企业家就是"将所有的生产资料集中在一起，并对他所利用的全部资本，他所支付的工资、利息和租金，以及属于他自己的利润进行重新分配的人"。

与之大致相似的是，早期制度经济学家约翰·R·康芒斯指出，建立经济组织，绝不单纯是为了解决各种技术上的问题，如规模经济、范围经济以及其他物理的或技术方面的问题，建立经济组织的目的往往是协调交易双方的矛盾，以避免实际的或可能发生的各种冲突（康芒斯，1934，P6）。科斯（1937）将企业家视为"在竞争性体制中，代替价格机制而指挥资源配置的人"，是指挥生产的协调者（co-ordinator）。只不过，科斯首次明确地强调，企业家是通过权威（authority）指挥资源配置实现对特定市场交易成本的节约。科斯以此定义或界定企业这种特殊组织。巴纳德的描述更加直接："经理人员的职能，正在于通过具体活动来促进相互对立的各种力量的协同，调解互相冲突的各种力量、本能、利益、条件、立场和理想。"①

（三）创新者

奥地利学派的一位重量级人物、第一个将企业家放在经济理论的中心位置的经济学家熊彼特从经济发展的高度来理解企业家。他认为，经济发展的根本动力来自创新，而所谓创新的本质就是"生产手段的新组合"。发现和实现这些新组合的人就是企业家。因此，企业家就是经济发展的领军人物，而创新也是企业家的基本职能，或者说，企业家精神就是创新精神（熊彼特，1990，pp. 82 - 83）。具体来说，创新有以下几种形式：①采用一种新的产品；②采用一种新的生产方法；③开辟一个新的市场；④掠取或控制原材料或半制成品的一种新的供应来源；⑤实现任何一种工业的新的组织（熊彼特，1990，pp. 73 - 74）。企业家通过这些创新，使之形成了新的组合，而这些新组合是对旧秩序的"创造性破坏"，从而带来了经济变革和增长。

---

① 巴纳德. 经理人员的职能［M］. 北京：机械工业出版社，2007：16.

值得指出的是，与奈特等人不同，熊彼特坚决否定承担风险是企业家的职能，因为在他看来，"风险显然总是落在生产手段所有人或作为偿付手段而给予货币资本所有人的头上，因此，绝不会落在企业家这种人的头上"（熊彼特，1990，pp. 83 - 84）。

（四）套利者

关于商人（businessman）低买高卖的投机或称套利行为是个非常古老的话题，而 19 世纪末期马歇尔在《经济学原理》（第四部分第 12 章）明确地将其视为企业家活动的一部分，而且是从生产到消费过程中非常重要的一环。奥地利学派的另外一个重要人物柯兹纳（Kirzner）继承了马歇尔的这一思想，但他却批判了新古典经济学中的均衡概念，从一个更高的高度来审视企业家的这一功能。

柯兹纳（1973）着眼于市场过程的考察。他指出，由于经济中的当事人并不能掌握所有"信息"，市场的常态不是一个均衡状态——有的地方购买价格较高，而另一些地方卖价较低，因此就存在着大量低买高卖的市场机会。企业家就是那些"对变化着的环境或被普通人忽视了的机会保持机警的人"。正是企业家的这些套利行为使市场从不均衡状态逐渐趋向于均衡，因此他们在"市场过程"中起着关键性作用。也正是在这个意义上，克拉克（John Bates Clark）认为，"作为套利者的企业家是进步的、充满活力的、经济中必不可少的要素"。

后来，柯兹纳还进一步指出，企业家不仅是针对那些现存条件下未被开发的机会保持机警，而且是针对那些根据未来条件创造的机会保持机警。因此，企业家对熊彼特意义上的创新也保持着机警（Kirzner，1985，pp. 6 - 7）。

（五）决策者

随着信息经济学和新制度经济学的兴起，一些经济学家开始从这个角度来审视企业家。卡森（Casson，1982，P. 1997）是其中的代表人物之一。他首先指出，经济体系的物质流系统背后是更为本质的信息流系统，因为人们在决策时并不是考虑商品和服务本身，而是与这些商品和服务相关的数据（如供求数量、价格等），因此，经济人的本质应该是"决策的人"（man the decision-maker）。在此基础上，他发展了哈耶克（Hayek，1937，1945）等人关于决策权应该与信息流结构相匹配的思想。他认为，在现实经济中，不仅信息是不完全的，而且不同的人获得信息的能力或者成本也是不一样的。将决策权交给那些更具信息收集和判断能力的人会导致更好的决策，而更好的决策又会导致资源更好地使用，从而实现更高的社会福利。

在这种逻辑下，企业家就被定义为"在独特的、不可预期的、通常也具有复杂性的环境中，专门从事判断和决策的人"。具体而言，企业家就是那些对于自己的判断力自信并会坚持自己的判断的人。他们从市场上购入被其他人低估的资产，抛出被他人高估的资产，或者承办一般人认为无利可图的项目。与之相对应，那些缺乏信息或者对自己的判断能力缺乏信心的人，将把决策权委托给企业家来实际运营这些财富，而企业家可以从中赚取信息租金。以此类推，雇佣关系被解释为：那些判断力较低的人将成为工人，因为当这些人（工人）要依赖自己的判断力经常地完成一些令其不快的工作时，他们就可能为了节约信息成本而同意在一定范围接受雇主（企业家）的权威（Casson，1982，P.160）。

以上这些都描述了企业家的积极性作用。其中前四种说法似乎只是针对某一个单独的现象而进行的描述，而第五种说法更加近于现代企业家理论，更能包含那些其他理论的全部。但是这种说法过于概括，甚至到了抽象的没有实际意义、不可应用操作的程度。所以，不管众多人如何论述，管理者至少存在着两种职能，即企业内部控制与外部市场决策。管理者在外部市场中的决策作用已经超出了劳动关系的研究范畴，不过，至少科斯把管理者的作用集中在内部控制方面是过于片面的。企业权威是如何节省交易成本？在企业内部机制为什么还要存在着企业的中心权威？我们仍要回到科斯的企业劳动关系理论中。

例：

企业家能力的科斯式解决方法

尤金·菲莫在《代理问题与企业理论》一文中指出，资本所有权不应与企业所有权相混淆。他从有价证券组合理论得出，由于投资者掌握许多企业证券以便谨慎地避免他的资产过多地依赖于任何一个企业，所以证券的个人所有者常对亲自监督任何一个企业的活动细节没有特殊的兴趣。风险承担的有效分配似乎意味着证券所有权（资本）与企业控制的大幅度分离。文章也间接地证明了熊彼特的理论，否定承担风险是企业家的职能。但是，文章精彩之处在于采用了科斯的创造新市场的思想以解决企业家不承担风险而引起的委托—代理问题。

他写到，企业管理者把一大笔财富——他们的人力资本——租赁给企业，由管理者市场所标明的他们人力资本的租赁价格似乎取决于企业的成败。管理者的功能是监督要素间的契约和确保企业的活力。对管理者市场而言，管理者以前成功或失败的经历提供了关于其才能的信息。……外部管理者市场对企业施加了许多直接压力以按照实绩对管理者进行分类和报偿。压力的一种形式来自发展着的企业总是在市场上寻找新的管理者的事实。潜在的新管理者与评价他们业绩的机制有关，他们并且也在搜寻实绩报偿系统反映的信息。

他举了个例子：对企业的管理者来说，如同一个球队的教练一样，他也许不承受由于他的球队现时表演所带来的现时工资上的直接收益或损失，但球队的成败影响着他未来的工资，这使球队的成功变为与管理者相关的事情。而实际上，评价管理者的决策要比球队教练复杂得多，因为教练的成绩在一两年之内可以明显观察到，而企业家一些具有战略性的决策可能是几年之后才能被人发现的。总而言之，作者提出的并不是采用如何对企业家的工资给予剩余索取的这种市场强激励方式，而是采用一种管理者的外部性市场的方式。

二、劳动关系中企业权威作用

（一）合作机制的催化剂

现代企业理论最重要的发现是把企业看作利益相关者之间的契约集合，然而张五常并不重视科斯、威廉姆森等人所强调的企业的权威或等级制特征，而是把企业与市场之间的关系理解为一种契约对另一种契约的替代（Chueng，1983），认为所谓企业的权威只不过是一种契约选择的结果。

科斯对此进行了批评，并认为企业问题的重要性在于，在一定范围内，雇主有权控制雇员的行动。所说的减少并非生产要素之间的交易成本，而是组织者与其所使用的生产要素之间的交易成本。当市场交易成本太高时，企业这种组织就可以利用权威减少、节约和规避利用市场进行交易的成本，因而企业是对市场的一种替代。在《企业的性质》中写到："企业将倾向于扩张直到在企业内部组织一笔额外交易的成本，等于通过在公开市场上完成同一笔交易的成本或在另一个企业中组织同样交易的成本为止。"其核心思想是把协调企业内部生产要素活动的成本与通过市场交易或在其他企业内部进行经营带来同样结果的成本进行比较。① 青木昌彦更加明确了这种思想：在资源使用有规模经济特征或有公共品供给的情况下，数量机制（通过等级的权威机制）的运行成本低于价格机制，原因是前者不仅可以减少由非均衡引起的损失，还能节约信息成本。……它反映了企业组织使用行政管理的方法配置资源和进行协调的本质。② 这时候企业"权威"（authority）的重要性就生产了。③

因此，科斯的思想中企业本身的定义可被视为是劳动关系问题或者说一种合作机制，且这种合作机制不是通过市场的价格配置而是通过企业权威的方法来完成的。他在文章一开头就写到："既然人们通常认为协作能通过价格机制来实现，

---

① ［美］威廉姆森，温特等. 企业的性质［M］. 北京：商务印书馆，2007：81.

② ［日］青木昌彦. 企业的合作博弈理论［M］. 北京：中国人民大学出版社，2005：27.

③ 在科斯那里企业家的含义应该是"是指在竞争性体系中替代价格机制配置资源的人或人们"，是在企业中配置资源的科层，不仅仅包括工头和许多工作人员。引于［美］威廉姆森，温特等. 企业的性质［M］. 北京：商务印书馆，2007：73.

那么，为什么这样的组织是必需的呢？为什么会存在'自觉力量的小岛'呢？在企业之外，价格变动决定生产，这是通过一系列市场交易来协调的。在企业之内，市场交易被取消，伴随着交易的复杂的市场结构被企业家所替代，企业家指挥生产。"(388)在市场中也可以找到类似于权威关系的现象，科斯并没有分析企业的内部组织结构，而把这些都归结于命令、行政决策、权威的作用。在市场交易过程中的合作可能会产生一定的问题，这种问题往往通过企业家控制、监督机制来协调人们之间的关系从而代替市场中的合作关系。

如此看来，企业权威的一个作用是应该保证企业利益相关者的合作精神。[1]企业权威在企业内部的职能应该是建立起沟通的组织体系并提供合作系统中所需要的协调。只有当权威在这种中心里担任相应职能的时候，中心才能够发挥作用。分工使企业工作得到分化进而提高了效率，这一切得以实现的前提一定要存在权威使各种要素能够结合到一起。如果将一个企业用一个人的身体来比喻的话，权威的位置可以说是个大脑，它能够使身体更有效地适应各种环境变化和维持生存。但是，这种指挥并不是全部意义上的指挥，身体的各个部分存在着一定的肢体能力，大脑只是进行有选择性的控制。比如，对于运动员来说，在某些条件下，作出很出色的动作反应是由于身体本身的适用性能力，而不完全是由大脑对其的控制。但对于人的整个身体来说，大脑不能说手臂不重要了，就可以去掉手臂，甚至一个小小的细胞对于整个身体的发展都存在重要意义。也就是说，我们肯定企业权威的作用时，也应该理性看待合作成果。管理者不能说自己的工作比普通员工重要很多，从而高高在上，忽视员工的作用。如巴纳德所说，合作的成果不仅是领导的成果，而且是整个组织的成果，但是如果不树立信念，没有使"活生生的努力系统"持续不断地交换力量及没有满足的"催化剂"，这些结构就不可能存在，而且它们通常都不会产生，就会缺乏活力，没有持久的合作。因此，创造过程就是合作，而不是领导，但领导是各种合作力量的引爆剂。[2]

（二）协调者与仲裁者

企业权威也作为一种裁判者，在一定程度上解决着劳动纠纷问题。威廉姆森（Williamson，1975，1979，1985）在"企业权威"的认识上，与哈特的观点有着相似之处，但他更多的是沿着科斯的思想进行研究。他认为企业是一个长期治理结构，可以缓和不同缔约方的利己动机。企业通过更好的合作可以获得更有效率的结果，这里市场交易由于过度的议价和过分的讨价还价成本使交易可能变得不可行。合同的不完全性不可避免地导致缔约双方事后试图利己地解释这份合同，

---

① 本书对权威的外部职能描写较少。但这绝不是因为外部职能不重要，只是本书主题主题所限。

② 巴纳德. 经理人员的职能 [M]. 北京：机械工业出版社，2007：171.

这种行为可能导致事前和事后的无效率。如果投资是不可观察或不可证实的而且他们预期到事后的机会主义，那么他们就可能做出事前无效率的行动。一个劳动关系给予了管理者大量的自主权，如果它能够减少事后讨价还价的范围或者容许雇主获得事前投资创造的租金，那么它就是有价值的。在《离散组织结构选择的分析》中，威廉姆森更明确了这点，他认为内部组织的隐含的契约法具有自我控制性。虽然法庭会依照惯例处理企业的如下诉讼：价格争议、由延期造成的损失、质量问题等等，但法庭拒绝受理企业内部部门之间关于类似技术问题的纠纷。既然诉诸法庭失灵，那么双方只得通过内部机制解决分歧，层级制自然而然地成为双方最终上诉的"法庭"。[①] 因此，至少权威有两件事必须做：一方面，一定要对偏离正式合同的行为进行处罚，以公平态度维持权威的能力；另一方面，对没有造成损失的偏离合同的行为，要让他们从合作精神上意识到问题的严重性，而不只是形式上处罚。因此，有学者认为，权威判定企业关系合同作用时，更像解决家庭纠纷的顾问，而不是一味通过处罚方法的警察。

不光是劳动纠纷，还包括利益分配问题，这就是 ICT 所说的剩余控制权。事前规定成本和长久的再谈判成本都将是缓慢的、高昂的。所以，在分配过程中依赖于权威，一旦外部环境发生变化，原来被大家认同的原则会发生改变，就要进行相应的再谈判与调整。权威作用就是判定并减少过分的再谈判、促进产生一种使利益相关者相互之间相对认同的结果。因此，劳动合同并非事先将合作过程中可能产生所有的问题全部规定出来，而是先合作，在事后通过某种机制进行矫正。这种机制的一种调整方法就是权威，事前不可能完全规定，把权力交给一个权威或者一个机制作为裁判员。如何灵活地、公平地调整原合同发生的变化，是权威的企业内部职能中重要职能之一。

（三）权威的质疑

科斯解释"权威"问题时表达并非十分清楚，也造成了很大麻烦。阿尔钦和德姆塞茨（Alchian & Demsetz，1972）对科斯的"权威"提出了质疑。他们认为："常常见到以权力为特征的企业通过命令、权威或纪律处分解决问题，比那种常规市场上通行的东西更有优势。这是错觉。这种企业不拥有全部投入。它丝毫没有区别于任何两人之间的普通的市场签约的命令权力、权威、纪律处分。"例如，一个顾客命令小卖部主人给他提供销售服务，这与一个企业主命令雇员为他服务并没有本质的差别。这个问题也就是企业面临的一个选择问题，是"通过市场方式独立签约人"还是"通过企业科层结构治理的独立管理人"。

权威的能力是怎么获得及如何维持的？格鲁斯曼和哈特提出了他们的答案

---

① 威廉姆森，马斯滕.交易成本经济学经典名篇选读［M］.北京：人民出版社，2008：105.

（Grossman & Hart，1986）。他们明确将剩余控制权等同于所有权，并认为只有资产的所有者应该拥有剩余控制权。在物质资产的意义上定义企业，便可以解释企业的"权威"问题。哈特认为，如果没有某种将企业凝聚在一起的非人力资产，那么企业只不过是一种幻影而已！但是，哈特等人是在研究厂商兼并问题时提出了这种观点。在这种条件下，物质（非人力资本）可能更重要些，正如他们所说，兼并方必须有某种类似于"黏结物"（glue）的价值来源以便"黏"住被兼并企业的工人。哈特等人的思想与马克思思想以及传统或主流经济学中"企业是资本家的企业"、"资本雇佣劳动"的假设是一致的。

　　笔者在一定程度上认同哈特的观点，管理者掌控着剩余控制权是有效率并且有意义的，但一定要注意使用范围。而且哈特这种思想往往被人们直接扭曲为以下观点，即有"剩余控制权"就可以占有所有的"剩余"了。现代企业理论的一个主流观点就是，为了诱使管理者发出更多的私人信息，只有以通过激励占有企业的部分剩余作为手段。因此，很多人把剩余控制权与剩余索取权等同起来，以为只要有企业的剩余控制权就可以占有所有的企业剩余。这种观点似乎逐渐被人们所接受，并成为管理者高工资的保护神。哈特为什么提出"剩余控制权"？他的主要目的应该是保证企业的"效率"。那么，保证企业的"效率"是否所有功劳都归功于管理者？其究竟有多少可以归功于管理者？他可以占有多大程度上的"企业剩余"？企业保证"效率"的一部分功劳如果是由劳动者或其他利益相关者的努力而产生，他是否得到应该获得的部分？特别是，如果出现本来应该由劳动者获得的部分而他们却没有获得的情况，那么"剥削"就产生了。从另外一个层面来讲，这种做法也在损害企业的长期效率。

　　与其相似，还有些学者把劳动关系中的权威解释为：那些判断力较低的人将成为工人，因为当这些人（工人）要依赖自己的判断力经常地完成一些令其不快的工作时，他们就可能为了节约信息成本而同意在一定范围内接受雇主的权威。[①]能力差别论思想源头可能出于哈耶克。他在《知识在社会中的运用》中写到："一个合理的经济秩序问题的特点恰恰是由这样一个事实决定的：我们必须使用的关于环境的知识从来就不是以一种集中的或一体化的形式存在的，而是以由不同人拥有的、分散健在的、不完全的并且常常是相互矛盾的知识的形式存在的。因此，社会的经济问题并不仅仅是一个如何配置'给定'资源的问题——如果'给定'指的是提供给一个专门利用这些'数据'解决这一问题的大脑的话。相反，它是一个如何能最好地把社会中任何一个成员都知道的资源用于资源的相对重要性只能有这些人才知道的目的的问题。"[②] 也就是说，在处理信息方面，管

① 参见 M. Casson，The Entrepreneur：An Economic Theory，Barnes & Noble Books，1982，P. 196.
② Fredrick Hayek. The Use of Knowledge in Society ［J］. American Economic Review，35，1945：pp. 519 – 530.

理者有着独特的优势。张维迎在他的博士论文中以严格的数学假设前提论证了资本雇佣劳动的合理性，其基本理由中最重要一条就是经营能力上的差异。在张维迎的理论中，竞争的市场经济均衡的结果为：有才能又有资产的人成为"企业家"；有才能而无资产的人成为"职业经理人"；有资产而无才能的人成为"单纯资本者"；既无才能又无资产的人成为"雇佣工人"。可以说，上述几个问题都是马克思所述的"资本雇佣劳动"的变形体。我们在下节继续讨论企业权威问题。

例：

巴纳德思想中权威能力的维持

巴纳德的《经理人员的职能》中也存在着与科斯 1937 年作品的"权威"类似的定义。巴纳德认为，合作意愿常常意味着自我克制，放弃对个体行动的控制权和个体行动的非个人化，其结果是努力的凝聚和紧密的结合，其直接原因是"紧密结合"所必需的意向，没有这种意向，就不会有持续地对合作作出贡献的个人努力。要想把人们的行动协调起来，必须有使个体行动对非个人组织行为系统作出贡献的意愿，而且在这个系统中，个人放弃了对自己行动的控制权。① 放弃一种市场上的自由才可能得到组织中的另外一种自由。

不过，与科斯不同，巴纳德维持权威的方式没有科斯的定义那么死板，定义了权威的强制力，但又同时通过认同机制限制了权威的能力。科斯理论的权威可以被视为一种"绝对权威"，这种权威似乎是天生就具有的，且在一定程度上拥有强制力。当然，企业威权的强制力是企业维持效率的一种必要手段。

维持企业权威手段一般有两种思想，这正好是管理学中的两个分支。一支是传统管理学派的企业权威理论。他们认为，只要权威给出了目标，员工就一定要执行命令，通过这种方式控制住下属的行为。而另外一支是人际关系学派中认为的那样，企业威权的有效性取决于接受命令的人，而不取决于发布命令者。以这两种思想设为基础会得到后期不同的结果。传统企业的威权强制力可以通过排除等手段维持，这种排除常常意味着永久和彻底的排除，排除不理想的人选是维持组织效率的一种必要手段。强制性排除是一种杀一儆百的说服方法，从而造成一种恐怖的气氛，使那些没有直接被排除的人接受并愿意为组织作出贡献。而人际关系学派中权力的定义是：如果把命令下达给命令的接受者，命令对他而言所具有的权威性就得到了确认或被确定，并成为其行动的基础。如果他不服从这一命令，就意味着他否认这项命令对他具有权威性作用。如前文所述，这两种在实践中都有正确的地方，与其说是对立，不如说是互相补充关系。人际关系可以被视为对企业权威能力的相应限制。

① 巴纳德. 经理人员的职能 [M]. 北京：机械工业出版社，2007：57 – 58.

　　然而，从目前中国的实际情况来看，传统管理学派强制力方法维持企业权威仍然是最主要方法，"你听不听话，不听话就下岗"就是这种思想的一种具体形式。听话者晋升就快，好处得到的就多；而不听话者，即使有很高的能力也没有用。在管理者眼中，这种不服从的能力是企业凝聚力的破坏，是对权威的挑战，不服从就下岗是为了保证权威的绝对性。这种传统排除的强制力权威问题不只是在企业中常见，在其他非营利性组织中也屡见不鲜，在政府部门中这种情况尤为严重。通过不听话者就拿下这种强制力以维持"权威"地位，这样就没有人敢对权威的做法进行监督、质疑、挑战。用压制的方法也隐藏了很多管理上的不当，如员工方面的不满情绪被积攒起来等，2009 年的吉林通钢事件从一个侧面反映了这个问题①。同时媒体等对这种问题的监督机制也不是很健全，企业权威的协调作用及对权威的不满者等这类信息在市场上很难被人们观察到，市场价格信号的传导机制出现问题，市场失灵出现。在这种情况下，人际关系等理论在我国几乎不适用。

　　不过，从整个社会发展趋势来看，权威的"绝对性"会随着社会经济的发展而弱化。饭野春树曾写到："同'二战'前相比，战后在日本应服从上位者权威的社会规范在弱化。对不服从权威的制裁（如解雇），在缺少劳动力的今天也正在急剧减弱。另外，工会的力量也起到了削弱管理者制裁力的作用。可见，一个时代的社会经济因素也在影响着权威的接纳。"② 企业权威作为引导企业资源配置，解决企业合作系统中的环境、技术、社会等条件制约时的作用不可否认，但这种权力绝不是不可质疑的。管理者也是人，合作过程中当违约或不公正调整的收益大于成本时，机会主义行为将可能出现。因此，权威权力应该受到监督与制约。总体来说，笔者坚信，随着中国社会发展，人性化的管理在实践中也会更加得到人们的接受与实际应用。

第三节　　"资本雇佣劳动"假说以及其他假说

　　本节介绍"资本雇佣劳动"假说以及其他假说，分析假说中所运用的假设条件，并继续上节研究企业权威问题。

一、资本雇佣劳动

　　马克思可以说是最早提出"资本雇佣劳动"思想的学者之一，很多国外学者也认同马克思的很多思想可以说是代理理论的鼻祖。首先，马克思认为，资本家之所以能够支配工人并且榨取其剩余价值，是因为资本家拥有生产资料。他写

---

　　①　参见［OL］http：//news. sohu. com/20090803/n265660865. shtml.
　　②　饭野春树. 巴纳德组织理论研究［M］. 北京：生活·读书·新知三联书店，2004：32－33.

到："较大量的生产资料积聚在单个资本家手中，是雇佣工人进行协作的物质条件，而且协作的范围或生产的规模取决于这种积聚的程度"；"其次，雇佣工人的协作只是资本同时使用他们的结果。他们的职能上的联系和他们作为生产总体所形成的统一，存在于他们之外，存在于把他们集合和联结在一起的资本中"。

这种"企业是资本的凝结物"思想被主流的经济学者继承。比如，哈特曾写到，因为人力资产合法的属于个人所有，如果一个企业兼并另一个企业，除了兼并其非人力资产，还能兼并什么呢？兼并方必须有某种类似于"黏结物"（glue）的价值来源，以便"黏"住被兼并企业的员工。如果不用资本凝聚还能用什么？哈特自己本人也曾承认，自己的观点与马克思的观点具有一定的相似之处。但相比之下，新产权学派对劳动关系的处理比较"温和"，假定进行了专用性投资的工人和资本家之间是一种双边垄断关系，各自都具有一定的谈判力（Hart，1995，P.56）。然而，马克思所涉及的研究对象更多是只有低技能且没有很强的谈判力的员工，他曾引用《纱厂工头和厂主的保护基金——委员会的报告》证明这一点："工厂工人们应当牢牢记住，他们的劳动实际上是一种极低级的熟练劳动；没有一种劳动比它更容易学会，按质量来说比它报酬更高；没有一种劳动能通过对最无经验的人进行短期训练而在这样短的时间这样大量地得到。在生产事务中，主人的机器所起的作用，实际上比工人的劳动和技巧所起的作用重要得多，因为工人的劳动和技巧6个月就可以教完，并且任何一个雇农都可以学会。"在劳动关系问题上，哈特有很多思想在本质上与马克思的思想相同，只是与马克思的假设员工能力程度上略有不同。哈特明确将剩余控制权等同于所有权，他认为只有资产的所有者应该拥有剩余控制权。在不完全合同下，剩余控制权或所有权的配置，必定会影响当事人的事前专用性投资激励，因此，为了最小化对投资激励的扭曲后果，应当让某一方将剩余控制权购买过去。在一个企业中，谁拥有了物质，谁就相应地控制了人力资产，谁就"拥有"了企业。而管理者就相当于将剩余权利购买了过去的一方。①

张维迎曾在他的博士论文中以严格的数学假设前提论证了"资本雇佣劳动"的合理性，其基本理由是基于个人存在三个方面的差异假设：经营能力、个人资产、风险态度。因为个人在经营能力上存在差异，通过建立一个企业而相互合作对他们也许是件有利可图的事。这是由于在企业中，那些在经营方面具备优势的人可专门从事经营决策，而那些不善经营的人则可专门从事生产活动。那些从事经营活动的成员应该被指定为委托人并有权索取剩余收入，以及监督其他成员。这不仅仅因为他是主要的"风险制造者"，更为重要的是因为他的行动最难监督。

---

① 注意：哈特的文章主要是想回答是"资产并购"问题，本书以及很多文章批评哈特的文章确实有点过于牵强。

因此，他成为企业家，而那些从事生产活动的人则成为工人。而且，在一个消费不可能为负的约束条件下，一个人当企业家的机会成本与其个人的财产正相关，因而资本雇佣劳动保证了只有合格的人才会被选做企业家；而对一个一无所有、只能靠借入资本当企业家的人而言，成功的收益归己，而失败的损失却推给他人，即使没有能力的人也有兴趣碰碰当企业家的运气；此外，易于观察的股本可以作为一种信号手段标示出有关他们经营能力的信息，从而使这种安排节约交易成本。因此，在一个竞争的市场经济中，均衡的结果为：有才能又有资产的人成为"企业家"；有才能而无资产的人成为"职业经理人"；有资产而无才能的人成为"单纯资本者"；既无才能又无资产的人成为"雇佣工人"。①

更为有说服力的思想源于哈耶克。他坚定地认为："社会经济问题，主要是一个在特定时间、特定地点，如何迅速适应环境变化的问题。"② 劳动关系问题也不应该死板地概论，不能按一种准则去决定谁究竟应该分配多少。这种分配要适应员工、管理者、股东、债权人等不同的利益相关者在企业条件变化时所作出的贡献。哈耶克就此得出结论：最终决策必须由那些熟悉这些环境、直接了解有关变化和了解为适应这些变化马上可以获得资源的人来作出。其经济含义是，在企业中，经理对团队经营绩效的重要性或贡献大于工人，同时前者具有监督上的技术优势，因此使经理成为委托方并且垄断剩余索取权；这种契约形式将是最优的，对各当事人和社会都有好处。经营能力往往是私人信息，而财务资本是那些希望成为经营成员的资本家个人经营能力的显示信号，所以资本家具有做企业家的优先权。至此就证明了命题"资本雇佣劳动"。

不过，笔者并不同意从信息不对称性角度得出劳动者是理性的无知假设。每个人在处理信息上有着不同的差别，这只是社会分工的一个原因，就如管理者也不可能完全理解所有生产过程中的所有技术，只是管理者在企业内部、外部战略制定上有着自己的优势。员工在技术生产方面，随着经验的不断积累，也有如何更好、更快地完成工作的私人信息。即使很简单的工作，人们总会存在相对的信息优势。哈耶克曾写到："实际上，每个人相对于他人都有某些优势。因为他拥有一些独一无二的信息，这些信息可能具有有利的用途，但只有在利用这些信息进行的决策是由他本人作出的或在他本人的积极合作下作出时，这些信息才能被利用。我们只需想一想在任何一份工作上，在我们完成了理论训练之后，我们还有多少东西要学；在我们的职业生涯中，有多大一部分时间花费在熟悉具体工作

① 朱奎. 资本雇佣劳动的经济学逻辑 [J]. 当代经济研究，2001（6）.

② Fredrick Hayek. The Use of Knowledge in Society [J]. American Economic Review，35，1945：519 – 530.

上；在各种职业中，对人、局部条件和具体环境的了解是一项多么有价值的资产。"① 当然，这种经验的积累可能是在市场中可以被购买定价的，但更多情况下，这种信息是在企业不断生产实践中所积累的。

"资本雇佣劳动"这种劳动关系的思想强烈的影响到了现代企业理论。不只是经济学领域，甚至在法与经济学领域也存在类似认识。波斯纳定理就是这种思想的体现，波斯纳认为如果市场交易成本过高而抑制交易，那么，权利应赋予那些最珍视它们的人。这与熊比特的企业家有着企业家精神的思想很相近。

二、劳动雇佣资本

20 世纪 90 年代，我国国内掀起了一股究竟是"资本雇佣劳动"还是"劳动雇佣资本"的大讨论。无论是"资本"主导型还是"劳动"主导型，可以理解为是谁拥有所有权、谁可以获得剩余控制权。首先，崔之元在《美国二十九个州公司法变革的理论背景及对我国的启发》一文中，通过引入美国新的公司法中要求公司经理为公司的"利益相关者"服务而不仅为股东服务的思路，认为这一重大变革突破了似乎是天经地义的私有制逻辑（即股东是"所有者"，经理只为所有者服务）。随后，方竹兰反驳张维迎"资本雇佣劳动"的一个论据——非人力资本一旦被投入企业成为一种抵押品，非人力资本所有者是企业风险的真正承担者。他认为，最有退出企业的自由、能迅速逃避企业风险的，不是人力资本所有者，而是非人力资本所有者。②

受到更多人支持的理由是知识、技术的重要性观点。"企业的成功在很大程度上可以被归结为技术开发和管理创新的成功。由于从事这两种工作的人，特别是从事技术开发工作的人，一般都是受过专门教育和训练的具有某种专门知识的知识分子，所以说知识经济时代在一定意义上就是知识分子对经济发展的作用日益突出、社会对知识分子的重视程度也是前所未有地加强的时代。"有学者认为，知识经济的发展将使企业的权力结构发生变革，即出现"劳动雇佣资本这种更具生命力的企业组织结构"。

"劳动雇佣资本"支持者所提出的知识、技术的观点马上得到另一些学者的反对。虽然他们普遍认同知识创新对企业经营确实具有决定性的意义，但是，如吴昊和齐志宏所认为的，以知识经济为依据，认为资金、设备在经济发展中的作用已经降低的观点是极其片面的。知识并不是天上掉下来的偶得之物，任何重大的知识创新都需要花费巨资去研究，无论所花资金是国家的财政支出还是企业的

---

① Fredrick Hayek. The Use of Knowledge in Society [J]. American Economic Review, 35, 1945: 519 – 530.

② 方竹兰. 人力资本所有者拥有企业所有权是一个趋势 [J]. 经济研究, 1997 (6): 36 – 40.

研究开发经费。他们认为，劳动雇佣资本的体制不可能因为科技进步和知识经济的发展而变为现实。[①] 与之类似，周少岐也认为，资本和劳动的雇佣与被雇佣关系是人类社会的一种特定生产关系，并不能因知识经济的到来而改变，只要资本经营存在，即使科技发展的水平再高，劳动也无法摆脱被雇佣的地位。[②]

　　事实上，在"资本雇佣劳动"还是"劳动雇佣资本"问题的讨论上，很多学者一直没有注意到，他们只是在比较假设条件，一种"资本"与"劳动力"的相对价格，或者说是在市场中的谈判力不同。劳动雇佣资本学者在文章中往往隐形假定了，劳动力的相对价格较高，有较高的谈判力。而"资本雇佣劳动"的支持者如朱奎，就利用了"资源相对价格"假说，资本所有者顺理成章地占有了劳动者的剩余并且获得了对企业的控制权，加上结合劳动者"先天弱势"以及"理性的无知"的假设，分析了"资本雇佣劳动"的合理性。他认为，资本是资本所有者把其收入中用于储蓄的部分转化而来的，而资本所有者的储蓄显然是在消费满足之后，由于资本可与人身分离，因此可用于交易，在这种情况下，资本如果暂时未与劳动结合而展开生产过程，并不会影响资本所有者的生存。但劳动力所有者却不一样，劳动力的再生产与劳动者的生活消费是同一个过程，如果劳动不与资本结合获得收入就得不到生活资料，则无法生存下去，其劳动力也就不复存在。而且劳动力与人身不可分离，不可用于交易换取生活资料，正是这种不可分离性形成了劳动者先天的"弱势"。这一点在劳动与资本通过市场结合时，使资本所有者具有价格谈判中的垄断优势。虽然，劳动力与人身不可分离性使劳动者具有先天"弱势"，但是当劳动力再生产的费用远远高于满足劳动者生存需要的费用之后，也就是说人力资本已占明显优势的情况下，这种"弱势"可以消除。[③]

三、共同治理

　　共同治理（common governance）放弃并折中了上述两种企业单边治理结构的思想，采用了双边治理结构。它的思想始于 20 世纪初美国的公司社会责任理论，其同公司治理结构成为近几十年来国内外理论界、实业界探讨的热点，是跨越经济学、管理学、法学、社会学等学科的综合性研究课题。从传统公司法的角度来说，股东是公司的所有者，股东的所有权受到世界各国法律的保护，因此，公司存在的目的就是追求股东利益最大化。传统的公司法是建立在市场没有缺陷、具

　　① 吴昊，齐志宏. 知识经济中的企业权力结构 [J]. 吉林大学社会科学学报，2001（1）：30 - 16.

　　② 周少岐. 是劳动"雇佣"资本还是资本雇佣劳动 [J]. 电子科技大学学报（社科版），2000（第Ⅱ卷）第 3 期：105 - 108.

　　③ 朱奎. 资本雇佣劳动的经济学逻辑 [J]. 当代经济研究，2001（6）：35 - 28.

有完全竞争性、市场可以充分发挥优化资源配置的假定前提下。然而在现代社会中，现实却是市场机制并不充分，股东利益作为一种个体利益在很多场合与社会公众的整体利益存在冲突，股东只是承担有限责任，一部分剩余风险已经转移给了债权人和其他人。这样，公司应是一个承担社会责任的组织：公司不应仅仅作为谋求股东利益最大化的工具，而应被视为最大限度地顾及和实现包括股东在内的公司所有利益相关者利益的组织体系或制度安排；公司的权利来源于公司所有利益相关者的委托，而非只是根植于股东的授予；公司应对其所有利益相关者负责，而不应仅限于对股东负责。

中国很多学者在改善员工地位、解决劳动关系中融入很多共同治理的思想（郭东杰，2006；张立君，2008）[①]。需要指出，在这些文献中的利益相关者与前文中所指对象虽然相同，但权力的限制是有所区别的。这是共同治理的一个特点，作为企业的协调者并非只是企业权威的作用，更准确地说，企业权威作用受到某种机制下的利益相关者的限制。当然，共同治理的限制往往是指通过员工参与企业治理结构而限制企业权威的决策。共同治理的一种具体体现形式是员工参与机制。员工参与制的概念就应该触及企业的产权，它应该是职工对企业剩余索取权和（或）企业剩余控制权的分享。但需要注意的是，共同治理或员工参与机制与利润分享机制是不一样的。利润分享机制并不像共同治理那样，一定要存在较明确所有权以及剩余控制权。

但是，通过共同治理方法限制企业权威往往缺乏实际的可操作性，而且并非以企业合作效率为目标。例如，郭东杰研究了基本职工持股共同治理模式的分享制对劳动关系的作用机制，并且注意到如何通过完善公司治理结构来创造一种和谐稳定的劳动关系，认为和谐稳定的劳动关系对于企业来讲是一种保证效率的方法。但其在限制权威的共同治理方案与前文书中的企业存在的契约意义上有些矛盾，且缺少对效率与共同治理模式的分析。再如，李立君从理论和实践两方面探讨了利益相关者的共同治理之后，尝试设计了企业利益相关者共同治理机制。他认为，企业参与各方在企业所有权中的地位是随其资产专有性变化而变化的，企业所有权的分配将是一个重复博弈的过程，因而，利益相关者共同治理机制设计应该坚持同权、均占、市场谈判、边际调整等原则，在此基础上组建董事会和监事会，并分享企业的剩余。这一结论基于一条重要的假设：即使作者也没有注意到，他在文章中大量地使用了"当前人力资本与物质资本的专有性程度大体相当，因而实行利益相关者共同治理将最有效率"的假设。

共同治理虽然是一种双边治理结构，限制了经营者权威的范围，且看似很有

---

① 郭东杰．公司治理与劳动关系研究［M］．杭州：浙江大学出版社，2006．张立君．论企业利益相关者共同治理［M］．上海：上海财经大学出版社，2008．

效率，但事实上，它却与"劳动雇佣资本"问题一样，所得出的结论往往强调依赖于假设问题。因为这种共同治理方法往往是基于企业家与劳动者有着相同的讨价还价能力。而且只适用于规模较小的企业（20 人以下的企业，且多数是物质资本投资较低或者人力资本较高的情况）。试想一下，在一个规模较大的企业中，如果任何决定都必须有每个人同意或参加，那么，正如科斯所说，讨价还价的成本将高得不可想象。这种情况下，除非由于人们长时间接触而产生依赖关系，企业没有任何优势来节省交易成本。①

四、信息不对称角度的企业权威分离作用

威廉姆森的思想仍未脱离科斯主义绝对权威下的人力资源管理思想，他强调了"企业自我控制法则"的重要性，却忽视了企业在分离机制中的作用以及实际情况中企业的人力资源管理作用。"自我控制法则"仍然没有回答科斯在"雇佣关系"意义上对企业权威的疑惑。另外，企业"低能激励"的提法存在一定的误导性。如果企业与市场在激励条件上没有平衡，不满足理性参与人的参与约束与激励约束条件，那么这种"权威"的"低能激励"手段也是不能够维持的。"低能激励"的思想过于强调企业与市场之间的不同特征，却未发现它们之间的联系。科斯、威廉姆森等人认识到了"企业权威"的重要性，这种权威可以作为企业分离作用的主要动力，然而，他们只看到了企业与市场机制所采用的不同分离方式，却没有看到企业通过企业权威更好地利用"现有知识"进行评价，以区分员工绩效的"好"与"坏"，节省了搜寻信息中的交易成本，进而产生企业优势。下文我们从信息不对称角度研究企业权威分离作用，并将其与市场价格机制的分离运作方式相比较，分析企业在协调和激励中的特殊优势作用。

哈耶克认为："在比较计划还是自由竞争市场机制中，哪种机制可能更为有效率，主要取决于这样一个问题，即我们在哪种机制下，可以更充分地利用现有的知识。"② 哈耶克的"如何更好利用现有知识"是很有指导性意义的。我们从如何更有效地利用"现有知识"、"私人信息"或者是"信息处理能力"角度比较企业人力资源管理与市场价格机制在达到分离均衡时所采用的不同方式。

---

① 有关共同治理的效率分析放在本书第五章谈判能力问题。共同治理的一个问题就是为了追求一种让大家都满意的结果，通过前事规定出来一切保持合作的态度花费了大量时间，缺乏效率。在市场竞争如此激烈的条件下，是无法跟上市场变化的节奏的。而更重要的问题是，虽然共同治理在一定程度上限制了企业权威的能力，监督、保证其选择合作，防止如侵占人力资本专用性投资等缔约后的道德风险问题出现，但是，这种限制本质上还是一种敌对、自利地讨价还价的过程。也并非以一种合作式的劳动关系作为基础。

② Fredrick Hayek. The Use of Knowledge in Society ［J］. *American Economic Review*, 35, 1945: 519 – 530.

（一）市场机制的分离方式

市场机制运行的最大优势是发布了一种浓缩信息的信号——价格。价格浓缩了一部分商品质量"好"与"坏"的分离信息，即品质好的商品相对价格比较高，而品质较差的商品相对价格比较低。消费者不需要花费太多时间去考虑及甄别哪种商品更好，只需要凭借价格就能区分出商品的等级。消费者对某商品评价较高并且出价较高将获得此商品，这个过程达到一种均衡并实现了帕累托最优。

如何定价也是市场机制运行的一大特色。从福利经济学基本定理可以看出市场机制是如何通过"看不见的手"来制定价格的。福利经济学基本定理可以表述为：

如果以下条件同时成立：①每个企业在给定价格和生产技术条件下实现利润最大化；②每个消费者在给定价格和偏好条件下实现效用最大化；③收入和价格能够保证每种商品和服务的供给等于需求；那么，这样产生的商品和服务的配置结果就称为帕累托最优。

价格机制在"看不见的手"指引下，使每个市场上供给等于需求，供需均衡点对应的价格就是均衡价格；每个市场上都实现了消费者剩余和生产者剩余之和的最大化；不需要任何计划和信息交换的分权体系，解决了所有的协调问题和激励问题，所有相关的信息都通过价格来传递；只需要局部的信息和价格就能够完成决策以及协调问题，信息和激励的特征都在价格中得到表达。但是，完全竞争市场价格体系运行是在交易费用为零等非常苛刻的条件才能成立的。

现实世界的情况通常比一般均衡理论假定所创造的世界复杂得多。在完全竞争状态下，需要大量同质的参与者（消费者和生产者）条件。因为只有在存在大量同质参与者的条件下，人们搜寻、匹配甄别信息等交易成本才会很低。另外，参与者的任何"欺骗"行为都会在市场中很容易被识别并得到相应的惩罚。但在真实的世界中，当劳动力不再同质，由于信息的不对称性以及人的有限理性，发现和搜寻人力资源、谈判成本以及员工能力是否与工作匹配等问题将会导致很大的一笔交易成本。在这种条件下，市场价格机制运作的分离手段随之发生变化，不再单纯依赖供需上的平衡，一些有用的重要信息产生了更大的价值。在判断员工的潜在能力或者劳动力价格时，这些指标被企业所利用。比如，在市场中可以观察到，受过技能训练的员工得到某种程度的资格认证，这将会克服技能上的信息不对称性问题，相互之间搜寻信息等成本将会减少。这就是为何企业最初选择员工时较看重学历或毕业学校知名度的原因。在劳动合同签约时，员工的私人信息通常是他的基本技能、生产能力及受过的培训。安德鲁·斯彭斯阐述了教育如何成为一个人的内在技能和生产能力高低的信号①：高能力的员工对教育有较少的负效用，因此与低能力的人相比他们更愿意接受更多教育。管理者也明白这个道理，最初在缺少其他信息的情况下，他们倾向于选择高学历员工或来自知名学校的员工，尽管教育本身并没有为管理者增加价值。除了学校文凭以外，培训技能认证、工作经验或者在以往企业中取得的工作业绩等都可以成为市场价格分离作用的重要依据信息。

市场分离作用的一个最典型的例子就是"猎头"公司——一些人力资源的价格在市场中直接被明码标价。"猎头"与一般的企业招聘、人才推荐和职业介绍服务有着很大的不同，"猎头"追逐的目标始终在满足高学历、高职位、高价位条件的人身上。因为在市场中，这些受教育程度高、实践经验丰富、业绩表现出色的专业人才和管理人才识别的成本相对较低。文凭、技能认证、经验等信息都可以成为能力的识别信息，可以辅助市场价格机制的运行。在这些方式的共同作用下，市场的分离作用达到均衡状态。有学者还从信息传递量成本角度证明了竞争市场价格体系的信息传递要远小于中央计划指令体系。② 不过，其证明中存在两个明显不足：忽略了信息有效配置的快捷程度及传递信息量问题。正是这两个原因使企业存在成本优势，企业的分离方式有别于市场的分离方式。

（二）企业的分离方式

亨德里克斯从有效配置快捷程度的角度中论证了管理者决策上利用信息的成本优势。他认为："一个人由于收集的成本过高而不得不在某个时点上停止收集信息，进而作出决策，这样做不可避免地会错失一些机会。所以，在这些情况中，明确的契约或组织也许会比市场更为有效。"③ 然而，更为重要的是信息传递量问题——市场体系中的价格或者如文凭、技能认证、经验等价格的补充信息究竟能够在多大程度上反映出人的能力以及员工能力是否与企业需求相配对？

事实上，虽然教育水平证明、培训技能认证、工作经验等市场分离信息可以作为企业选择员工时的一种分离信号，然而在很多情况下企业拥有更为丰富的信息，企业内部往往并不采用市场的分离手段。招聘的员工或外部市场引进的管理者一旦进入企业之后，企业评价他们能力的方式就立刻发生了转变，分离评价方式向企业人力资源管理分离作用转变。因为，人力资源管理可以更有效地利用"现有知识"、"私人信息"，这些信息优势是从生产、合作过程中管理者的观察

---

① Spence, A. *Market Signaling*. Harvard University Press, Cambridge, Massachusetts. 1974.

② Hurwicz, L. The Desin of Mechanisms for Resource Allocation [J]. *American Economic Review*, 63 (May,) 1973, 1 – 30.

③ ［荷］亨德里克斯. 组织的经济学与管理学：协调、激励与策略 [M]. 北京：中国人民大学出版社，2007：53.

中得来的，在观察员工的能力、努力程度或绩效成果等方面信息的基础上，管理者给予其评价，并且协助企业人力资源管理来完成分离作用。通过企业权威的评价作出分离均衡，处分那些表现不好的，表扬那些努力或取得绩效的员工。更充分地利用"现有知识"达到分离均衡，这也是企业权威的"剩余控制权"效率性所在的一个重要因素。

　　人力资源管理的分离方式正是威廉姆森"授权"思想的一个重要应用，强调如何更好地利用"私人信息"或"现有知识"，节省信息传递过程中产生的交易成本。在微小的企业单元，甚至更微小的企业部门的运行过程中，运用了传递评价信息的损失量最小原则，实现企业人力资源管理体系的分离作用。高层管理者的作用之一是通过设定一些相对客观的指标，引导各部门的发展；而在评价、分离员工努力或绩效程度时，管理者往往将这种评价、分离的权力下放给中级管理者。这可以从人力资源管理实践中观察到。德斯勒将其总结到："在实际中，绩效评价通常都是由各级主管人员而不是人力资源管理人员来完成的。……人力资源管理部门在绩效评价中所扮演的角色是政策的制定者和咨询顾问。……在一项调查中，大约80%参与调查的企业回答说，人力资源管理部门所做的只是就所使用的绩效评价工具提供建议和协助，而把绩效评价程序中的最后决定权留给各部门的负责人。而在其余的一些被调查企业中，人力资源管理部门则会准备好详细的绩效评价表格和评价程序，并且要求所有的部门都统一使用它们。"① 在这种"授权"、"控制"以及"激励"的人力资源管理评价体系下，"现有信息"的损失量是最小的。

　　因此，企业人力资源管理与市场所起到的作用是一致的，它们的本质就是一种分离均衡机制，只是客观的成本优势导致他们采用的分离方式不同。市场凭借的是价格信号，是基于一种供需之间的比较或是市场中可被观察并证实的信息分离"好"与"坏"；而人力资源管理的定价依赖于企业权威的评价，通过上级管理者观察下级员工实际生产能力的大小（或称在企业中产生的绩效）、企业产生的租金有多少是来自员工的工作努力和贡献，然后给予员工评价、应当对其分配多少，从而实现了企业中的分离均衡。企业优势并非只是源于企业权威的命令、指导等决策快捷程度优势，而且在激励手段上，企业权威将企业分离作用"授权"给更有信息优势的管理者，使其从生产过程中观察、掌握员工"私人信息"，更好地利用"现有知识"从而更有效地激励以及合理地分离员工绩效的"好"与"坏"。从这个意义上来看，威廉姆森提出的"低能激励"概念是容易使人误解的。的确，企业权威在评价过程中要考虑"激励水平"如何影响企业员工之间竞争与协作的关系，但是企业权威的一个重要作用就是分离评价。在激励

---

① 加里·德斯勒. 人力资源管理 [M]. 北京：中国人民大学出版社，2005：323 – 324.

手段方面，企业的分离方式与市场价格信号的分离作用存在明显的不同，企业通过企业权威评价的方式减少了"现有信息"损失量，节省了信息搜集等交易成本，使企业效率性的优势体现出来。

在生产过程中，企业管理者将会获得员工实际生产能力的其他信息。然而，如果仍然用教育或市场信号的话就可能对企业效率性产生不良影响。我国很多企业、组织并不理解这一点。它们认为只有高学历的员工才能得到更大的晋升机会，因此才出现我国劳动力市场中过度轻视技能培训学校、轻视员工能力等现象。导致这种不良现象的原因是目前我国企业中"雇佣系统"与市场联系不紧，没有建立科学的人力资源管理体系。在我国很多企业中，企业权威对人力资源管理的重视往往只停留在表面层次上。

第四节　劳动关系的本质

上述用很大篇幅回顾了现代劳动关系以及权威理论等看法。不过，上述理论在解释劳动关系问题时似乎都存在一些不足，没有把劳动关系的合作本质纳入分析中。本节尝试整合前几节的理论，讨论现代企业中劳动关系的本质。

一、企业是多种资源聚合的凝结器

马克思认为，劳资双方即使在交换中也不可能是平等的，因为工人没有生产资料，只能靠出卖自己的劳动力为生，而资本家雇用工人劳动的目的是赚取更多的剩余价值。工人被剥夺了生产资料的所有权，只能将劳动力卖给资本家，这意味着在交换领域看似平等的交易，事实上也是不平等的。从我国当前劳动力的供求现状看，劳动者处于弱势地位，在签订劳动合同时就身处权利不对等的地位。那么，为什么劳动者非要忍受将可能受到的剥削，而选择从属于"资本"雇佣之下？即使在哈特的文章中，工人和资本家之间是一种双边垄断关系，各自都具有一定的谈判力。但仍然坚持着资本是企业的"黏结物"的话，仍然只是"资本雇佣劳动"的思想。

虽然"资本雇佣劳动"思想被更多的传统经济学学者所接受，然而，它却无法解释企业创立阶段的问题，并且本身混淆了企业家作用与出资者的作用。在企业创业初期，这种"黏结物"甚至可能是人，由于员工（最初可能合作人）愿意跟随某企业家，由这个企业家"黏结"了员工、资金等进而形成企业。而且，物质"黏结物"本身就忽视了很多现代企业的重要特征。如企业声誉以及品牌效应——为什么可口可乐的品牌可以身价上亿，而另外一些同样生产可乐的公司却无法与其相提并论？按照哈特的逻辑，似乎只要注入与可口可乐一样多的资金即可得到相同的产品一样。然而，从实践上来看，并非只有资本就可以解决一切的事情。所以，哈特不得不在开始就扩大物质资产的范围，称之为非人力资产（nonhuman assets）。非人力资产不光包括"硬"的方面，如机器、存货和厂房，还包括"软"的方面，如专利（技术）、客户名单、合同以及企业的声誉。

不过，扩大非人力资产的定义本身就不再是所论述的物质资产。比如，企业声誉的问题是现在出资人（股东和借贷人）出资的结果吗？显然，无法分清究竟是企业的品牌声誉可以吸引更多的资金，还是资金会导致企业声誉的提高。不可否认资本作为黏结物的重要作用，它是维持人们长期合作关系的基本条件之一，最初人们可能的确是以寻找更好的待遇为动机来选择企业。巴纳德认为，工资待遇等客观诱因与合作关系中工资、待遇等资本方面并非企业凝结员工与利益关系者的全部。所以，劳动关系黏结还可能源于某个人的个人领袖魅力、也可能是企业声誉；另外，如企业资源论所述，还可能是企业拥有的特殊技术。这是企业区别于市场或是企业区别于其他企业的一个特点。也就是说，资本（工资待遇）或者企业家的个人魅力、企业声誉、技术等都可能是企业吸引员工以及其他利益相关者通过某一个企业结成的一种合作关系。那么，企业的"黏结物"不应该是资金本身，而是企业本身固有的特点。无论是资本、企业家个人领袖魅力或是人力资本、技术等因素，多种资源凝结成了企业；反之将其所需要新的资源聚集、"黏结"在一起。在合作的过程中，同时产生两种加强企业"黏结物"的作用，一部分是由物质投资沉淀产生的；另一部分是在生产中人们之间活动而产生的特殊关系。而后一种就是劳动关系的本质。

二、员工身份关系

虽然，企业是一种多种资源的聚合物，并且吸引、黏结着其更需要的资源。但"资本雇佣劳动"观点持有者仍然认为，资本一方与劳动者一方有着不同的谈判力；或者如能力主义论者认为的那样，那些判断力较低的人将成为工人，因为当这些人（工人）要依赖自己的判断力经常地完成一些令其不快的工作时，他们就可能为了节约信息成本而同意在一定范围内接受雇主的权威。当然，科斯在某种程度也存在类似的思想。科斯在《企业的性质》中认为，权威的产生是由行政管理生产要素所节省的东西，其可能会招致其他方面的数额巨大的交易成本。雇主在企业中行使控制权是协调生产要素的行动。为了完成这个任务，要将要素引入管理结构中，包括将它的等级、它的规则和它的管制引入管理结构中。如果要这样做，就存在一种控制权，但它是在一个通常完全不同于独立的签约者的方式上使用的。企业的界限是由管理的结构规定的。① 与独立签约人的区别是雇员必须服从企业的规章制度，在一定范围内服从企业家的命令。契约从限制个人行动开始，以放弃行动自由为代价。科斯笔记上写过对此限定的看法："现在我对这后一点似乎半信半疑，因为即使心甘情愿放弃行动自由所获得的可能还是很不确定的。"②

科斯的这种思想应源于法学。至少在科斯理论中，雇主与雇员之间的不同身份关系就是企业如何节省交易费用的一个原因，它是企业不同于市场的重要因素之一。不过，在法学界中有关身份关系的争议很大。我国有学者认为：我国劳动合约制度的建立就是劳动者与企业之间从身份关系向契约关系转变的过程，契约化的劳动关系对于劳动者是一次大的解放。③ 这本身就是对劳动关系的一种误解。这种观点并没有解释"契约"的含义包含着两个不同的层次，即交易契约与身份关系性契约，我们有必要从两者之间的概念分析开始。

第一，交易关系的核心是公平。

我们从交易契约关系研究开始，契约是两人以上相互间在法律上具有约束力的协议。契约法所关心的是实现所约定的义务。通常，签订契约是以自愿、平等、互惠互利原则为基础的。

在交易契约视角下，员工在企业提供劳动，使劳动力要素与物质资本要素相结合，生产产品或提供服务。从企业角度来说，实现了财富的创造以及资本增值；从员工角度看，企业支付的劳动报酬成为员工的主要收入来源。在这种交易过程中，工资成为联系员工与企业的最基本要素。在市场经济中，企业成为独立法人以追求企业利益最大化为目标（或者企业权威追求自身利益最大化）；而劳动者以追求工资收入最大化为目标，增加了企业生产活动成本。在这种认识下，劳动双方在经济利益的分配上存在对立，产生了一定程度上的冲突问题。

但是，如果单纯将劳动关系视为交易关系的话，任何所需要的商品（包括劳动力）只需在市场中购买即可，人与人之间的关系只是在进行简单的交换。人们很容易将这种交易契约关系与马克思所描述的"剥削理论"联系起来。马克思认为，"资本家之所以能够支配工人并且榨取其剩余价值，是因为资本家拥有生产资料"，因此，"资本雇佣劳动"（或者是其他假说）是对简单交易过程的最佳描述。那么，劳动关系的"合作"只是因为它通过金钱满足了个人理性的参与相容与激励相容，利润分配过程只是当事人之间的讨价还价过程。然而，现实中企业与员工之间的合作关系并非是如此简单，讲义气、重信誉、企业奉献精神常常成为人们默认的行为规范。对于企业或者更大范围的组织来说，必然存在着指导人

① ［美］科斯，哈特等．契约经济学［M］．北京：经济科学出版社，2003：95.

② 转引于［美］威廉姆森，温特等．企业的性质［M］．北京：商务印书馆，2007：71.

③ 罗小芳．我国劳动契约演变的因素分析［J］．宏观经济研究，2008（11）：38－42.

们行为的特殊的规范，企业在一些方面节省了市场交换所需要花费的交易费用，这正是市场不可能完全代替企业最重要的原因之一。

第二，关系性契约与企业竞争优势。

由于合同的缔约过程与履行过程往往是跨时期的，所以，劳动合同的不完全性通常是很难克服的，这种不完全性容易引起当事人的机会主义行为，降低双方的交易效率。一种解决方法就是缔结一种关系性契约（身份契约）。在这种关系性契约中，缔约双方只是规定一个约束框架，仅仅就交易的原则、程序、解决的机制以及谁应拥有权力作出说明，合作双方接受有一定范围内仲裁权力的机制，通过企业权威的仲裁系统代替法律强制仲裁系统从而达到节省交易成本、提高效率的目的，而法律仲裁只作为争议无法被解决的最后强制执行手段。

这种身份上的合同关系有两个层面的含义：①受到法律明确保护的条款；②不受到法律保护的隐性条款。身份在合同中的核心是责任，它的一层含义受到法律条文的保证。法律保证了"企业权威"的权力，但同时也限定了其权力的范围。企业家只能在限定的范围内，"指挥"其他生产要素。这种限制不仅仅来自企业规模与自身能力①，也来自契约自身约定及其法律规定，法律强制保护了契约在缔结时的平等性和在未来的实施。比如员工由于事故引起工伤等问题，企业一方有着身份上的责任关系，需要对员工支付相应的补偿。这部分责任是受到国家法律明确保护的。

除了法律强制力的保证以外，身份上的契约还有另外一个层次，就是管理学经常提到的"隐性关系"。企业的不同运营方式影响经济行为人的目标和动机，如企业文化这类隐性合同关系将会产生一种凝聚力，使雇员产生归属感。企业有义务友善地、细心周到地对待自己的雇员。不做任何可能有损他们之间信任关系的事情有时被固定为一项潜在的条款。如果只是单纯运用交易关系解释劳动合同本质的话，会陷入基数效用论问题，比如员工的身体健康甚至是生命能够用多少钱换取？无论得出什么样的结论，交易契约用来描述劳动关系必然是不准确的。如"铁人"王进喜、日本福岛电站事故后留守的工作人员等事迹，正说明了身份上契约关系的意义，导致他们行动的原因是出于与企业隐性关系的责任感，他们对企业的责任感超出了以"交易公平"为核心的单纯金钱交易关系。这种责任正是企业竞争优势的来源，与缩短短期合同压低成本的方式相反，长期的合作同样是产生竞争优势的重要手段。

只将劳动合同理解为以"公平"为核心契约关系的做法是对劳动关系的一种误解。劳动合同部分明确企业提供劳动报酬，劳动者在一定范围内由其管理支配

---

① 例如，科斯写到："在一家大企业工作的人……发现工作条件不如一家小企业有吸引力，因而要求得到更高的报酬以进行补偿"。

并提供劳动，所以劳动合同同时具备了身份关系以及交换关系，即存在着双重属性。劳动合同不单纯地表现为债权债务关系，而具有更深一层的身份属性的特征。合同的当事人之间在法律地位上是平等的，但这里所讲的"平等"概念并不是如交易关系中的"平等"那样将劳动契约排除了身份关系的属性，而是要求双方在责任上的平等：只要是订立了劳动合同，任何一方都不能只享有权利而不承担义务。劳动者把附属于自身的一部分劳动力分离出来，用来与用人单位交换。这种劳动力与劳动者的附属关系，决定了任何一种法律制度都不可能将其与劳动者自身分离，判决强制给付。建立了企业劳动关系的双方互有劳动权利和义务关系，劳动者要在企业中劳动，要服从企业权威的工作管理和分配，要遵守企业的劳动规则和其他规章制度；而企业权威负责安排、组织和管理劳动，要按照利益相关者的劳动成果和效率支付劳动报酬和其他福利，要给劳动者提供相应的劳动条件和环境。所以，劳动合同的特殊之处在于，它是一种交易契约与身份契约的混合契约。在本书第八章，我们还要运用劳动合同的这种特殊性分析中国当前初次分配中存在不合理性的问题。

科斯等人得出结论：企业不同于市场的优势之一来自劳动合同。科斯关于劳动合同身份差别的疑惑是没有必要的。这种观点只是将身份契约理解为一种拥有命令权的身份等级差别，并没有看到契约的身份关系扩展了以公平为核心的单纯交易契约，将其包含了更多的含义——责任。

三、劳动关系的合作本质与合作的维持

企业是多种资源聚合的凝结器，而企业权威是这种合作机制凝结的催化剂。虽然劳动关系往往是劳动者与管理者（劳动关系的定义），但其本质仍然是企业多种资源如何更有效地进行合作。亚当·斯密的"看不见的手"原理，其实阐述了市场上自利的道理。分工理论的另一面就可以是合作。在"看不见的手"导引下，所有资源都会最终配置到最有价值的用途上，所以互利的交换将会穷尽。作为所有交换基础的是来自贸易的收益（the gain from trade），这种收益是通过理性个人对利益的自发性追求得以实现的。但多数情况下，劳资双方最初的合作动机并非因为他们是共同利益者，合作不是基于利他，而是利益主体的自利行为。他们认识到为了实现确定相关的目标就需要伙伴，所以在相互需求下寻求合作。因此，斯密意义上的劳动问题表明，员工与管理者的合作是一种自发性自利合作。

但实际上并非自发产生都可能导致合作。合作需要一定的正式组织、制度，产生了一种诱致性合作原则，这种诱致性激励把员工与管理者（资本）等绑定在一起，合作更有可能发生。后来的管理学家钱德勒更是进一步直接表达了自己对组织的看法："现代工商企业在协调经济活动和分配经济资源方面已经取代了市

场机制，管理这只'看得见的手'取代了亚当·斯密的市场力量这只'看不见的手'。"传统的单一单位的企业活动是由市场机制监督和协调的，现代工商企业内的生产和分配单位是由中层经理人员监督和协调的。高层经理人员除了评价和协调中层经理人员的工作外，在为未来的生产和分配配置资源上也取代了市场。①

科斯关注的是与市场有关的企业收益和成本之间的全面比较，即如何能节约交易成本。企业在本质上是合同的选择和安排，并采用了一种不同于市场交易合同的特殊合同——劳动合同（"雇佣合同"）。这种"雇佣合同"减少了市场"一系列"连续地再谈判或不断讨价还价"即时合同"的费用，正如科斯所述："某一生产要素（或它的所有者）不必与企业内部他所合作的一些生产要素签订一系列契约。当然，这种合作如果是作为价格机制起作用的一个直接结果，这一系列的契约就是必需的。一系列的契约被一个契约替代了。"不过，"雇佣合同"是一种不完全合同，不可能规定出事后的所有行为。为减少未来合作中的不确定性，科斯马上强调："在企业之内，市场交易被取消，伴随着交易的复杂的市场结构被企业家所替代，企业家指挥生产。"他还写到："由于在用工方面契约无法清晰规定用工的全部，只能规定用工的范围，也使得在契约中要求雇员同意在一定范围内服从企业家的支配。雇员在进入企业以后，个人行动受到契约限制，他必须以放弃一部分行动自由为代价。雇员为了合作放弃了一定的自由度，在一定范围需要服从企业家的指挥和命令，从而产生了一种身份关系上的差别。"员工选择"雇佣合同"并放弃了一部分权力、受到企业权威的指导代替了市场连续地"即时合同"交易。因此，科斯所指的"企业是市场的一个代替物"可以理解为企业权威的控制或称为科层式机制代替了市场价格机制。

不过，虽然科斯准确分析了劳动关系中不完全合同的特征与维持合作关系的一个方面，如管理者通过企业规章、制度防止员工在工作中可能出现的缔约后偷懒、怠工等道德风险问题（机会主义行为），但却没有进一步研究人力资本专用性投资的保护以及企业权威也可能在缔约后出现道德风险的问题，即维持合作关系、限制权威能力的另外一面。威廉姆森（Williamson，1975，1979，1985）在"企业权威"的认识上，与科斯的观点有着相似之处，但他更多强调研究资产专用性问题——如何给予资产专用性投资保障。他认为，企业通过更好的合作将可以获得更有效率的结果。这里，由于过度的议价和过分的讨价还价成本使交易可能变得不可行。合同的不完全性不可避免地导致缔约双方事后试图利己地解释这份合同，这种行为可能导致事前和事后的无效率。如果投资是不可观察或不可证实的，而且他们预期到事后的机会主义，那么他们甚至可能做出事前无效率。一

①．Alfred Chandler. The Visible Hand ［M］. Cambridge, Mass：Harvard University Press, 1977. 在原文中，"工商企业"的定义是它包含了许多独立的营业单位，由一个层级结构式的支薪经理团体管理，在这个层级结构中，中、高层支薪经理来监督和协调在其控制下的各单位的活动。

个劳动关系给予了雇主大量的自主权，如果其能够减少事后讨价还价的范围或者容许雇主获得事前投资创造的租金，那么它就是有价值的。另外，威廉姆森从更为中立的角度把企业视为一种可以缓和不同缔约方的利己动机的长期治理结构，并在一定程度上研究了如何防止机会主义行为的问题。但是，他未把焦点集中在企业内部治理最重要问题之一——劳动关系上，而是将研究重点放在更为宏观的企业内、外总体治理结构上。

科斯当年定义劳动关系过于强调企业管理者的"绝对权威"，而忽视了企业权威内部职能的另一个作用——调整维持合作精神。合作精神是长期交易过程中的特殊产物，比如，当一个汽车生产厂商发现供应商提供的原料与自己的要求有差别，成熟的厂商会试图弄清为什么会出现这种毛病，能否改正，而不是去讨要违约金。劳动关系问题更是如此。员工犯错误，聪明的管理者并非一定要以处罚、开除等方法，即使处罚也需要让员工了解处罚并非目的，更重要的是及时改正不足，并且以后不再犯同样的错误。这种管理中的人际交往可以增加合作精神，不过影响合作精神最重要的因素还是再分配问题。劳动合同（雇佣合同）是一种不完全合同，在合同签订时并不能完全清楚所有任务，只是在"接受集合"范围内提供一项具体服务的无差异程度决定了合同的选择。为了维持合作精神，在一定时间内，劳动合同（"雇佣合同"）需要适应环境变化而进行调整。劳动合同的调整并非像"即时合同"的不断签订那样以修正环境变化引起的影响，而是基于一种双方之间对"公平"的认同，反而加强合作精神。这部分调整将使企业员工的工资明显地超越市场竞争条件下的工资，可以视为一种为了合作而支付的"准租金"。

如何诱导劳动关系合作的出现，防止签约后道德风险问题出现？主流经济学、管理学中已经存在大量研究文献以及相应的管理科学方法。然而，关于如何防止企业权威签约后的道德风险问题，特别是保证人力资本专用性投资的研究，一直是凤毛麟角。限制企业权威研究的批评者或出于道义，或出于情感，而出于学理层面的议论较少。本书在后面几章着重研究如何限制企业权威与员工签约后的道德风险问题。

第四章　劳动合同的效率性

本章我们把焦点集中在狭义的劳动关系（雇佣关系），即在不包括社会关系的企业内部的劳动关系上。首先比较美国、日本、德国这三个发达国家中典型企业中的劳动合同（"雇佣合同"）调整以及人力资本专用性的保障系统。各个发达国家的典型企业为激励员工、限制双方劳动过程中可能发生的机会主义行为，提高工作效率，都设计了不同的工资制度。因为劳动合同是一种长期合同，不可能将未来条款全部规定出来，所以在劳动合同规定中保留一定的弹性部分，劳动合同是一种不完全合同。然而，以往学者研究关于"合同不完全程度与效率之间的关系"问题并没有给予很好的答案。在本章，我们将各国不同模式"雇佣"类型作以总结，从机会主义行为的控制以及创造灵活性两个维度，分析劳动合同不完全程度与效率关系。

第一节　雇佣制度基本原则与人力资本投资

一、基本原则

雇佣制度是企业有关"雇佣"方面的规则，主要包括工资、晋升、培训规则、解雇相关的赔偿事项等方面。在一定程度上，它与管理学中的人力资源管理有很大的交叉部分。不过，管理学只是单方面假设了员工的机会主义行为，暗含了管理者不会出现违背"合作精神"的机会主义行为，以此体现管理的重要性。然而，在实际生产分配过程中，管理者也可能出现如拖欠工资、不公平对待员工和不合理占有本应属于员工的那部分企业租金（剩余）等机会主义行为。所以，经济学更加偏向如何通过机制设计保障合作提高企业交易效率，限制任意一方机会主义行为的研究。

一般来说，设定某种"雇佣制度"至少要满足以下两个基本条件：效率性

（efficiency）和可履行性（enforceability）①。如果制度规定有损效率性条件时，企业将很难在市场中长期存在。"低效率"规则很难延续，不得已要发生改变，这会不断促进"雇佣制度"满足效率性条件。生产组织的效率性往往体现在依靠员工的技能和能力的基础上。工资的规定和职务的编制等都有密切的关系，直接影响到工资制度的设计是否能够诱使员工促进技能形成，并提高企业效率。从交易成本的角度来看，规则的制定可以限制员工怠工以及其他机会主义行为，降低企业搜寻信息、监督等交易成本。

"雇佣规则"必须得到绝大部分员工的接受。即使在符合效率性条件下，如果多数员工不接受管理者所设定的规则，甚至由此引发对立冲突，那么"雇佣规则"的履行将是十分困难的。可履行性条件需要考虑企业的实际情况，其中工资的规定一般存在较明确的规定。然而，如果规定过于复杂、过于明确，"雇佣规则"又将失去适应市场环境变化的灵活性。所以，无论规定过于复杂或是简单，企业的"雇佣规则"都将是不成立的。另外，可履行性条件多多少少包含了一种"合作精神"或是公平的信念，并暗含于企业"隐性关系"之中。比如，企业管理者只是口头承诺而并未采用书面形式。他们承诺：若员工努力或达成企业绩效成果的话，在未来将得到相应回报。如果员工相信企业管理者能够遵守承诺并本着"合作精神"将承诺执行，那么管理者的承诺是满足可履行条件。

不过，公正的含义涉及个人主观的价值判断，每个人对"公正"的理解都不同，有人认为以完全个人绩效为工资变动基准是公正的，有人却认为提供一定基础的生活保障是公正的。这种不同的理解使企业在效率与公正之间可能会出现一定程度上的对立，这也是企业需要面对的一个重要话题。分配是否"公平"或是否符合员工的道德是非判断（"公正"）的问题将在本书第六章、第八章继续论述。

二、人力资本投资的两种类型

（一）贝克尔人力资本理论

加里·S·贝克尔在分析人力资本投资的过程中，强调了教育和在职培训的重要作用，特别是为在职培训建立了系统的理论。在职培训包含一般性培训（或称通用性培训，general training）和专用性培训（或称特殊性培训，specific train-ing）。一般性培训是指企业提供的职工培训，其结果是接受培训的职工所获得的

---

① 　Marsden 把职务分配的规定为基础，以效率性的条件和实行可能性的条件的角度来讲述了雇佣制度的有关方法。参见 Marsden, D. *A Theory of Employment Systems*：*micro-foundations of societal diversity*. Oxford University Press. 1999.

知识、技能，不仅对本企业有用，而且对其他企业也有用。而特殊技能培训只对本企业有用。[①]

贝克尔认为，接受一般培训的职工应由自己承担培训费用，企业则不支付一般培训的费用；接受专用性培训的职工不承担培训费用，转而由企业承担。企业之所以对接受专用性培训的职工支付培训费用和较高的工资，是因为企业为了降低受过专用性培训的职工的流动性，并且担心该职工离去从而给企业带来更大的损失。受过专用性培训的职工具有较多的人力资本，这种人力资本投入生产，可以给企业创造更多的利润和更高的效用，因而使整个企业的劳动生产率提高，所以，企业愿意支付相应的培训费用和较高工资。

贝克尔也分析了现实中企业提供一般性培训的事实，并作出了解释。他认为，企业之所以为员工提供一般性培训，原因在于企业可以在培训期间支付低于边际产品的工资来转嫁投资成本，实际上培训费用的承担者依然是职工，但是在培训结束后，企业支付的工资等于边际产品。另一方面，根据贝克尔的观点，如果一个接受了企业专用性培训的职工离职，那么职工和企业都将蒙受损失，企业损失了部分资本投入，职工也无法在其他企业获得较高的工资，这样就将职工的流动与专用性人力资本紧紧地联系在一起了。而劳动力市场上劳动力流动性的高低也与企业和职工的人力资本投资水平相互影响，企业和劳动力共同进行人力资本投资并共享收益，需要以二者之间建立可以预期的雇佣关系为前提，这一点对企业人力资本投资研究具有重要意义。

（二）人力资本的"制造"和"购买"

上一章中曾经介绍过，科斯理论的一种解释可以简单理解为：企业往往需要作出究竟是"制造"还是"购买"（make-or-buy）的决策。比如，一个汽车生产厂家往往面临着这样的决策：是生产汽车的所有零件然后将其组装成汽车，还是生产一些企业有核心技术或有相对比较优势的零件，购买一些没有相对比较优势的零件最后将其组装。同样，人力资本或"劳动力"这种特殊性生产要素也存在类似"制造"还是"购买"的决策。

如果市场中存在人力资本的通用技能储备，企业可以通过"购买"方式找到企业自身所需求的员工技能（可以理解为劳动派遣合同）。但是，由于信息的不

[①]　本书没有特别区别人力资源与人力资本两个词。目前中国，无论是管理学还是经济学使用相对较多的是"人力资源"。"人力资本"主要是在经济学，特别是在宏观、抽象意义范围常被使用，可以说舒尔茨是最早使用这个词的人。他在对美国农业经济的研究过程中发现，20世纪初到20世纪50年代，促使美国农业生产率迅速提高和农业产量迅速增加的重要原因时指出，经济增长并非如传统理论中描述的那样必须依赖于物质资本和劳动力的增加，人力资本作用被人们忽视了。不过，比如人力资本专用性投资、这类在经济学中的习惯用语，本书还是遵照习惯延用。

对称性以及人的有限理性，发现、搜寻适当的人力资本员工以及谈判成本等将会导致很大的一笔交易成本。因此，判断员工的潜在能力时一些指标被利用，比如将市场中可以观察到受过技能训练的员工得到某种程度的资格认证，将会克服技能的信息不对称性问题，相互之间搜寻信息等成本将会减少。这就是为何最初选择较看重学历或学校知名度的原因。在劳动合同签约时，员工的私人信息通常是他的基本技能、生产能力及受过的培训。斯彭斯（Spence，1973，1974）阐述了教育如何成为一个人的内在技能和生产能力高低的信号。高能力的员工对教育有较少的负效用，因此与低能力的人相比更愿意接受更多教育。未来的管理者也明白这个道理，因此最初在缺少其他信息的情况下，他们倾向于选择高学历员工或来自知名学校的员工，尽管教育本身并没有为管理者增加价值。市场中的不确定性以及交易成本的降低，将导致"购买"的劳动市场交易的范围扩大。而对于员工来说，如果广泛的企业选择"购买"，员工也更愿意投资通用性技能。这是因为，通用性技能投资可以提高人们在企业间移动的可能性，而且更多的人提高其通用性技能还将会进一步促进市场中通用性技能储备的形成。

　　与此相对的是，企业选择"制造"、自我培训（包含特殊技能），通过企业的内部培训发掘员工的潜在能力。签订合同之后，从实际生产实践中可以观察到员工的能力及真实信息，如果这时再利用学历和学校知名度理由的话，将会违反生产组织的效率性。因为，学历或学校知名度等信号一旦被采用后将会失去信号价值，而在劳动合作过程中可以通过观察得到更准确的反映员工能力的信息。①另外，"制造"式员工投入专用性技能投资的同时，企业也可能投入了一定成本。因此，企业方试图回收此训练的成本，也希望员工在企业中长期工作，以避免企业特殊性投资的损失。而从员工个人角度上看，往往只要得到相对公正的待遇，也就希望有相对稳定的保障。结果，劳动合同（"雇佣合同"）相对"即时合同"来说，合作时间更长，并节省了搜寻、讨价还价等成本，长期"雇佣关系"就成立了。

　　贝克尔的人力资本理论中，技能形成的方式是特殊技能还是一般技能？是企业内部训练还是在企业外部训练？是雇佣后的训练还是雇佣前的训练？是在企业内部"制造"还是在市场中"购买"所需要的劳动资源？这些观点都可以从不同的"雇佣系统"之间捕捉到差异，即培训与晋升、工资评价等方式的差异。我

---

　　① 然而，我国很多企业、组织中并不理解这一点，只有获得高学历的员工才能得到更大机会的晋升现象。教育信息只是有企业选择员工时的一种区分能力的信号，在生产过程中企业将会获得员工的实际生产能力的其他信息，如果仍然用教育信号的话就可能对企业效率产生不良影响。因此，才出现我国劳动力市场中过度轻视技能培训学校的作用。导致这种现象原因是我国目前"雇佣系统"不完善，企业中没有科学的管理评价制度。在我国很多企业中，对人力资源管理的重视上往往只停留在口头上。人力资源管理问题还将在本书第八章继续阐述。

们接下来以美国、日本、德国三个主要发达国家为例，比较其"雇佣系统"的差异，如以提高产量、细化任务为目标的美国企业往往基于职务工资制度；而日本企业则实行以提高员工能力为目标的"职能制""雇佣系统"。下节将分别介绍"雇佣制度"安排差别，主要集中在技能形成，及其相对应的配套晋升、保障制度等方面。

（三）人力资本专用性投资

资产专用性是指在不牺牲生产价值的条件下，资产可用于不同用途和由不同使用者利用的程度。它与沉没成本概念有关，指专门为支持某一特定的生产而进行的持久性投资，其一旦形成，若再改作他用，其价值就将大幅度下跌。因此，专用性资产的价值在事后严重依赖于与之合作的另一方的行为。"专用性资产"这个概念首先由威廉姆森提出。他归纳了四种类型的专用性资产，其中包括专用地点、实物专用资产、人力专用资产以及具有特定用途的资产。具体来说，专用设备、专用于制造某种零件的模具、具有特定实践积累的知识和技能的技术工人以及企业的厂址、企业的品牌和商标都可以算作专用性资产。新古典经济学中假设交易费用为零，交易费用经济学修正了这种不合理假设，一个直接应用就是资本专用性投资。

科斯并不认同这种专用性资产投资的重要性，认为声誉效应可以在一定频度的条件下降低机会主义行为。而威廉姆森坚持认为，长期合同中资产专用性具有重要地位。另外，克劳福德（Crawford）证明了，除非引入"资产专用性"（asset specificity），否则难以解释长期契约对短期契约的替代。[1] 由于资产专用性的存在，这些资产的价值就依赖于交易关系的存续。当交易中没有进行投资的一方以中断交易或者中断合作相威胁时，对已经进行专用性资产投资的一方来说，由于这些资产已经没有另作他用的可能性，或者另作他用会遭受极大的成本损失，所有投资方就会丧失讨价还价的能力，从而没有进行专用性资产的一方就可以剥夺投资方的利益——准租金[2]。正是因为专用性资产和可占用准租金的存在，机会主义行为由可能变为现实，这正是产生毁约危险的原因所在（Klein，1985）。这样将会使与合同相关的专用性投资不能达到最优，并且导致缔约和履约以及缔约双方的谈判变得更加困难。所以，组织或合同安排的目的在于保持专用性的投资免受"套牢"或"敲竹杠"的机会主义行为的侵害。我国学者杨瑞龙和杨其静认为，"专用性不但不是当事人获得组织租金的谈判力基础，反而削弱了这一

---

① Crawford, V., 1988, "Long-term Relationships Governed by Short-term Contracts", *American Economic Review* 78 (3): 485 – 499.

② 准租金，是指一种投资在最优用途上的价值与次优用途上的价值之差。

基础"①。所以，在企业制度安排中如何保障人力资本专用性投资是重要的研究话题之一。

本书十分重视有关"人力资本专用性投资以及保障"内容的研究。事实上，虽然传统劳动关系研究学者很少认识到，但他们所研究的工业企业中工人的技能投资有着很强的人力资本专用性②。不过，随着服务行业作用的提升，现代市场经济中越来越强调员工通用性技能培养的重要性。在下面将要比较的西方发达国家雇佣模式中，人力资本专用性投资问题也作为研究的一项重要内容。

第二节　西方发达国家雇佣模式比较

一、美国、日本的比较——企业外部与内部的典型

首先，对美国、日本两国典型企业的培训（人力资本投资）以及保障系统等"雇佣系统"进行比较。在一定程度上，美、日两国接近上文所述的技能是市场中"购买"还是企业自身"制造"的两种极端情况。

（一）美国职务系统

美国典型企业多采用职务工资制度，将工资水平与职务编制一一相对应。如图 4.1 所示，随着职务等级（A1 ~ A4，B1 ~ B4）被设定后，相应的职务工资也被设定。而一般性工作 A 的员工只在特殊 A 任务中工作，只能通过 A1 向 A2、A3、A4 的方式晋升或提高工资。职务等级和工资一一对应的职务工资制度与美国蓝领的内部劳动市场更为相似，泰勒的科学管理以及福特的流水生产线都体现这种情况。这就需要职务编制时对所有的任务存在明确的定义，减少员工的机会主义行为。

图 4.2 描述美国白领的情况：同一职务在一定范围也存在浮动，即总工资可以在一定范围内上下浮动。实际操作中，这种浮动也就是绩效工资部分，是对能力较强者的一种补偿。任务相对复杂化，将图 4.1 中的 A1 和 A2、A3 和 A4 的职务结合。这种工资范围是依靠个人的职务能力以及绩效结果来决定的。这表示范围工资接近于日本、德国典型企业强调员工能力的工资制度。但是其晋升并非只是企业内部，还可以依赖企业外部市场，这与单纯的企业内部的日本职能型是

---

① 杨瑞龙，杨其静. 专用性、专有性与企业制度［J］. 经济研究. 2001（3）：3 – 11.
② 传统工业、工会以及人力资本专用性投资将在第五章继续讨论。

有区别的，这部分将在后文叙述。

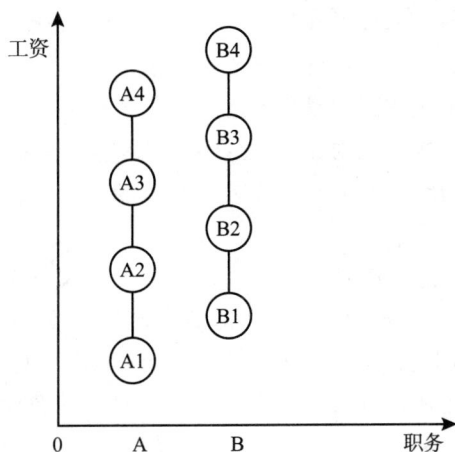

图 4.1　职务工资制

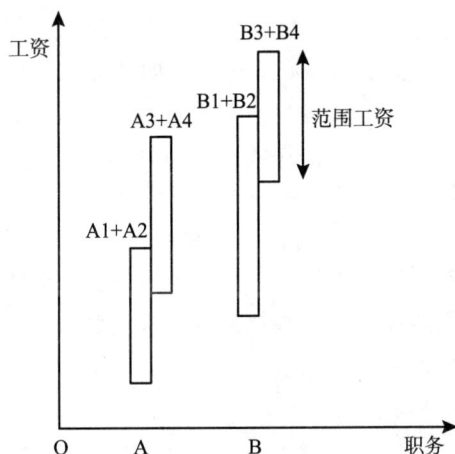

图 4.2　范围工资

　　在美国传统企业内部职务制为代表的"雇佣系统"中，企业内部的人员配置是缺乏灵活性的。由于存在着较为严格的职务设定、评价规定，限定职务范围狭窄，导致员工的人力资本投资存在着单一性（专用性），因此，除向较高职务的晋升外，要转向其他职务就意味着放弃了原有的人力资本投资，将会导致员工的强烈抵抗。另外，各项职务的人员配置比较固定，员工只有等待其相应的高级职务出现临时短缺或存在空闲岗位时，才有可能晋升更高一级职务。如果高级职务被其他人填补的话，也就意味着晋升的可能性不存在了，其解雇与辞职并通过市场重新寻找工作的想法强烈也是必然的。相对于日本企业内部职能系统来说，职务系统中企业内部职务编成缺乏灵活性，并且通过外部市场调整"雇佣"策略，即企业外部调整是富有弹性的。

美国职务工资制的"雇佣系统"的主要优点是职务编制中对任务的明确化、规格化、制度化。相对明确的晋升规则更容易清楚评价员工努力程度，防止了员工机会主义行为，为企业达到大量生产的目标创造良好条件。其主要缺点是企业在职务编制与人员配置方面相对缺乏灵活性以及调整上的弹性。针对这一问题，美国通过降低外部市场的交易成本，充分发挥市场作用，改善企业内部"雇佣调整"的灵活性。

不过，为了避免因过大的环境改变而造成员工对人力资本专用性投资（特殊培训）等方面的不安，并诱使明确的"即时合同"存在连续性并逐渐趋近于长期的劳动合同（"雇佣合同"），美国典型企业的规定中往往引入其他保障制度。这样可以诱使员工安心地投资人力资本专用性资产（特殊培训）。如美国企业在自主裁员时需要遵循法定的"先任权原则"，即考虑员工的工龄，在同等条件下，先裁后入厂的员工。因为，年轻人被解雇之后，他们再就业的能力相对较强，失业周期较短。"先任权原则"补充了外部市场调节劳动关系的不足，使美国式职务系统与日本职能系统有着类似的稳定性。工作分配规则可以阻止员工的短期机会主义行为，同时，也保护工会核心成员的长期利益，保护他们的人力资本专用性投资不会受到雇主的"侵害"等机会主义行为。事实上，先任权使长期连续工作者的晋升和"雇佣"具有优先的保障，这与其说符合公正的规则，倒不如说是与工会一同保障人力资本专用性投资更为恰当①。反过来，工会等特殊利益集团的活动又加剧美国企业内部职务调整缺乏弹性特征。不过，正因存在如"先任权"的企业内部制度安排补充市场资源配置的不足，才保障了企业长期工作的员工利益（人力资本专用性投资）和提高培养技能的收入预期，并减少了人力资本专用性投资被"侵占"的风险，平衡了企业利益相关者之间有关分配企业所创造准租金的权力，使劳动关系向一种相对"和谐"的方向发展。

（二）日本职能系统

日本企业的培训、晋升等方式主要是集中在企业内部。它们重视员工的能力，技能培训近似企业自己"制造"的情况。日本典型企业工资制度安排的一个重要特征是将职能工资与岗位职务分离。日本典型企业中，缩小了单纯某一个岗位职务的等级，转而强调任务之间的协作。如图 4.3 所示，A、B 是不在单纯一种任务的规定而是一种职能等级，比如 A 是一般性工作的职能等级（A1～A3），而 B 是管理性工作的职能等级（B1～B2）。这种职能等级包含了很多任务，从事

---

① 在第五章将集中研究工会对人力资本专用性投资的保障问题。

很多种不同的职务工作，扩展了美国典型企业中任务规定的横向职务范围。这种"雇佣系统"下的制度安排扩展工作范围，使得职务轮换制度成为了可能。

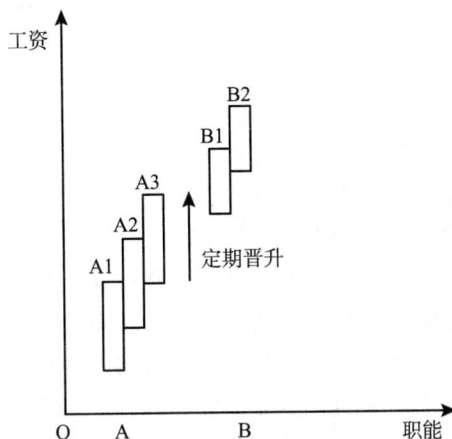

图 4.3　职能工资制度

同时，职能工资与岗位职务的分离扩大了提升工资与晋升的范围。在美国职务制条件下，员工只有等待其相应的高级职务出现临时短缺或存在空闲岗位才有可能得到晋升，因此，一旦没有晋升的可能性，员工会立刻选择换工作的方式。而在日本，企业职能式大大增加了晋升、提升工资的范围。因为职能工资并不是按照每个职务或职业的种类等方面来确定工资。即使不同职务，如果职能的等级相同的话，职能工资也可能相同。同理，即使在同样的职务上，对应职务能力的评价或职能等级的不同，其职能工资也不一样。这样的工资晋升安排使得企业内部的人员配置或职务编成的灵活性大大提高。这些因素使得 20 世纪七八十年代日本企业快速发展有了足够的人力资源保障。

例：

日本灵活性管理——看板制度管理

众所周知，典型日本企业的一个基本特征是，不管是垂直方向还是水平方向，整个组织贯穿着密集的信息同化。管理决策通常在与相关的下属单位进行沟通和协商之后作出，这种做法被称为"自下而上"（root-wrapping）。一种经常被援引、反映高度的水平信息联结的实践就是所谓的"看板制度"，它依靠供应单元和使用单元的直接沟通而不是存货控制管理系统，缩减了半成品和零部件的及时传送以及装配的时间。车间（蓝领工人）和跨部门（白领工人）的工作轮换制帮助工人熟悉工作过程的各个方面，培养他们在局部紧急状态下（如机器坏了或出现了次品）集体解决问题的能力。这种信息结构能够很好地协调互补性很强的任务（如在汽车组装或轧钢过程）。另外，它鼓励研究开发、制造和市场销售部门之间的信息沟通，相对于涉及重大理念突破的产品创新来说，它更有利于促进产品工艺过程的持续创新①。当然，这种看板制度管理离不开员工对生产过程的全面了解，并在职能工资制度的指导下，员工向更全面的协作目标努力，发挥职务轮换制度的最大效用。

　　职能考核是日本企业职能工资制度的核心，它往往对技能难易以及熟练程度等方面加以考察。但在实际操作中，日本企业往往采用固定加薪的方式，并随着员工的年龄变化而变化。② 这是因为，在采用轮换制发挥职能工资制度的优点的同时，却增加了环境的复杂性和不确定性。这往往导致管理者基于短期的评价将其变成不可置信、不可实行，相互之间都将存在着很大的机会主义行为。为了减少这种短期问题，日本企业往往以年龄作为评价的一种近似代替的方案，连续工作的同时，工资就会自然地增加。年龄工资和部分固定薪水称为资历工资，通过长期的观察评价日本员工长期所作的复杂性工作以及成果。这就是往往被人们所称为日本企业"三大法宝"之一的年功序列制度产生原因。有资料显示，日本一般的职能等级约占工资总数 40% ~ 50%，管理职务的职能等级约占工资总数 30% ~ 40%。不过，1990 年以后，日本经济进入一个很长的衰退期，随着绩效工资的不断引入，这部分的比例在不断缩小甚至在一些企业中已经被废除（如索尼等公司）。③

　　中国学者往往对于日本的年功序列制度存在很大的误解，将其单纯地视为资历工资，这肯定是不正确的。职能等级上的晋升和加薪是基于个人评价上的，其差距随着年龄的增长而扩大。得出的结果就是同一年龄的工资差异随着年龄而扩大。如图 4.4 所示，A1、A2、A3 体现了每个职能晋升与年功级别工资的轨迹。A1 曲线是职能工资加上年龄工资和固定工资之后成立的。从 A1 到 A2，曲线的上升表现了职能等级晋升基础上的加薪。由于职能的考核存在一定的难度，能力考核需要管理者对员工工作长期观察之后才能得出结论。一般来说，对于员工的工资评价主要在三个时段产生，有文章指出，日本典型企业中工资差距往往在员工 35 岁时为 10%，45 岁时 15%，55 岁时 20%。④ 如果企业为实现某个特定的目标采用单独一种短期激励手段，可能就会诱使人们的行为发生扭曲⑤，而日本企业采用的长期考核方式，避免了短期绩效考核可能带来的扭曲问题，并修正由劳

① 青木昌彦. 比较制度分析［M］. 上海：上海远东出版社，2001：114.
② 轮换制在经典博弈论中是促进企业效率，解决"棘轮效应"的最有效方法之一。
③ 参照于宫本光晴.『企業システムの経済学』. 新世社，2004：134.
④ 磯谷明徳.『制度経済学のフロンィア』. ミネルゥァ書房，2004：184.
⑤ 参见霍姆斯特姆和米尔格罗姆的多任务委托代理分析（1991）。

动合同（"雇佣合同"）或是威廉姆森所谓的"低能激励"而产生的长期不确定性，使员工努力程度以及贡献与工资相匹配，从而符合效率性标准。所以，单纯地将日本的工资制度视为一种资历工资的认识是错误的。

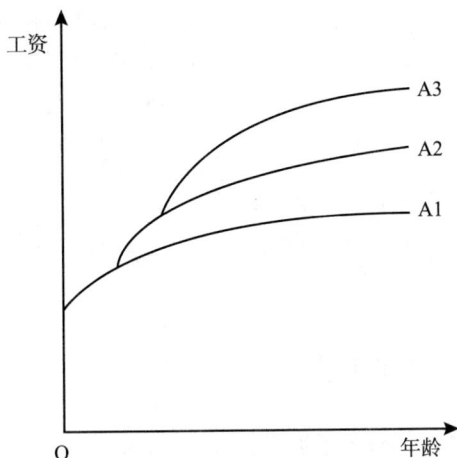

图 4.4　职能加年功曲线

例：

真实的日本企业的"终身雇佣制"

　　我国很多学者认为劳动关系的长期稳定性有利于企业长期发展，他们往往引用日本企业作为例证。特别是针对日本的"终身雇佣制"，"终身"二字更是充满了无限魅力。

　　终身雇佣制的确是日本典型企业长期采用的"雇佣制度"。它是指从各类学校毕业的求职者，受雇于某个企业之后，经过几个月的试用期，一旦确定了终身雇佣的身份，只要在期间不发生严重损害企业利益、声誉的行为或犯罪，就能保持长期雇用。一个人要获得某大型企业的正式职工身份，一生中只有一次机会。一般来说，蓝领工人以初、高中毕业生为主；办公室职员是以高中毕业生为主；培训管理、技术人员往往从大学毕业生中选取。从这个角度可以看出，日本劳动力市场是缺乏弹性调整过程的。也正是因为缺乏市场调节，一旦被开除出企业，员工将失去大量高额的劳动报酬以及未来收益。所以，这些员工将企业当作自己的家看待，极为强调集体意识，在相对封闭的企业内部中谋求晋升或提高工资待遇，形成了一种特殊的企业"隐性关系"。

　　另一方面，管理者也很少单方面解雇员工，员工往往可以在一个固定企业中长时间工作下去。当经济不景气或人员过剩时，往往是以通过培训、轮休或委派到子公司等方式将其留在企业内部，到经济恢复时再将其重新召回本部工作。然而，并不是每个员工都享有这种"优厚"的待遇。终身雇佣制只限于大企业或部分中小企业的"正式"员工。

若临时工符合一定条件后，可被录用为"正式"员工，也可享受此待遇。

另外，所有大型企业都实行退休制，退休年龄规定为 55～57 岁。但在退休后，职工不能靠养老金和退休金享受晚年，而是要继续在劳动条件较差、工资低的公司（如子公司、分公司或海外等企业）中继续工作 10～15 年，通过企业内部任务分配的灵活性实现这种工作安排。即使这样，也仅有占日本员工总数不到 30% 的职工以巨型企业中"正式职工"身份享有这种"年功"制度。日本经济学家大河内一男最早论述了终身雇佣制是日本雇佣关系的特殊形态。他没有使用"终身雇佣"这个词，而使用了"长期雇用"。日本学者井村喜代子认为，称"终身雇佣制"并不恰当，而应称作"长期雇用制"。日本有学者将其与欧洲经济大国相比较，认为日本的长期性并不明显。宫本认为，日本的年功序列制与美国白领工资制度相似，只是内部劳动力市场的共有特征。①

二、其他两种"雇佣制度"

在美国职务系统中，只介绍了近于蓝领员工的职务工资制度。在职务工资制的"雇佣系统"中，需要毫不含糊地明确每个不同职务的任务、性质以及员工所需要承担的相应责任甚至是分配，降低了劳动双方实施机会主义行为可能性，提高了竞争机制的效率。这是因为，明确责任、制度等使管理者更容易找出谁完成任务了；而员工也可以通过明确的合同规则得到法律的强制力保障。同时，这种明确化增强了潜在移动的可能性，一旦发现员工没有能力胜任岗位工作，将采取解雇以空出岗位来更换更适合的人。虽然，职务制"雇佣系统"中企业内部任务安排缺乏灵活性和调整弹性，然而，其依赖外部市场的作用，通过市场竞争压力，来调节企业内部的缺乏灵性问题，进而加大了企业的内部效率。美国的职务制度的典型代表是"泰勒科学管理"模式以及"福特流水生产线"，以同种商品的大规模产量为目标。因此，有日本学者认为，美国职务等级制度的本质是竞争，而不是基于经济或技术上的理由。为了追求效率，管理者限定晋升机会，使劳动者之间相互竞争，并且减少劳动者集体行动的可能性。而日本、德国职能的等级制度可以回避劳动者相互之间的竞争和对立问题，反而使劳动关系整体上相互合作。②

下面补充美国职务制中的剩余部分，介绍其他两种"雇佣系统"如何解决职务制企业内部任务安排缺乏灵活性以及调整弹性的问题。这也就是上文所介绍的范围工资制度。范围工资制度细分主要有两种形式：一种是中国学者比较熟悉的绩效工资制度，对职务制工资分配保留一定的弹性调整部分。另一种是依赖市场

①　参照宫本光晴．『企業システムの経済学』．新世社，2004：127.

②　员工之间的关系比起单纯的竞争，也应该强调其合作。青木昌彦．比较制度分析 [M]．上海：上海远东出版社，2001：第七章。

资源配置为基础的德国企业模式。

（一）绩效工资制度

管理学家格哈特（Gerhate）和米尔科维奇（Milkovich）认为，绩效工资的本质就是对员工薪酬的控制。从实际运作情况来看，绩效工资随着员工业绩成果的变化而变化，控制薪酬的目标可以从两个方面来实现：一是员工只有实现了既定业绩，才能得到变动的工资部分；二是激励员工投入更多，产出更高。

在这种理解下，绩效是美国职务系统增强内部效率的一种改进形式，适当引进市场中"激励"原则，增加企业内部任务安排、提高分配灵活性，以补偿"雇佣合同"中无法规定的部分。因此，相对于单纯的职务工资制度，绩效工资制度更加强调"竞争"性（虽然在一定制度安排下可以诱发协作，如小团队的绩效），更加接近于劳动力市场的"购买"状态，与威廉姆森所指的"强激励"系统是一致的。在这种意义下，绩效工资制度本身保障人力资本投资（无论是通用性还是专用性），在实现了一定的成果后，企业内部的所得与市场所得收入近似相同。

我们在第三章曾经介绍过强激励手段（如绩效工资）容易引起激励方面的偏差。企业发出绩效激励信号激发员工增加效率、投入更高的劳动。然而，这种目标建立在职务分配任务明确的基础上，如果激励目标不明确就会导致员工在分配上的不满情绪。另外，由于劳动任务中总会存有很难在短期完成的，并很难被管理者低成本识别绩效的情况，所以"强激励"绩效原则会诱使员工努力完成短期能够出成果并可以被识别的绩效任务。这样一来，企业往往忽视长期发展目标，产生激励方面上的扭曲。以研发部门和销售部门为例，在生产过程中，研发部门很难在短期内开发出新产品，长期存在着很高的风险；而销售部门的业绩评价比较容易被管理者识别。员工在研发部门看到其努力很难得到回报，很可能希望转向销售部门。这样企业就会出现"激励系统"上的偏差，以牺牲企业长期利益换取企业短期业绩的提高。

在工资比例中，绩效工资往往只是职务制基础上的部分补充。如果企业可以如市场一样通过"强激励"补充员工一切努力的话，管理者劳动合同（"雇佣合同"等）将失去其吸引力。所以，在管理学上，也强调通过其他手段（如"隐性合同"等）减少市场激励下诱发员工纯理性思考的不足。很少存在企业在工资制度安排方面将其设定为100%的绩效工资制度。另外，员工为了减少不确定的冲击，往往也愿意接受企业的固定职务工资作为基本保障。

绩效工资与职务制工资一样，在生产过程中很难处理企业内部协作问题。绩效工资制度也存在企业内部工作安排、分配缺乏灵活性等问题。当环境变化时，需要设置新的规则任务与原规则任务相兼容，并保证整个企业的"雇佣系统"不会出现长期过度激励某个特殊的部门而造成扭曲激励的现象。而在实践中，工作与相关的安排可能存在一定分歧，明确职务岗位是需要一定成本的。过细的任务划分后的结果加剧了员工之间的竞争，而不是工作中员工之间的相互协作。因为员工之间的相互协作会模糊企业评价方式，很难区分谁达到绩效。美国企业生产过程一旦某一个部分出现问题，并非是员工协作解决，而是等待专业化的员工来修理。这就造成了生产过程中的极大效率损失。同时，职务制企业是以单一产品大量生产为目标，当消费市场的需求多样化导致了产品多品种、小产量的情况时，职务制的企业内部职务调整缺乏弹性的缺点使其失去劳动合同所带给企业的竞争优势。

（二）德国模式企业

德国典型企业保障人力资本专用性是通过"雇佣系统"的市场化方式实现的。虽然上文曾提到过德国与日本企业都更加强调员工技能培训，强调员工之间的合作与协作，但本质上，德国"雇佣系统"与日本职能制"雇佣系统"在人力资本投资保障机制上完全不同。

在日本企业内部，通过员工不断轮换工作，使其技能范围倾向于宽泛且具有企业专用性的特点，并在企业内部执行晋升、培训等一切活动，这形成了日本职能制度的"雇佣系统"。而在德国，存在着特殊机构为员工们在特定领域中形成的专业化技能颁发职业、技能资格证书，并且各企业共同认同这些职业资格证书。因此，在职务确定之前已经完成了员工能力的评价，明确了工资分配额度。这样，就通过职业、技能资格证书的认证体系保护人力资本投资，在市场中使人力资本专用性投资与通用性技能投资获得一样的收益。并且，德国企业通过加深个人对其参与的工序过程的理解促进了个人与集体协调解决问题的能力，使德国企业员工重视企业员工之间的内部协调问题。一项关于德国和法国企业对比调查的权威分析显示，经资格审定的德国技术工人实际可从事企业的多项工作任务。该分析还指出："工头、技术师、工程师以及经理人员都是从技术工人干起。这种社会化体制建立了一个广泛的职业社会，促进了企业层级制下不同职位的雇员之间的沟通与合作。"[①] 而且，为了对付来自日本企业的竞争威胁，德国企业近年来大大减少了职业类别的数目，车间内工种边界的重叠也得到加强，以增强不同工种的工人的协调和沟通水平。

德国已经摆脱了美国职务制企业内部设立的缺乏灵活性的问题，一位敏锐的学者对这种情况作了如下的概括："在 20 世纪 80 年代晚期，德国的职业结构和工作组织已经开始告别泰勒主义、迅速向德国早期偏离泰勒基本模型所预示的方向靠拢。……通过技能重叠、技能组合的水平和垂直一体化实现灵活性；通过扩

---

① Maurice, M., F. Sillier, and J – J. Silvesre（1986）. The Social Foundations of Industrial Power：A Comparison on France and Germany, translated by A. Goldhammer. Cambridge, MA：MIT Press. P. 93.

充职业内容重新将理念和实施一体化，并在此基础上引入'团队工作'。在广泛范围内受训的工人被赋予更广泛的职责，以降低经理人员的监管和组织压力。"①

市场技能资格认证是德国典型的劳动市场型"雇佣系统"的基本特点。制度化的人力资本专用性保护手段，超越了企业的境界，形成德国特色的"雇佣系统"，保证人力资本投资并通过市场调节作用保持了德国企业的效率性因素。不过，这种制度化职业训练系统也存在一定问题，如"初始工作能力（技能资格）"问题，特别是那些长期失业者、低学历的青年者、移民工人等的初始技能资格已经成为德国的社会问题。有学者研究表明，德国劳动力市场中存在着大量的弱势群体，如无技术人员、年龄较大人员、残疾人等。劳动力市场岗位不足、自身技能低以及就业歧视等因素导致这部分群体很难就业。② 如果缺乏初始技能资格，搜寻工作或在不同企业中移动都将受到妨碍。因此，德国政府采取诸如拓展就业领域、开发就业岗位、进行职业培训和就业指导、反就业歧视等政策来促进这部分群体就业。

如图 4.5 所示，日本、美国两国在积极的雇佣对策的费用支出相对较低，而在欧洲国家，劳动关系中的宏观政策支出很高，它们往往投入大量积极的雇佣对策费用支出。这种做法是提供给弱势群体机会公平的一种体现，是对于职业训练制度中的一种社会稳定意义上的补充。

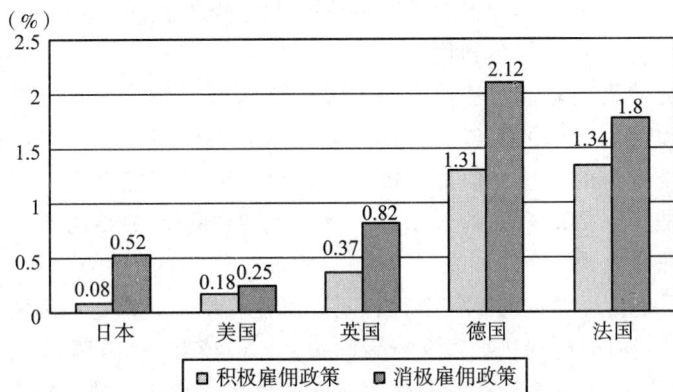

图 4.5　政府在雇佣政策投资占 GDP 的比重（1999 年）

积极雇佣政策：公共事业介绍，教育再培训，年轻劳动力政策，残障人保护政策；消极雇佣政策：失业救济金，提前退休金

资料来源：OECD, Employment Outlook（1999）

---

① Streeck. W.（1996）. "Lean Production in the German Automobile Industry: A Test Case for Convergent Theory." in B. Berger and R. Dore. eds. National Diversity and Global Capitalism: 138 - 170. Ithaca: Cornell University Press. P. 161.

② 柳清瑞与迪特尔·博加. 德国劳动力市场中的弱势群体：现状与政策 [J]. 德国研究, 2009（3）: 34 - 38.

下文我们从机会主义行为的控制与合同灵活性两个维度，描述合同明确程度而引起企业收益的变化，总结上面各种"雇佣规则"的特点。

第三节　劳动合同不完全程度与效率的关系

一、劳动合同的不完全性

现实生活中存在着大量没有详细而精确地描述与交易有关的各种可能性以及相应的权利义务安排的合同，它们对有些问题只有一些模糊规定或者根本就没有规定，也就是说总包含着遗漏条款。制定合同的不完全直接导致了合同履行的困难，这就是不完全合同。

不完全合同中，适度的灵活性给双方的深入合作和商谈留下了空间，为实现利益最大化保留了可能性。不过，正是由于合同的不完全性，当事人很难得到法律仲裁机构的保护，这给机会主义行为带来了可能。克莱因和阿尔钦等人提出，当交易者进行企业专用性投资时会产生潜在的"敲竹杠"（hold-up）问题。他们认为，当规定双方关系的合同在分配专用性投资所产生的准租金方面不完全时，交易一方可能会利用另一方已经做出专用性投资的事实，榨取这部分专用性投资的租金。通过法律干预不完全合同所花费的成本可能很高。如果法律过分干预劳动合同的实施，将使劳动合同失去效率。法律只是限制企业管理者机会主义行为的方法，但并非唯一。法律上要求明确合同，要求规定全部内容本身就是否定劳动合同的效率性，并不能解决劳动关系的不和谐现象，认识到这一点非常关键。

劳动合同是一种典型的不完全性合同。以往很多学者都将研究重点放在如何防范不完全合同所引起的机会主义行为问题上，但还有一个问题一直被人们所忽视，这就是合同的不完全性程度与效率之间的关系。将合同的不完全设定在哪里才能更好地发挥企业效率，直接关系到合同设定的有效性，本书试图通过劳动合同效率模型解释这个问题。

二、劳动合同的效率

上文区别了企业中"创造"的劳动合同（"雇佣合同"）与市场中"购买"的"即时合同"的差别，分析了劳动合同是企业保持市场竞争优势的一个重要原因。正如威廉姆森指出的，企业是一种可以被描述为合作的机制，可以提供低能激励和范围较大的行政管理与控制，并且还可以具有部分自我解决争议的机制。不过，在这种低能激励下，如果存在解决争议的模糊性，反而造成了机会主义行为的可能性。因此，企业内部需要调整合同的明确程度，以适合自己的"雇佣系统"并能够限制机会主义行为。

单纯的职务工资制度虽然明确了任务的报酬，但这种工资制度缺乏灵活的激励弹性"范围"的部分。而绩效制度通过市场"强激励"方式加强了职务制的灵活性，通过市场"强激励"原则，保留一定调整弹性，更好地阻止了劳动合同不明确引起的机会主义行为。可以说，绩效制度是在职务工资制度基础上建立的保留有弹性部分的"雇佣系统"，其弹性部分参照绩效水平来确定工资浮动程度。然而，绩效工资制度只是职务工资制度的灵活性调整，不能保障人力资本专用性投资不受到机会主义行为的侵害。在职务工资制度"雇佣系统"的企业内部往往会出现一些对人力资本专用性投资保障制度的安排，进而保障企业与社会的整体效率。

德国的工种制度是在职务岗位及其任务确定之前，依照能力资格证明来确定工资浮动程度。通过市场中的技能资格认证，保障"人力资本专用性"投资，防止管理者可能出现的机会主义行为。在德国工种制度企业中，也存在着如美国"先任权"制度以保障企业长期雇佣的员工（保障人力资本专用性）的情况。另外，工种制度也为企业内部加强了协作程度，这种内部保障基于一种谈判力基础上。根据存在两个方面的谈判主体，讨论职务和工作的评价因素来决定工资的多少，确立职务和工作分配等规则。这个问题在第五章论述。

与之相对，日本的职能工资制度在外部市场几乎没有任何的调节弹性，而只在企业内部调整任务安排的灵活性，它更加强调企业内部员工之间的协作。特别是 20 世纪七八十年代，日本企业很少以市场"强激励"的绩效完成程度来评价员工的工资多少。在这种"弱激励"条件下，员工们强调相互之间的协作，并不像欧美企业那样员工之间强调相互竞争。但由于缺乏市场竞争的压力，这种内部调节机制可能引起较大的机会主义行为，也可能失去效率性原则。所以，日本企业为灵活性创造了很大空间，同时也为机会主义行为留下了空间。上文分析过日本的职能评价体系是一种长期的结果以保障效率性原则。企业采用长期性评价职能的方法也创造了很大的不确定性，为双方的机会主义行为留下了一定的空间。机会主义行为的控制就需要其他方式。日本的市场流动性较差，企业与工人形成良好的"隐性关系"。这种"隐性关系"促使员工"非理性"思维，以忠诚、诚信、公平的态度降低自身的机会主义行为。

例：

超出经济学理性范围的日本企业中劳动关系的效率

不满足效率的制度条件是不可能长期存续的。至少第二次世界大战后至 20 世纪 90 年代之前的日本职能制工资制度所形成"雇佣系统"是符合效率条件的。从效率角度来看，职务资格制度（按职务付的工资）与工薪规则分离，从而促进大范围技能形成以及企业职务编成的灵活性，这都是满足效率性条件的。但是，这种系统制度与能力评价的困难性有碰撞，职务能力定义的抽象性引起能力评价的主观性与机会主义，这将破坏规则履行可能性的条件。所以，为了避免出现这种现象，把"能力"评价改为"达成度"评价，并通过长期的经验观察评价这种能力的程度。另外，通过员工能力实现了企业的效率性的预期时，企业也需要对员工的能力作出相应的评价和补偿。其结果是被人们广泛认同的"对工龄的评价"倾向变强了。

有日本学者指出，虽然一些中小型企业所需要的是通用性技能（电焊工作为例），日本员工也更倾向于得到资格认证书等，但日本企业员工得到这种资格证书之后，立刻转向其他更好待遇的工作的现象并不多。因为，这种资格认证的获得一般并非出于技能差别证明以有助于员工在劳动力市场的流动性，而可能部分原因是出于员工个人的满意度或荣耀，更主要的是出于日本员工的"质量意识"（quality-consciousness）——更好的质量可为企业赢得更多的顾客。这种意识往往被称为"忠诚承诺"（loyal commit-ment）。当然这种"忠诚的建立"是因为雇主总是怀疑那些一开始工作就试图离开工作的人。① 从上面的分析来看，日本企业近于封闭式的管理本身就限制了员工一旦培训之后立刻"跳槽"的机会主义行为，通过这种方式消除了交易中的不信任，并且通过支付未来的较高收入（年功序列），增加所谓企业的"忠诚承诺"，即在市场流动性比较差的情况下，使员工与企业的利益紧密绑定在一起，形成特殊的企业"隐性关系"。这种"隐性关系"增强了员工的责任感，限制自身因劳动合同不完全性特征而可能引起的机会主义行为。

不过，日本企业为了维持企业内部交易的信任，牺牲了市场资源配置的作用，完全采用工龄的评价，只是在企业内部处理，很少与外部市场接轨，采纳个人业绩的评价几乎很少，可以说鼓励员工努力实现明确的业务也不多。员工预期到无论自己努力与否，将来的工资都会同样提高（年功），这使他们缺乏一种市场竞争的压力，可能导致员工出现低效率工作的机会主义行为。另外，日本经济的长期不景气降低了员工对未来高收入的信心。这些都降低了日本企业"隐性关系"产生的责任感，难以限制机会主义行为，在满足日本中老年一代期望的职能制度的同时可能抑制了年轻一代的期待值，进而损害了企业的效率性的条件。

从 2001 年至今，日本的"雇佣系统"如何克服"论资排辈"，如何有效地限制员工的机会主义行为，且保持长期性"雇佣"等制度设计问题成了日本企业改革的重点。日

---

① Ronald Dore and Mari Sako. *How the Japanese Learn to Work* (2rd.). New York：Routledge. pp. 134 – 135.

本"雇佣系统"也在逐渐导入适合日本自己特点（"雇佣"长期性、内部强调协作性）的绩效工资制度。在明确任务防止员工"论资排辈"以及低效率工作等机会主义行为的同时，维持劳动合同长期性、发挥协作功能是当前日本学术界研究的一个主要课题。

图4.6左边是完全明确化的"即时合同"，并可以预测出未来合作过程中的一切可能性。在这种情况下，由于完全契约的规定把机会主义行为可能性的空间压缩成零，人们只有按照合同的规定行动。在实际中，职务制度（或绩效制度）就是接近"完全合同"制度的体现形式，与亚当·斯密所提倡的"分工细化"、泰勒科学管理理念所产生的效果一致，通过市场竞争推动企业内部竞争机制效率。而图4.6右边则是强调企业内部人与人之间协作，因此，他们不能将所有的任务完全写进"雇佣合同"之内，往往通过人与人之间的合作关系推进企业效率。

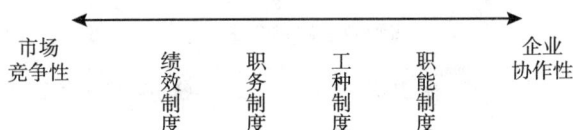

市场　　　　绩　　职　　工　　职　　企业
竞争性　　　效　　务　　种　　能　　协作性
　　　　　　制　　制　　制　　制
　　　　　　度　　度　　度　　度

图 4.6　四种制度的竞争性与协作性比较

目前，虽然我国也强调市场作用，但却很难形成如德国那样的广泛的认证机制系统以适应各种企业的需求。所以，我国目前的"雇佣系统"与美国的职务、绩效工资制度更加接近，是职务制与绩效制度的中间部分。不过，上文曾指出，职务制度、绩效制度都通过明确的规定，并存在强有力的法律保障机制强制合同的执行，限制了管理者的机会主义行为。而且，美国的劳动力市场信息获得的成本较低，寻找另一份工作的成本不是很高，也就降低了雇主机会主义行为的可能性。今后，我国在完善市场价格机制问题上下功夫。

三、劳动合同效率模型的二维度

（一）劳动合同效率模型的二维度

我们以"控制机会主义行为"以及"职务安排灵活性"两个维度评价劳动合同（"雇佣合同"）的效率。职务工资制度要求对职务、任务、员工责任有着明确的制度规定，"雇佣"双方在合同实施中的机会主义行为可能性较小，如图4.7所示。不过，这种安排使企业内部工作（任务）缺乏调节的弹性，同时也将降低员工之间协作的意图，如图4.8所示。这两个维度的划分与管理学大师麦格雷戈的论述中 X 理论与 Y 理论的分类方法相类似，① 不过本书并没有像麦格雷戈那样过分强调 Y 理论的作用，而是将两个维度放入劳动合同模型中，通过任务明确程度来引起企业收益变化的角度，更客观考察其作用。

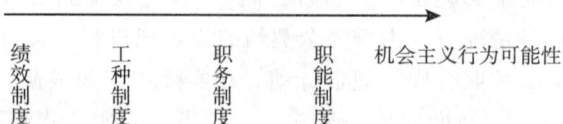

绩效制度　　工种制度　　职务制度　　职能制度　　机会主义行为可能性

图4.7　四种制度的机会主义行为可能性

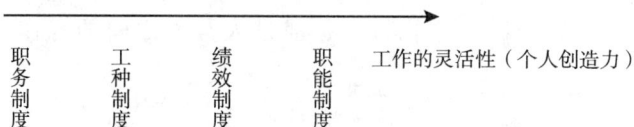

职务制度　　工种制度　　绩效制度　　职能制度　　工作的灵活性（个人创造力）

图4.8　四种制度的机会主义行为可能性

（二）"雇佣合同"效率模型的管理学解释

我们将从管理学争论已久的泰勒所开创的科学管理以及其他管理学理论来解释上述"雇佣合同"效率的两个维度。

1. 科学管理与机会主义行为的控制

19 世纪末到 20 世纪初是美国大工业生产兴起并普及的时代。由于大规模生产的不断扩张和内部的不断分工，传统上依靠经验、依靠师傅带徒弟进行工业生产和技术改进已经不能适应时代的需要，工人生产率相对较低。詹姆斯·西伊认为低生产率的原因在于员工偷懒或者对产量有意地限制。他认为，工人们往往以冲刺的速度干活，但当监工不在场时则松懈下来，不尽最大努力工作。② 泰勒与上述观点相同，他认为，工人偷懒、员工的"本性磨洋工（natural soldiering）"等机会主义行为是"一种自然的本能和人们倾向于松懈的趋势"，这是工业生产效率低下的主要原因。

泰勒认为，管理只是一味地推动工人提高产量，却对工人一天的恰当工作量没有客观的尺度。他决定发明一种科学的办法，以解决这个问题。他把自己的这种构思描述成"把一种粗糙的艺术形式转变成一种精确的知识实体"的过程。他写到："所有的日常活动中，不注意效率的行为都在使整个国家资源遭受巨大损失，而补救效能的办法在于科学的管理。"

① 麦格雷戈. 企业的人性方面 ［M］. 北京：机械工业出版社，2007.
② 丹尼尔·雷恩. 管理思想史 ［M］. 北京：中国人民大学出版社，2009：120 – 121.

泰勒通过动作研究、挑选和培训工人、实施工厂管理和差别计件工资制等方法，成功地解决了上述问题。泰勒把工作中的每一个活动分解成不能再细分的动作单位，判断工人的工作能力，通过将两者紧密结合来实现更高的效率，然后重新设计工作方法以最大限度地利用技术工人的技术。我们可以将科学管理视为一种生产过程的标准化，加强管理控制因素，降低员工机会主义行为可能性，即明确工作任务所有内容，近似于"完全合同"。而作业标准化、制度化正是提高管理效能、谋求最高生产效率的关键。主要体现在三个方面：第一，通过长时间研究发现作业的规律，找到最有效的作业方法，将最快的动作和最佳的工具定义为长期不变的标准，直到有一系列更快、更佳的动作取代它，即时间和动作研究；第二，为特定的作业选择和改造工具；第三，通过对工人的选择和培训将最佳的标准和规范固化并运用到工人的日常作业中，使工人掌握前辈们知识的结晶，接受标准的工具和方法，并有机会和更多的时间站在巨人肩膀上向前看，发明更好的方法。这种标准化的实质在于限制了因为雇佣规则上的模糊不清所引发的机会主义行为。①

科学管理的产生是管理从经验走向科学的标志，不仅冲破了百多年来沿袭下来的传统的、落后的经验管理方法，而且也是许多管理思想的奠基。著名管理学家厄威克说："目前所谓现代管理方法，如果不说是绝大多数，至少有许多可以追溯到泰勒及其追随者半个世纪以前提出的思想。这些管理方法虽然已改进和发展得几乎同原来面目全非了，但其核心思想通常可以在泰勒的著作和实践中找到。"德鲁克也在其经典著作中说，正是由于泰勒对工作的科学研究，才使得生产效率成倍提高，才导致了现代管理学的产生。② 泰勒科学管理原理的地位和历史作用不容忽视。

不过，也有人对泰勒的科学管理学提出质疑，认为泰勒的科学管理制度是一种"血汗工资制度"，只将工人视为会说话的机器，而泰勒制则成为资本家最大限度压榨工人血汗的手段，其所用的标准作业方法、作业时间和工作量使大多数工人无法坚持和胜任，所谓科学管理实际上就是高压管理。同时还认为，泰勒把人看作纯粹的经济人，忽视了成员之间的交往以及工人的感情、态度等社会因素对生产效率的影响等。弗里德曼（Friedmann）批评泰勒对工作的概念定义过于狭窄。他写到："时间研究，把人类劳动与无生命的机械运转混为一谈；忽视有机生命——人的身体和思维功能，忽视人类自己的需求；刺激和奖励努力的过程；工作指导的地点；通过产量来选择工人以及最终把普遍的经验上升为'法则'等，所有这一切都出自一个'伟大'的技术工人、一个只知道工程的'井

---

① 王兆山，王怡. 对泰勒科学管理原理的再认识 [J]. 现代商业，2008：06.
② ［美］彼得·W·德鲁克. 管理的实践 [M]. 北京：机械工业出版社，2006：209－213.

底之蛙'的所谓创造。"这些批评很多是因为他们不理解泰勒思想的哲学部分，另外一些效率专家只借用泰勒的管理技巧却忽视泰勒的其他理念从而造成了不良的后果。不过，泰勒的科学管理的确存在企业管理理论不完整的问题，本书从灵活性维度解释了泰勒科学管理的机会主义行为控制维度的不足，说明机会主义行为的控制并非是影响企业效率的唯一维度。

2. 劳动合同的灵活性维度

（1）人际关系学派。

运用泰勒的科学管理原理来解决劳动关系问题的结果令人失望。1909 年，威特吐温兵工厂引入泰勒制，1911 年爆发工人大罢工。劳方认为，效率的提高并没有给工人带来实际的好处；相反，导致收入差异上的不公正以及管理制度上的专制，把工人当作机器附属，无视人性。尽管 1915 年泰勒去世以后，他的追随者为了改善与劳动者的关系，重新设计了工会的角色，但至今为止，依然有学者称泰勒为"工人的敌人"[①]。

其实，在企业组织中，不仅存在着劳资双方之间的不同利益，而且还存在着更广泛的不同利益相关者。在企业这个机制下，协调不同利益相关者，促使其放弃一部分个人目标，使个人目标与企业目标达到和谐的统一，并保持利益相关者之间的利益均衡，维持企业内的合作关系，谋求长期的稳定和发展，这个问题很关键，单纯在技术层面上，如泰勒的科学管理一样是不可能完全解决劳动关系问题。西蒙对于管理科学发展的片面性给予了中肯的评价，管理科学同任何一门科学一样，只关心事实论述，没有道德论断的立足之地。[②] 如果说有价值判断的话，管理科学与新古典经济学的假设一样，企业除利润最大化的目标以外别无其他。

1927～1932 年，以梅奥（George Mayo）和罗特利斯伯格（Fritz Roethlisberger）为代表，在芝加哥附近的霍桑工厂对工人的行为同工作效果的关系进行实验研究，得到结论认为，生产不仅受物理的、生理的因素影响，而且受社会环境、社会心理的影响。这对于泰勒的科学管理只重视物质条件，忽视社会环境影响工人提高工作的观点来说是一个重大转变。霍桑试验的初衷是想弄清楚改善作业条件、导入福利制度以及降低疲劳等方式对提高工人满意度和工作效率的意义，结果并没有获得预期的证据，也不能证明以往科学管理理论的有效性。

梅奥等认为企业的职工是"社会人"。从亚当·斯密一直到新古典经济学派，都是把人看作所谓的"经济人"，是仅仅为了追求最大的经济利益而进行活动的。霍桑试验表明，实际情况并非如此。工作的物质条件的改变，并不是劳动生产率

① 沃纳. 管理思想全书［M］. 北京：人民邮电出版社，2009：630.

② ［美］西蒙. 管理行为［M］. 北京：机械工业出版社，2006：312－313.

提高或降低的决定性原因，甚至计件制的刺激工资制对于产量的影响也不及生产集体所形成的一种自然力量强。

梅奥等人衡量管理者的领导能力的一个重要因素在于是否提高职工的满足度，认为不能靠大量的民主、工会或是工业民主，而是要依靠受过良好训练的管理精英，由他们来发展促进社会合作的技术与途径。梅奥指出，企业中管理人员的新领导能力在于，要同时具有技术—经济的技能和人际关系的技能。满足效率逻辑的能力同满足工人非逻辑感情的能力是不同的。要对各级管理人员进行训练，使他们学会了解人们逻辑的行为和非逻辑的行为，学会通过同工人交谈来了解其感情的技巧，并提高在正式组织的经济需求和非正式组织的社会需求之间保持平衡的能力。梅奥在《工业文明中的社会问题》一书中进一步阐明了这种观点："真正威胁文明的并不是原子弹，而是企业和政治领导者缺乏管理人际关系的技能。"① 总之，梅奥强调管理者必须考虑工作场所的人性维度和社会维度，而不能只沉迷于对组织技术工作的控制。这为劳动合同灵活性的需求提供了支持的观点。

例：

富士康员工跳楼事件

2010年的富士康连环跳楼事件轰动全国。一名幸存者公开了她在富士康的工作经历。3月17日，她从龙华厂的宿舍四楼跳了下来。虽然上帝让她奇迹般地活了过来，但是诊断书里留下了"半身瘫痪"的字眼。她表述自己选择轻生之路的理由是因为工作压力大，工作并不能激发她的兴趣。

富士康所采用的泰勒制和福特制管理方式将工业的流程尽可能简化，变成工人们不需要专门知识和训练便能进行的标准化操作。工人们在工作中只需要扮演不需要思考的零件，机械地重复几个简单的操作。"工作枯燥"、"单调"、"无聊"是工人们经常用来描述工作的词汇，反映出他们已遭到严重异化的生活状态。"很没意思"就是她在令人窒息的流水线上一点点被抽空灵魂的真实表现。在这里，她只是创造利润的工具，这致使她迷茫、不安、无助，感到无人关心。

富士康迫于社会舆论的压力，开通了关爱热线，甚至耗费千万元举行"珍爱生命、关爱家人"的"誓师大会"。在媒体上看到的富士康，似乎是不惜花重金为员工创造温暖的美好形象，然而，类似于富士康公司单纯利用泰勒制的科学管理模式限制员工机会主义行为的完全明确化的工作安排，忽视对员工人性最基本关照，只能极端地以牺牲员工为代价换取劳动合同的短期效率，并不能以合作姿态保证劳动合同发挥出真正的效率。

① 沃纳. 管理思想全书［M］. 北京：人民邮电出版社，2009：425.

　　管理学大师戴明（Deming Edwards）的全面质量管理（TQM）理论发扬了人际关系学派的理念。全面质量管理是对将情感和手工劳动分离开的泰勒主义的一种革命性发展，它强调员工参与、团队合作，并且为工人提供良好的工具来完成任务。戴明所诠释的这种人性化和管理层与工人间的协作关系建立于一种高度的自信和互惠的基础之上。其中最著名的"14条"原则中，以下几条非常重要："（1）建立一个长期目标"；"（6）要进行有效的岗位培训"；"（10）减少喊口号、下指标、误导等管理手段"；"（11）减少工厂层面的工时定额以及按目标进行管理的频率"；"（12a）消除对钟点工人的不公待遇，使他们为自己感到自豪"；"（12b）消除管理和工程技术方面给工人带来的影响，使他们为自己感到自豪"；"（13）有一个严格而有效的教育和自我提高计划"以及"（14）推动全体员工都来参加经营管理的改革"，这些条款都强调劳动合同灵活性，加强员工协作方面。不过，20世纪80年代末到90年代初，出现了一些质疑戴明的全面质量管理的学者，他们甚至认为，全面质量管理经常和工作白热化、不断加强个人行为监管联系到一起，不过是一种人性化的、理想的假象而已。[①] 反而是知识社会发展因素决定了劳动合同效率性因素必须包含职务安排灵活性内容。

　　（2）知识型员工与劳动合同灵活性。

　　如上文所述，劳动合同灵活性的一个原因是来自人性关怀角度。而另一个更重要的因素则是与市场信息化、知识型员工的需求有关。德鲁克在谈企业竞争优势的来源时写到，企业的成功和生存越来越多地依赖于知识工作者的表现。从统计学角度分析，一个组织聘用到的高于平均水平的人才其实为数很少，因此在知识经济或知识社会中取胜的唯一方法就是向普通人要效益，提高知识工作者的生产力。这里的挑战在于：如何让普通人创造出奇迹。[②] 德鲁克对比了知识性员工与泰勒科学管理式员工的区别，他认为：对于传统的员工，提高生产力的方法是系统知识，例如泰勒的"最佳工作法"、福特的装配线、戴明的全面质量管理。在这些系统中已经嵌入了知识。系统之所以能够提高生产力是因为即使缺乏知识或技能，员工仍然可以在系统的引导下做好工作。德鲁克认为知识性员工最重要的是他们拥有的资本生产力，而不是资本的成本，也不是资本的投入量有多大。[③]

　　这就是"向普通人要效益，提高知识工作者的生产力"以及"知识工作者的资本生产力"。从另外一个角度来看，必须给予员工在工作岗位中保留一定程度的弹性。德鲁克在《卓有成效的管理者》一书中，总结了企业有效性的五个原则，其中第四条原则（"对于上级指示要创造性地执行"）就很好地反映了企业从自身效率对劳动合同灵活性的需求。如果合同将一切条款都详细、明确地规定

　　① 　沃纳. 管理思想全书［M］. 北京：人民邮电出版社，2009：143.

　　② 　［美］彼得·德鲁克. 经典德鲁克［M］. 海南：海南出版社，2008：60 - 61.

　　③ 　［美］彼得·德鲁克. 经典德鲁克［M］. 海南：海南出版社，2008：61.

出来，那就可以按照任务条款办事，但同时抑制了人的创造能力，不能再给企业带来"资本生产力"。因此，"资本生产力"的创造与"雇佣合同"中的弹性是密不可分的。"即时合同"中无法明确规定这种"资本生产力"，自然也不可能留给企业"创新"的空间。"雇佣合同"中隐性长期关系将会稳定、激励知识工作者发挥他们的"资本生产力"，而这是企业组织不断创新，产生新的"资本生产力"重要因素。

（3）不完全合同理论与劳动合同灵活性。

施瓦茨认为，合同的不完全性大致有四个方面的原因："第一，有时因为语句是模棱两可或不清晰而可能造成契约的模棱两可或不清晰；第二，由于契约方的疏忽未就有关的事宜订立相应条款；第三，因为契约方订立一个条款以解决一特定的事宜的成本超出了其收益而造成一个契约是不完全的，成本中包括信息处理成本，因此第三条原因包括了由于有限的理性而出现的不完全性；第四，一个契约可能由于不对称信息而是不完全的。"①

由于未来的不确定性以及人的有限理性，人们很难在事前对劳动过程中的一切事项规定清楚。即使是对所预见到的可能性状态，由于语言、文字表达和事物之间的对立，也很难用恰当的条款对各种情况发生时所必需的权利义务作出适当安排。与泰勒同时代的另一位管理学大师法约尔（Henri Foyol）提出的14条管理原则中，第一条就修正了泰勒的"科学管理"片面强调机会主义行为控制的思想。法约尔相信劳动分工的效力，但是主张对那些损害利益的过度分工加以限制。在明确合同过程中必然要带来成本的增加，特别是明确那些较复杂的任务的成本非常之高。② 劳动合同的不完全性特征从一个侧面说明了劳动合同灵活性条件的客观原因。

四、劳动合同效率模型

我们将上述两个维度与企业收益联系到一起，来表述劳动合同不完全程度与效率之间关系，进而构造劳动合同效率模型。如图4.9所示，横坐标是合同的明确性程度，定义域 [0，1]，0是合同完全不明确状态，管理者对任务没有任何说明或解释，也不控制员工的机会主义行为，因此，企业收益很低；1是合同完全明确状态，更准确地说是一种"完全合同"。纵坐标是企业收益大小。

①　[瑞] 拉斯·沃因，汉斯·韦坎德编 . 契约经济学 [M]. 北京：经济科学出版社，1999：102.

②　产生这种想法的原因与法约尔最初管理矿业企业的性质有关。矿物企业不同于一般制造业，它的任务有着很强的复杂性，需要清楚各种物理的、地质的、人力的偶然因素等。这种直观上的认识使得法约尔超越泰勒的"科学管理"。

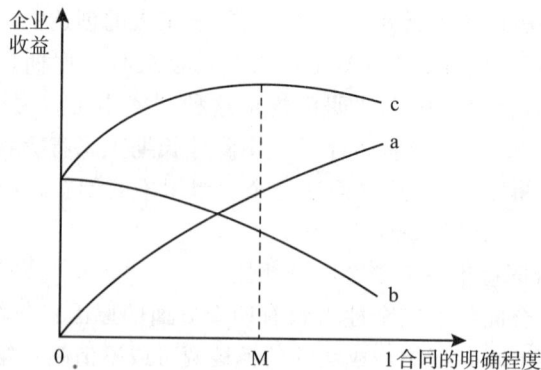

图 4.9　劳动合同效率模型

　　曲线 a 反映了对上文所述的机会主义行为的控制，类似于泰勒科学管理以及福特的流水线作业制度，反映了合同（任务）的明确程度控制了员工机会主义行为，并提高了企业收益。它不仅仅是任务明确程度的细化，也包含了任务的标准甚至分配的控制含义。合同的明确程度越增大，企业收益越增加，限制机会主义行为越明显。不过，由机会主义行为控制产生边际收益是递减的（$a' > 0$，$a'' < 0$）。曲线 b 反映了上文所述的合同灵活性，上面三种原因解释了曲线 b 随着合同明确程度的增长使企业收益减少的情况。特别是合同具有的不完全性，在开始描述合同内容时成本不是很高，但由于规定未来时间所有事项的成本是巨大的，所以边际成本是递增的（收益曲线则是 $b' < 0$，$b'' < 0$）。曲线 c 是合同明确程度引起企业总收益的变化。可以看出，企业的收益开始随着合同明确程度变大而增加，过 M 点之后，随着合同明确程度变大，企业总收益变小，出现倒 "U" 形状。M 点对应了企业收益最大点，而 M 点就是劳动合同明确化程度的最佳设定点。

　　无论是 a 曲线还是 b 曲线的形状，都是一种科学分析结果，在一定程度上也都是也受到了领导艺术成分因素的影响。隐性关系、领导艺术、人际关系等因素可以改变 a 曲线或 b 曲线的初始值、斜率、曲率等变量，进而改变劳动合同效率的最佳点设定。劳动合同效率模型能够反映出管理艺术的真正科学基础。

第四节　劳动合同效率模型的应用

　　本节将说明劳动合同效率模型的一个应用，比较劳动关系与劳务派遣关系的合同明确程度以及企业收益的关系。首先介绍劳务派遣关系以及我国劳务派遣的现状。

一、我国的劳务派遣现状

劳务派遣是指劳务派遣单位与劳动者签订劳动合同、建立劳动关系并承担雇主责任，与用工单位签订劳务派遣协议，然后按照用工单位需求，将符合要求的劳动者外派到用工单位，并向用工单位收取相关费用的经营行为。

劳务派遣在我国的初始形式是以对海外和外商投资企业实行外派劳务的形式进行的，其规模较小。近年来，在政府劳动保障部门的支持和直接参与下，劳务派遣迅速发展，劳务派遣工的数量急剧增加。据统计，电信系统的电信、移动、网通、联通等四大集团共有职工 118.3 万人，其中劳务派遣工 48 万人，占职工总数的 40.5%。铁路系统职工总数为 240 万人，通过劳务派遣企业成建制输入的劳务员工 32 万人，占职工总数的 13.3%。邮政、金融、石化、建筑、电子、机械制造等效益比较好的国有大中型企业和运输、物流、餐饮旅游、物业等服务性行业劳务派遣用工数量也在迅速增长。①

作为一种新型的劳动用工形式，劳务派遣所具有的优势是显而易见的。现实中最接近本章第一节的讨论中"购买"的用工方法就是劳务派遣关系。劳务派遣是一种市场组织的治理方式，是针对不同人力资源特征采取不同的治理模式并有效地降低企业的交易成本、提高企业的灵活性以及效率的一种方式。从用工需求上看，它不仅降低了企业的生产成本和人事管理成本，有利于提高企业的经济效益和管理效率，而且使企业的用工制度更加灵活，企业可以根据生产需要随时增加或减少用工。如果管理者花太多的时间在人事处理方面，就必然会减少他们放在产品和服务、关注客户和市场、关注品质和分销等方面的时间。企业用人、专业机构管人的方式，免去了办理各种琐碎的人员聘用、统筹保险、工伤生育申报等各种人事、劳动手续，使租赁单位既节约了各种人员管理费用，也减轻了人事管理人员的负担，让人力资源工作者能空出时间做更重要的工作。而且，劳务派遣可以在企业需要用工时及时提供大量劳动力，当企业不需要时，企业也可以退回到派遣企业，不必继续雇用，有利于提高企业的用工灵活性。从长远看，发展劳务派遣有助于缓解我国长期以来劳动力就业结构扭曲的问题，促进农村劳动力向城镇和非农产业转移，促进劳动力资源的优化配置。

二、我国劳务派遣的问题

随着劳务派遣用工的迅速发展，各种劳务派遣组织不断涌现，劳务派遣过程

---

① 宋丰景. 专用性人力资源与劳务派遣 [J]. 北京社会科学，2005（1）：12 - 20.

中的各种问题也不断出现。首先，劳务派遣虽然可以使企业合理地规避劳资纠纷，却也成为某些用人单位逃避其作为用人单位应承担的相应责任的借口，其阻碍劳动者签订无固定期限劳动合同，以劳务派遣形式强迫职工置换身份。不仅如此，有些用人单位还与劳务派遣机构合谋共同侵害劳动者的合法权益。其次，由于缺乏宏观经济的规划和引导，劳务派遣呈现无序发展状态。这主要表现为劳务派遣机构良莠不齐。有关统计显示，目前全国公有制企业、事业、机关单位有劳务派遣工 2 500 万人左右，其中建筑系统使用各种形式的劳务派遣工就超过 1 000 万人。劳务派遣机构蜂拥出现，由于缺乏规范，导致这一行业良莠不齐。据报载，目前全国有劳务派遣公司不下 2.6 万个，而其中由劳动部门经办或审批的仅 1.8 万个。再次，劳务派遣只是短期的或临时的安排，劳动者就业缺乏稳定性，对劳动力市场的稳定具有负面影响；受派遣劳动者的合法权益容易受到侵害，其中比较突出的是"同工不同酬"现象——被派遣劳动者的薪酬明显低于用工单位的正式员工。最后，由于我国对劳务派遣机构的法律规范尚未建立，使劳务派遣机构侵犯被派遣人员权益的问题不断发生，表现在劳务派遣单位随意与被派遣劳动者解除劳动合同，并不支付经济补偿金；一些劳务派遣单位从被派遣劳动者工资中提取管理费，甚至克扣、拖欠工资现象也时有发生。

在社会各界的共同努力下，于 2007 年 6 月 29 日通过、自 2008 年 1 月 1 日起开始施行的《中华人民共和国劳动合同法》对劳务派遣作了专门的规定，明确了劳务派遣单位的设立门槛（第五十七条）；明确了用人单位和被派遣劳动者之间劳动派遣合同以及劳务派遣单位和用工单位之间劳务派遣协议的内容（第五十八条、第五十九条），尤其是劳务派遣单位必须和被派遣劳动者签订两年以上的固定期限合同；劳务派遣单位应当将劳务派遣协议的内容告知被派遣者（第六十条）；明确了派遣单位和用工单位之间的法定义务。2007 年 12 月，全国人大法工委又向劳动保障部给出答复，确定了劳务派遣用工形式的三原则：临时性、辅助性和替代性。辅助性是指可使用劳务派遣工的岗位须为企业非主营业务岗位；替代性是指正式员工临时离开无法工作时，才可由劳务派遣公司派遣一人临时替代；临时性是指劳务派遣期不得超过 6 个月，凡企业用工超过 6 个月的岗位须用本企业正式员工。①

随着劳务派遣的法规更加清晰化，劳务派遣的原来优势有所减弱，那么劳务派遣还可能存在下去吗？为回答这个问题，我们从效率模型重新分析一下劳动关系与劳动派遣效率关系的区别。

---

① 重逢. 国家对劳务派遣用工有明确限定［J］. 劳动保障世界，2008（2）：44.

三、劳动派遣合同效率模型

图 4.10 表示劳动派遣合同效率模型。与劳动关系合同效率模型（见图 4.9）对比，首先，曲线 a 没有任何变化，表示合同的明确程度限制员工机会主义行为，进而提高企业收益。曲线 b 的一阶导数没有变化，都是单调减函数，表明过分的合同明确程度给予企业带来很高的制度设定成本，并且造成了企业用工缺乏灵活性进而影响企业竞争优势。但注意，劳动派遣合同与劳动合同相比，曲线 b 的二阶导数（曲率）发生变化。虽然合同的不完全性造成的成本没有变化，知识型员工等原因使劳动合同中的曲线 b 更加陡，也就是说，在劳动合同的灵活性维度中，随着合同明确程度的增加将使企业收益更大幅度地减少。

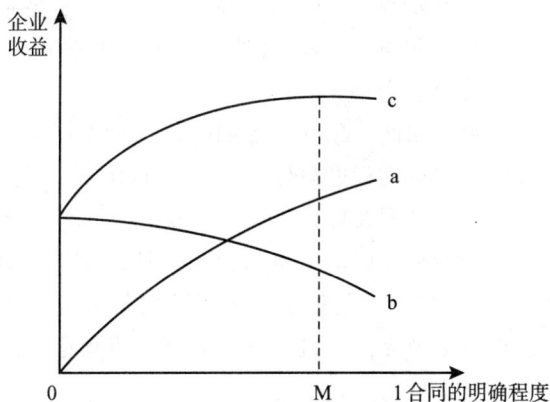

图 4.10　劳动派遣合同效率模型

曲线 b 曲率的变化直接影响合同的明确程度，影响企业总收益（曲线 c）的变化。相比劳动合同效率模型中的企业收益，劳动派遣效率模型的最大收益更加偏向右边，最佳合同明确程度较接近 1（完全明确）。所以，随着合同明确程度的提高，劳动派遣合同比劳动合同将产生更大的企业收益。这是因为，生产过程中企业所需要的知识已经在生产过程系统之中，劳动派遣关系只是在市场中"购买"企业所需要的技能应用在企业生产过程之中。而劳动关系需要企业长期合作，通过企业内部培训发掘员工的潜在能力，"制造"企业需要的技能，因此，劳动关系合同的最优明确程度点要小于劳动派遣合同（劳动合同最优明确程度点在偏左边的位置）。

因此，有关的劳动派遣关系法律法规的标准化、强调劳动派遣合同更加明确化，不但不会减弱劳动派遣的效率，反而提高了劳动派遣合同的效率与企业收益，良好地限制了管理者的机会主义行为，将改善我国出现的一些劳动关系以及劳动派遣关系中用工不和谐的现象，提高社会整体的效率与公平性。

不考虑劳动派遣与劳动关系的特征，强制要求"同工同酬"的提法是难以理解的。2009 年 10 月，人保部透露将出台工资支付条例。该条例将解决两方面问题：一是包括劳务派遣工在内，只要工作的岗位、职级、内容相同，应做到"同工同酬"——不仅工资待遇相同，社保、福利等也应一视同仁。人保部的这一做法与《劳动法》的第四十六条规定所表述内容相一致。

两个员工提供相同的劳动量，由于技能能力差别，可能会产生不一样的绩效成果。正是认识到员工存在着差距，才促进人力资源管理的产生及发展，它更公平、更准确地评价每个员工的工作效果并给予相应合理的报酬。劳动关系合同本身包括了未来创造的可能性，劳动合同增长的灵活性不能将所有的事项规定出来，即使假定劳动派遣的劳动者与劳动关系的员工的生产效率是一样的，企业还要支付劳动关系的员工未来创造、提高系统知识含量的准租金，可以视为一种企业"创造"专用性投资所支付的成本。通过法律解决派遣关系与劳动关系"同工不同酬"现象，将会使劳动合同失去一部分优势。

因此，这种劳动关系不和谐现象并不能归结于"同工同酬"的解释，而是与我国企业对人力资源管理的重视程度只停留在口头上有关。我国很多企业并没有真正建立起科学的人力资源管理及评价体系，往往还只是管理者说了算。是否公平地对待每位员工，是否能够按照员工贡献分配，是否使员工能够公正的分享到企业所创造的租金（企业剩余），包括是否公平地对待派遣劳动者等人力资源管理的工作成果的信息在市场中无法体现。人们只能在市场中看到工资（价格）是多少，无法看到包含价格质量的上述信息。

第五节　自我履约的天真性

我们从劳动合同不完全程度与企业效率之间关系的视角回到劳动关系的分配问题上。我们曾分析过，劳动关系（分配）问题的核心在于如何限制企业权威的能力，然而，如何限制企业权威的能力并非一件容易的事情。

美国人力资源管理学者设计了一些企业制度方案限定企业权威的能力，使人力资源管理的作用从一种有着艺术色彩的主观的评价向相对更科学、更为客观的评价制度转变。比如，美国一些企业中采用关键事件记录的方法，而不是单纯依靠评价者的记忆，评价者可以通过在绩效评价周期内对员工的优良绩效和不良绩效的记录，来减少在评价过程中可能出现的各种问题所产生的负面影响。① 另一些企业在绩效评价的结果最后生效之前，让雇员有机会对自己所得到的绩效评价结果进行审查，并且以书面或口头形式来发表自己对评价结果的意见。在企业中应当建立正式的申诉渠道，使雇员能够通过这一渠道来提出他们自己对于评价结果的申诉②。

　　类似于这种思想的做法都属于企业权威的"自我履约"方式。由于劳动合同是一种不完全合同，不可能完全依赖于法律保护，就可能出现当事人"敲竹杠"的威胁，这就需要如自我履约这类低成本的保证合作的机制。自我履约是指不依赖法院强制实施的成文的合同条款，依靠一种私人自我控制的机制，当观察到对方在违反合同条款主旨时，将选择中止合作，施加一种私人惩罚。这与法律强制实施方法不同。我国有学者认为："在现在社会以人为本的理念下，有效的人力资源管理可以化解劳动争议，是构建企业内部和谐劳动关系的重要途径。"③ 但是，这种管理学的认识天然假设企业权威不会出现机会主义行为，企业制度可以完美地被施行，企业权威没有能力违背"完善"规定的企业制度，并且通过自我履行合约或者人力资源管理的方法"公平"并且"公正"地分配企业租金。很显然，这些假设都是不现实的。另一方面，人力资本专用性投资等原因使个人惩罚的成本太高。虽然，在一定范围内企业权威自身严格要求自己的"自我履约"可以起到限制企业权威分配能力的作用，然而，"自我履约"承诺是缺乏保证的，单纯凭借"自我履约"的方式并不一定能保证合作的顺利进行。即使在相对完善的法律、市场系统的美国，上述企业"自我履约"也只是停留在绩效评价的层面而没有涉及剩余的分配问题，仍然很难完全保证促进劳动双方的合作关系，降低机会主义行为。而在我国，企业权威"自我履约"的有效性就更值得人们怀疑了，因此，依赖于管理者"自我履约"的有效性往往被人们夸大了。正如姚先国指出的那样："如果没有来自外部的有效约束，（利益最大化）这种逐利行为就会导致其往往会侵犯劳动者的正当权益。"④

① Juan Sanchez and Philip DeLaTorre. 1996. A Second Look at the Relationship between Rating and Behavioral Accuracy in Performance Appraisal. *Journal of Applied Psychology*. 81（No.1）. 3 – 10.
② 加里·德斯勒. 人力资源管理 [M]. 北京：中国人民大学出版社，2005：343.
③ 卢福财. 构建基于和谐劳动关系的我国人力资源管理新体系 [J]. 人力资源，2006（10）：28.
④ 姚先国. 民营经济发展与劳资关系调整 [J]. 浙江社会科学，2005（2）.

第五章　工会理论与集体谈判

管理学天然假设了管理者不会出现机会主义行为，可以公平、公正地对待、评价每位员工的贡献。然而，这种假设事实上是不成立的。特别是出现人力资本专用性投资时，管理者的口头承诺将更加缺少说服力。因此，企业内部出现了相应的机制安排用来限制管理者的权威以及机会主义行为。工会就是这种机制的最好的例子之一。

第一节　工会理论与人力资本专用性

一、工会的传统经济学理论

我国学者对当今中国工会问题的研究中，基本上把工会放在工人与国家之间，认为工会依附于党、国家，作为党和国家控制工人的工具，工会的自主性没有受到重视。他们还认为，只有工人团结起来才能有谈判能力，才有能力与管理者"平等"谈判。总结起来，大部分研究都是从政治、社会和法律等角度论述，虽然提供了一定有益的启发，但是这些学者的研究多数只停留在对工会的性质问题，很少从经济学的角度分析。事实上，即使在国外，关于工会的经济学分析相比激励理论的数量也并不是很多，经典理论分析就更是凤毛麟角了。

在传统经济学家眼中，尽管工会可以改善会员的福利，但总的来说工会对社会整体经济存在负的作用。在他们的若干观点中，主要可以概括以下几点。一种是说，在集体谈判的过程中，合同履行期内号召罢工，将会造成生产损失。由于工会有能力对资方施加成本压力，所以他们在谈判桌上常常能够迫使资方作出让步。工会对雇主造成的成本通常是以消极怠工和罢工的形式表现出来的。尽管罢工的发生频率不是很高，但是在西方发达国家私营企业的每一次集体谈判过程中，罢工威胁还是有很强的效果。然而，随着罢工的持续，业务丧失或者顾客不满上升的成本就会增加，与此同时，劳动者的收入也会受到损失。因此，希克斯强调说，罢工是一种不必要的浪费。另一种观点与此类似，在劳方和资方就一些限制性工作规则达成协议的情况下，通过限制替代的可能性或迫使企业使用多余投入，工会使产出降低到原本可达到的最高水平之下。还有一种观点说，工会不能使社会达到帕累托最优的状态。首先，工会通过将工会化部门的工资提高到非工会化部门之上的做法，在相同的劳动者之间制造出了工资水平（从而生产率）的差别。其次，水平较高且比较僵化的工资阻碍了在低工资岗位上工作的劳动者向高工资岗位的流动，结果导致社会的总产出低于其应当达到的水平。另外，如建立定员配额和其他限制性工作规则的合同条款，使企业无法按照最有效的方式使用资本和劳动，因而引起企业产出损失进而导致社会效率损失。从奥地利学派杰出思想家穆雷·罗斯巴德对工会的认识可以看出传统经济学者对工会的不满之情。罗斯巴德写到："工会的目标是取得限制主义的工资，若发生在局部，会造成生产的混乱，降低非工会成员的工资，导致失业；若发生在各个部门，会导致更大规模的生产混乱和永久性的大规模失业。执行限制性生产规则，不容许个体劳动者自愿地接受企业家在使用其财产时规定的工作规则进行生产，工会会降低总生产率，因此，降低所有人的生活水平。所以，政府对工会的任何鼓励，比如瓦格纳·塔夫特·哈特利法案（Wagner – Taft – Hartly Act），都会导致限制性工资制度，损害生产活动，出现广泛的失业。这种行为对就业的影响间接类似最低工资法，只是受影响的工人更少，这是强加了一种工会执行的最低工资。"[1] 像这种持有"工会降低总体社会效率"观点的学者在经济学界占绝大多数。

不过，在经济学界也存在一些认同工会作用的学者。美国经济学家萨尔·D·霍夫曼认为，将工会行为比拟为垄断并不恰当。与垄断不同，工会事实上没有任何东西可供出售，它只是集体谈判过程的参加者，通过集体谈判决定工资、工时等就业条件，并通过对完全竞争性劳动力市场的工会效应以及独买劳动力市场的工会效应的分析。霍夫曼得出以下结论：①在完全竞争性劳动力市场中，如果工会能够有效提高其成员的工资，它同时会对就业造成相反的作用。②在独买性劳动力市场中，工会至少能在某个工资范围内，既提高工资又增加就业。霍夫曼还认为，工资的增加不是工会谋求工资的结构，而是整个经济范围内生产率增长的结果。他并认为，通过经济计量可认证工会对生产率总的效应可能是正相关的。[2]伊兰伯格等人在《现代劳动经济学》中分析工会的作用相对比较中立。他们介绍传统经济学对工会的认识，同时也介绍了一些工会积极作用的观点，如工会对生产率可能存在积极影响。理查德·弗里曼和詹姆斯·迈道夫及其同事的分析在很大程度上是以这样一个假定为基础：工会是在结构性的内部劳动市场中运行的

① 穆雷·罗斯巴德. 权力与市场 [M]. 北京：新星出版社，2007：56 – 57.
② 萨尔·D·霍夫曼. 劳动力市场经济学 [M]. 上海：上海三联书店，1989：305 – 327.

"集体之声"（Collective voice）机构。也就是说，由于工会能够直接向管理部门传递工人对各种问题的偏好，并有助于根据结构性内部劳动市场的要求确立工作规定和资历规定，他们有多种方式可以提高生产率。赵履宽对比了新古典传统与"集体之声"两种认识工会的观点，并进行了总结。[①] 不过，"集体之声"的思想只是单纯现象中的一种状态的描述，或是简单的实证检验。它没有提出更成型的理论，也没有注意到不完全合同问题影响着工会起到的作用，也就不可能成为集体谈判理论基础。赵履宽将有关工会的两类观点加以总结，如表 5.1 所示。

表 5.1　　　　　　　　　　　　有关工会的两种观点

	垄断性观点	集体之声观点
对经济效益的影响	工会将工资提高到社会竞争水平之上，导致了在有工会存在的企业中劳动力与资本比例下降。 工会工作规则降低了生产力。	工会对生产力的提高有重要作用：降低了辞职率，促使管理方调整生产方式，接受有效的管理政策，提高了工人士气，改善了工人之间的合作关系。 工会收集各种工人的偏好，使管理方能够选择报酬与人事管理政策更好的融合方式。
对收入分配的影响	工会通过提高技术工人的工资，增加了收入的不平等。 工会造成了可比工人横向的工资差异。	工会的标准工资率政策减少了在特定公司或者特定部门中工会成员之间的收入不平等。工会的规则限制了管理方在裁员、晋升和复工等方面的独裁。工会调整了边际工人（通常是工龄短的人）和工龄长的工人之间的力量分配，使企业选择不同于非工会企业的报酬和人事管理政策。
对社会与政治的影响	工会在就业配置上存在歧视。工会在政治领域只为自己的利益奋斗。 工会垄断培养了破坏民主和非民主化的因素。	工会是反映工会会员愿望的政治组织。 工会代表了低收入阶层和社会弱势力人们的利益。

资料来源：赵履宽等. 劳动经济学 ［M］. 北京：中国劳动出版社，1998：267.

二、劳动力需求弹性

在工会理论的一般性结论中，只要劳动力需求的价格弹性的绝对值足够小，工会稍微减少劳动力的供给即可引起工资较大幅度的上涨。[②] 沿着这种分析思路，赵忠义运用新古典经济学理论将人力资本投资与工会效率问题联系起来分析社会效率损失。赵忠义认为，工会影响了收入分配，必然会影响下一阶段的消费和投资。……他把工会垄断劳动力供给引起的财富转移使社会经济效率受损作为第一

[①]　赵履宽等. 劳动经济学 ［M］. 北京：中国劳动出版社，1998.
[②]　［美］伊兰伯格，史密斯. 现代劳动经济学 ［M］. 北京：中国人民大学出版社，2007.433.

阶段，把财富的消费和投资作为第二阶段，并结合人力资本投资理论，对经济运行过程作了更完整的考察，最后得出结论：工会垄断劳动力供给在第一阶段引起了经济效率的损失，但发生转移的财富在第二阶段被用于回报率更高的人力资本投资领域，增加的投资回报在一定条件下能够补偿第一阶段的损失。[①]不过，赵忠义的分析中依赖于过于不切合实际的假设：除去必要的生活消费后，雇主将其剩余收入全部投入物质资本，劳动者将其剩余收入全部投入人力资本。更为重要的是，他假设劳动力需求的价格弹性的绝对值足够小，才能得出"工人们便获得较多的转移收入用于人力资本投资，其回报足可以补偿工会垄断引起的社会经济效率损失"的结论。

　　赵忠义分析中所使用的"劳动力的需求弹性绝对值足够小"这种强假设过于严格，与现实差距过大。我们弱化劳动力需求弹性的假设，并讨论在什么条件下，劳动力的需求弹性可能很小？劳动力需求弹性定义是劳动力的工资率增长1%而引起的就业量的百分比变化，它反映了企业的"雇佣"数量对工资的升降速率变化的敏感度。在劳动经济学中，影响劳动需求的工资弹性因素的讨论可以归结为希克斯—马歇尔派生需求定理。该定理认为：在保持其他条件不变的情况下，下述情况将使某类劳动需求曲线具有很高的劳动需求的工资弹性：第一，劳动投入与其他生产要素之间的可替代性较大；第二，对利用该类劳动要素所生产的最终产品的需求弹性较大；第三，其他生产要素的供给弹性较大；第四，该类劳动成本占总生产成本的比重较大。

　　由宏观经济学中的索洛基本经济增长模型可知，"劳动投入与其他生产要素之间的可替代性较大"中的其他生产要素往往指广义资本投资（主要是指设备）和技术进步。随着我国劳动力成本不断上升，有些学者提出我国需要改善产业结构、提高产业素质与效率，依靠技术进步进行产业升级，从劳动密集型向技术密集型的产业优化转变。技术密集型产业往往需要大量资金投入，一旦投入了大量资金提高企业技术、设备等，完全竞争中的大量投资者条件将不被满足，大量资产专用性投资会形成相当"进入壁垒"，不再满足自由进出条件。在资产专用性投资增加的同时，依赖于专用性设备的人力资本专用性投资也随之增高。在这种条件下，短期内，企业寻找与专用性设备匹配的劳动力就需要花费一定的时间与成本。也就是说，"劳动力的需求弹性绝对值小"的一种典型情况就是资本专用性投资存在，这种代替成本要比完全竞争市场高很多。希克斯—马歇尔派生需求定理中，使用了劳动者是同质的假设，即企业可以不用花费成本更换劳动者。然而，实际中，操作专用性资产的熟练程度使得短期内的调整需要花费成本。所以，除传统理论以外，人力资本专用性投资的存在可能使劳动力需求弹性变小，

---

　　①　赵忠义. 工会垄断与经济效率［J］. 经济研究，2000（12）：43 - 47.

弱化了由于价格变化而引起的"雇佣"劳动力的变化。

三、工会与人力资本专用性

　　人力资本专用性投资反映了企业方的数量较少，但并不能反映出劳动力的数量少、有着"专有性"资本的属性。人力资本专用性投资可谓一把"双刃剑"，虽然短期降低劳动力的需求弹性，但长期可能反而损害员工自身的谈判能力，进而可能降低社会的交易效率。由于在合同签订时，不可能预测到未来的所有事项并将其写入合同之中，员工在企业不断工作的同时，往往也投入了大量的人力专用性资本投资，而这部分专用性投资往往没有受到"雇佣合同"中的条款所保障。一旦"资历较老"的员工投入了大量的资本（培训）于企业专用性技能、了解企业特殊文化、人际关系交往等方面，他们就很难如年轻的员工一样可以成本较低地转换工作。因此，才有所谓的"专用性不但不是当事人获得组织租金的谈判力基础，反而削弱了这一基础"的观点。技能培训及人员调整在长期雇佣中变得容易，劳动力需求弹性变大，而管理者知道"资历较老"的员工转换工作很困难、成本很高，出现了一个"租金"的差额。管理者机会主义行为的可能性大大增大，人力资本专用性将很可能受到管理者的"敲竹杠"行为而被"挤占"。

　　单纯运用新古典经济学理论，即忽略市场交易成本以及人力资本专用性投资的情况，将得出工会是一种垄断组织，进而降低社会整体的效率的结论。因为在一种没有交易成本的完全竞争条件下，大量的供给者与大量的需求者通过竞争方式将促使社会资源配置达到一种帕累托最优状态，本身也不会存在人力资本专用性投资，更不会出现"敲竹杠"等问题。这是因为，一旦"专用性资产"投资后，由于完全竞争市场中存在着大量的供给者与需求者，很容易找到其他"专用性资产"的需求者，改作其他方式使用并不会造成资产价值大幅度下跌。在完全竞争市场中"专用性资产"是不可能存在的，投资只能是一种"通用性资产"投资。所以，新古典经济学中的完全竞争状态下并不需要工会的存在。

　　笔者认为，只有在"交易成本"不为零，并且在非完全竞争性市场中（交易者供需双方并不都是多数）存在着人力资本专用性投资的条件下，工会才有存在意义。至少由工会在相对封闭的企业内部劳动力市场中以其所拥有的罢工等方式限制企业管理者的机会主义行为、监督管理者遵从合同及企业章程并在企业效益良好的情况下，修正"雇佣合同"中不完全合同性质，使员工也能分得一部分企业剩余。因此，与"即时合同"效果相近，工会起到了使员工签订"雇佣合同"之后得到的合作剩余，并节省了每次合作的讨价还价、搜寻等交易费用。无论是以货币形式的工资报酬，还是非收入形式如休假工资、健康保险、养老金就业条件和资历、短期解雇规则中内含的工作保障规定就业条件以及工作场所的安全、拒绝加班的权力等其他制度安排等方面，工会都起到重要的作用。而且这些条款多数是在保护人力资本投资，特别保护人力资本专用性投资，保障社会交易不出现过度的损失。因此，新古典经济学中的"劳动力需求的价格弹性的绝对值足够小，工会稍微减少劳动力的供给即可引起工资较大幅度的上涨"的结论并不能说明工会垄断性质的一个特征，相反，这种价格弹性小的因素可能是工会为了保障人力资本专用性投资不被"敲竹杠"或"挤占"的一种努力。正如威廉姆森所说，人们把劳动工会组织几乎完全看作一种搞垄断的组织，也就不大可能或根本就不可能把它看作削弱投机的有效治理手段。①

例：

美国工会的衰败与服务、高科技业的发展

20 世纪 30 年代罗斯福新政使美国经济空前繁荣，同时工会的力量迅速壮大，工会会员率和集体谈判覆盖率都明显提高，1955 年美国最大的工会组织劳联——产联成立，标志着工会力量的进一步增强。

然而，随着 20 世纪 60 年代西欧、日本经济的复苏及 70 年代初石油危机的爆发，美国企业的竞争压力明显增大，新型雇佣方式和创新型工作组织及人力资源实践开始被引入工作。雇主在国家劳动法规的袒护下发展了偏向雇员利益的个人政策，并不断完善工会避免技巧，导致 70 年代非工会化企业迅速发展；另外，服务行业和高科技部门的快速发展以及年轻人的弱工会意愿进一步强化了企业的非工会特征，经济环境的变化表明美国原有的强化工会权力、强调劳工利益的劳资关系体系已经显得不合时宜，美国的劳资关系自 20 世纪 70 年代开始发生重大转变②。80 年代至今美国政府政策延续了弱工会的局面。

的确，全球竞争以及企业管理灵活性的增加是美国工会衰败的一个重要原因，另外一个原因就是人力资本专用性与工会作用之间的关系。在信息化市场中，服务行业和高科技部门中的人力资本专用性投资不高，员工的选择基本上是人力资本投资的通用性技能投资。在美国，市场经济高度发展，在工作之间转换的成本并不需要很高。拥有一定的技能技巧、熟练程度等通用性技能的员工，一旦认为自己受到不公正对待时，可以通过市场低成本地寻求另一份工作。这时，只要市场信息传播成本不高，管理者的机会主义行为并不会出现，交易的有效性自然会达到。然而在典型制造业中，员工投入的技术培训必须依靠高昂的机械、设备等专用性资产投资，一旦离开这些专用性资产制备，很难找到能利用这种技能的企业，人力资本专用性投资价值将荡然无存。传统集体谈判比率较高的钢铁、煤炭行业都存在专用性人力资本投资的特征。

① 威廉姆森. 资本主义经济制度 [M]. 北京：商务印书馆，2002：95.
② 李向民，邱立成. 美、德劳资关系发展的路径依赖研究 [J]. 经济体制改革，2008（2）：171 - 174.

　　　　从这点可以看出人力资本专用性投资与工会之间的重要关系。美国管理大师彼得·
　　德鲁克曾对美国工会发展评论时说：工会将沿着三条道路中的一条向前发展：如果它什
　　么都不做，它将会消失……第二种选择是力图通过政治力量来维持自身发展，但是这将
　　需要压倒一切的选举力量。还有第三种选择，即工会重新审视它的作用。这点对我国工
　　会自身发展存在很大的借鉴意义，我们一定要重新审视下工会的作用究竟是什么。

四、塞利格·帕尔曼的"职业意识"理论的改进

　　马克思主义者塞利格·帕尔曼的"工作稀缺"理论曾被认为是关于美国工人
运动最出色的劳工运动理论之一。帕尔曼试图主要通过"职业意识"解释美国工
会的发展和他们对集体讨价还价的非政治改革的强调。"职业意识"主要是存在
于工人中间的一种认识，即职业机会是稀缺的。帕尔曼从体力劳动工人在他们的
工会中制定的规章和程序推出他们中间普遍存在着悲观情绪，并推出这一结论是
由体力劳动工人中间普遍的悲观情绪引起的。他写到："体力劳动工人的稀缺意
识是两个主要原因的产物。……一个典型的体力劳动者意识到他缺乏获得经济机
会的能力（并）知道他在激烈的竞争中既不敢冒险，又不够聪明。此外，他还相
信，制度决定了这个世界对他来说是一个稀缺的世界，其中最好的机会都保留给
了地主、资本家和其他特权集团。"[1] 帕尔曼注意到，成功的工会首先争取的就
是"职业控制"——就是能够确保其成员首先被雇用和最后才被解雇。只雇用工
会成员的制度更被看作是一种为工人"保留"稀缺职业机会的技术设计而非加强
工会的手段。[2]

　　奥尔森批评帕尔曼这种观点。奥尔森认为工会组织对"搭便车"的问题是很
关注的，但这一事实并没有在关于工人运动的主要理论中得到足够的重视，如在
塞利格·帕尔曼关于工人运动的著名理论中则被完全忽视了。奥尔森写到："总
而言之，照帕尔曼的说法，工会阻止雇主雇用非工会工人或对工会主义者在提
升、裁员、分配工作、车间纪律等事情上加以歧视，这都是为了便利在一个体力
劳动者集团的所有成员中对稀缺的职业机会加以分配。"奥尔森认为，这只是工
会为了扩大自己影响力的"自利"行为的一种作用，根据潜在集团的概念提出假
设：这些工会政策对任何一个大工会的力量和存在都是至关重要的。这反映了组
织的强制，而不是体力工人中的什么悲观情绪。……工会希望控制雇主的雇用和

---

① Selig Perlman. *Theory of the Labor Movement*. New York：Macmillan，1928：239 – 240.
② 同上，269.

解雇政策是出于其对成员的需求，而不是什么悲观的"职业意识"。① "因此，塞利格·帕尔曼的'职业控制论'和'机会共产主义'（即认为工会成立的主要目的是为了对相对稀缺的工作机会在工会成员中进行分配）的观点是错误的。"②

　　本节的主要观点在表面上与帕尔曼的工会产生于市场工作稀缺的悲观论有相似之处，都是由于工作的稀缺导致了工会的产生，但帕尔曼只是片面地看到了市场工作稀缺的现象，没有进一步深层次分析为什么会产生这样的现象，而直接把现象作为结论，进而得出一种应该将工人团结的观点。而本节所强调的保障人力资本专用性的观点却有着本质上的不同，这种稀缺并不是工作本身稀缺，而是对人力资本专用性技能需求的企业数量相对稀缺。本节所强调的工会保障人力资本专用性投资是在市场交易费用不为零的条件下从社会效率角度上分析的，而员工一旦投入人力资本专用性投资，并不能像完全竞争市场预测那样，可以一点成本都没有地转向其他工作。即使在劳动力市场中员工的工作供给很大，也并不能说明管理者不需要专用性投资进行补偿。如果不补偿交易是以损失人力资本专用性的"社会效率"去谋求一种企业利益"效率"，这将会影响到整个市场中的交易信赖关系进而破坏整个"社会效率"。

　　笔者认为，市场竞争并不是不好，很多情况下市场竞争提高了社会效率。但在交易过程中，如人力资本专用性投资因为激烈竞争而受到"侵占"、"敲竹杠"，那么整个交易不公平就产生了。片面地追求企业效率的行为是有害于社会效率的。员工一旦投入了大量人力资本专用性投资，当企业解雇这个投入人力资本专用性投资的员工时，这部分专用性投资很难在市场中继续被利用，放弃专用性投资就给员工带来很大损失，管理者的"敲竹杠"现象就可能会出现。因此，保护长期人力资本专用性投资、保证社会投资效率，就出现了工会这种组织形式。奥尔森在批评帕尔曼的思想忽视了理性利益分析与集体行动的逻辑的过程中，使用了不存在人力资本专用性投资与交易费用为零的假设。在交易费用为零的情况下，凭借市场竞争，员工努力程度达到最高，同时提高了社会效率。而实际中，在交易费用不为零、且市场中存在着人力资本专用性投资时，工会的存在是有意义的，促进企业内部劳动力市场的交易中不会出现过度的机会主义行为，在一定程度上增进社会整体的交易效率。

第二节　罢工和集体行动理论

　　上一节，我们分析了工会在一种交易成本不为零，并且存在着人力资本专用

---

① 奥尔森. 集体的行动逻辑 ［M］. 上海：上海三联出版社，2003：89 - 90.

② 同上：97 - 98.

性投资时所能起到的保障作用。这种分析只是探讨工会如何影响微观企业以及发挥自身作用。除了微观视角以外，工会还在宏观方面起着作用。这节将继续工会这个话题，分析工会是如何达到目的、如何起到作用的。首先研究增加谈判能力的一种方式——罢工。

一、罢工理论

工会和管理者可以通过协商达成协议，一方面提高员工的实际工资；另一方面工会也同意为提高企业生产率而改变某些工作规程。如果这种协议是明确的并和生产率变化相联系，这个过程通常被称为生产率谈判。谈判过程中，人力资本专用性投资可能是一种谈判力的有效手段。然而，如果工会希望在谈判桌上能够使管理者让步，必须把这种能力转化为施加于企业管理者的成本。这种成本施加通常是以怠工或罢工形式出现，罢工是一定期间内全体工会成员拒绝为企业提供劳动服务的尝试。①

最简单的一个谈判过程经济模型是由约翰·希克斯提出的。假定管理部门和劳工仅就一个问题（工资增长幅度）进行谈判。工会要求和雇主愿意答应的增长百分比怎样随预期罢工时间长度而变化呢？就市场上的雇主一方而言，罢工持续时间越长，失去的顾客越多、代价越高。这种代价的增长表明，随着罢工的进行，雇主将愿意增加工资，图 5.1 中向上倾斜的雇主让步曲线（EC）表明了这种意愿。

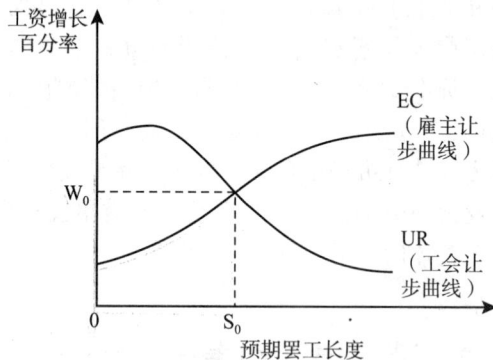

图 5.1 希克斯谈判模型和预期罢工长度

---

① 以下部分引用于 [美] 伊兰伯格，史密斯. 现代劳动经济学 [M]. 北京：中国人民大学出版社，2007. 439 - 446.

就雇员一方而言，工会会员的态度可能强硬起来，在罢工的早期，他们实际上可以提高其工资要求。但在某一点以后，蒙受的收入损失开始使他们改变态度，并开始降低工资要求，如图 5.1 中的工会抵制曲线（UR）所示，曲线最终变成向下倾斜。

随着罢工的持续，工会的要求降低，雇主的还价提高，直至在 S_0 点二者重合，在这一点协议达成。双方同意的工资增长为 W_0，罢工可以结束。当然，如果每一方都意识到了对方曲线的位置和形状，他们就会在罢工以前预知谈判的最终结果。在这种情况下，罢工发生以前就可以达成 W_0 的协议，从而避免双方由于罢工而蒙受的损失。

既然协议可以提前达成，为什么会发生罢工呢？一个原因是，实际上信息是不完善的。谈判中的一方或双方没有向对方表明其曲线的真实位置和形状。另一个原因是，为了提高谈判中所处地位和保持罢工威胁的可靠性，工会可以阶段性地使用这一武器，罢工可能旨在影响未来谈判。最后，罢工是加强工会内部团结以反对共同敌人（管理者）的有效武器。

二、集体行动逻辑与政治运动

罢工是工会谈判能力增强的一种重要手段。除此之外，还有一种更重要的方式是政治运动，即通过以政治手段修正国家法律、条款等方式直接增加工会谈判能力，强制改变劳动力市场中的劳动力相对价格[①]。团结是加强工会反对雇主的有效武器，然而保证团结并非一点难度都不存在的。曼库尔·奥尔森（Mancur Olson）从经济利益角度研究工会的运作，可以说是对集体行动的沉重打击。他认为，随着群体变得越来越大，个体理性与为达到集体理性所必需的集体利益之间的差距也就越大。这是因为，在所有足够大或者"潜在的"群体中，如果没有人能享有集体产品的比微不足道更多的利益份额，对策略性互动，甚至与潜在的集体产品受益人之间相讨价还价的激励就消失了[②]。一个利益集团实现的某一政策目标，从经济学上来说，是一种"公共财富"。这个团体的成功使那些赞同它的主张的人们都能受益，无论他们是否实际加入了该组织。这就是所谓的"搭便车"现象：让别人积极参加并出钱，而自己坐享其成。这一点在数学模型中可以用分析多个寡头联盟模型里得出同样的结论：每当集体行动的参与人数增多，相对分得利益变小，联盟、团结行动相对更加困难。如果有 n 个寡头企业而不是两

---

① 伊兰伯格与史密斯的《现代劳动经济学》中，有一部分专门介绍罢工活动政治模型，但与我国实际情况关联不大，所以不做有关政治运动的介绍。

② 曼库尔·奥尔森.《经济学第二定律》. 转载于盛洪主编. 现代制度经济学［上卷］［M］. 北京：北京大学出版社，2009：358.

个默契合作均衡要求 $\delta \geq \left[1 + \dfrac{4n}{(n+1)^2} \right]^{-1}$；当 $n \to \infty$，$\delta^* \to 1$，也就是说，企业越多，默契合作越困难[1]。

虽然，奥尔森的集体谈判逻辑的理念对于员工的集体行动有着巨大的破坏性，但为什么实际中还存在着集体行动、罢工的结果？他得到结论：集体行动需要一定的强制力去避免惩罚一些出现机会主义行为的人。在劳动关系中，工会增加谈判能力、保持强制力的一种最简单方式就是运用法律强制力。正如谢林所述，人相对于系统来说是渺小的——因此，他的行为本身对系统没有决定性影响——并且，如果他主动放弃个人寻利，他无法得到由此带来的集体收益。解决方案在于集体行动，必须有一份能给系统带来合作解的有强制力的社会合同。[2]

奥尔森的分析建立在参与者是纯理性人假设基础上——在行动之前就已经预期了行动之后的所有收益和成本，并在此基础上进行收益成本之间的比较，然后做出行动。但奥尔森得出的结论对集体行动的实际运作（非零交易成本以及人的有限理性）还是存在很大指导意义的。奥尔森在分析了集体行动的利益之后，认为不同规模的组织有着自身不同的运作方式。比如，在组织规模较小的企业工会中，如果能通过一种企业依赖能力（人力资本专用性投资）而提高谈判力，在企业小范围内的工资增长幅度就可能要比大规模工资增长的可能度要大。如果企业工会能正常运转，员工可以分得更多的利益以及更有效地保障人力资本专用性投资；而行业工会、地方工会、全国总工会这类大型工会中，由于分得利益的群体广大，只能通过政治手段修正法律条文从而改变自己的谈判能力，强制改变劳动力市场中的相对价格。

通过"政治"强制提高谈判能力的一个实际应用就是当前中国学者所提倡的集体谈判协调制度。国际劳工组织《促进集体谈判公约》第2条将集体谈判定义为：集体谈判是适用于一名雇主、一些雇主或一个或数个雇主组织为一方，一个或数个工人组织为另一方，双方就以下目的所进行的所有谈判：确定工作条件和就业条件；调整雇主与工人之间的关系；调整雇主组织与工人组织之间的关系。在许多中国学者眼中，集体谈判制度的设立是解决中国当前劳动关系以及分配问题的"唯一"有效途径。当然，这与当前我国的市场环境、分配不公引起的巨大收入差距有关系。

---

[1] 张维迎. 博弈论与信息经济学 [M]. 上海：上海三联书店，1996：128.

[2] Schelling, 1971, P69.

第三节　我国分配现状及集体谈判问题

一、我国工会现状

根据中华全国总工会 2006 年的统计，截至 2005 年年底，中国已建工会的企业与职工签订劳动合同的仅有 65.4 万宗，只占已建工会企业总数的 38%；签约职工 5 771.4 万人，仅占已建工会企业职工总数的 48.6%；签约农民工 910.8 万人，只占已建工会企业农民工总数的 39.5%。建立工会的企业签约率尚如此之低，更不用说没有建立工会的企业了。而 2004 年抽样调查统计显示，中国建筑业、餐饮服务业劳动合同签订率为 40% 左右，农民工劳动合同签订率为 30% 左右，中小型非公有制企业劳动合同签订率还不到 20%。不过，这只是从数字上反映我国工会的现状，如果不加以深刻思考为什么会出现这样的数字，那么这单纯的数字就变得几乎没有意义。

我国多数学者一直忽视分层次研究工会理论，很多人还持有利益集团如同"阶级斗争"那样争取谈判能力的思想。我国传统的工会结构是"从上至下"的管理模式，全国总工会有着很大的国家强制力，以政治的强制力约束小型企业工会。工会的内在运行逻辑是"上级要求—工会实施—客观上满足职工需求"，而不是"职工需求—工会回应"的方式。在改革开放后，这种模式在垄断性国有企业还保持相对较成功的运作，因其更容易得到或者是已经得到国家的政治强制性保护。但对于其他没有国家强制性手段保护的私营企业，行政指挥基本没有作用，"从上到下"形式的效果并不是很好。因为在实际中，人们不从微观企业工会作用以及经济激励角度考虑问题，所以才有当今中国工会作用政治意义大于经济意义的现状。

我们曾描述过工会与人力资本专用性的关系。如果不存在人力资本专用性，只凭借员工通用性技能增加的工会谈判能力以及社会效率都是值得人们怀疑的。至少从现状来看，这种谈判能力也非常有限，由通用性技能员工组合成工会的短期罢工行为对企业并不会造成太大的影响。与其说是保证企业、社会效率方面，倒不如说是因为社会分配不公迫使政府通过政治力量、政治手段强行限制企业管理者企业租金的分配能力，以达到解决分配问题的目的。因此，目前在解决中国当前问题时，集体谈判的"政治"意义上的作用大于"经济"上的作用。更为可惜的是，一部分学者将"政治"推动方式美化为"中国特色的三方协调机制"。"政治方式"干预市场经济只是一种短期的、表面上解决劳动关系问题的手段，如只堵洪水不疏通一样，解决不了本质问题，也达不到一种和谐的劳动关系现状。

例：

我国的企业工会作用缺失

2010 年 6 月 21 日早 8 时许，位于广州南沙区的电装（广州南沙）有限公司（下称"电装公司"）的 1 000 余名工人停止工作，并提出加薪要求。电装公司系一家日资企业，为广汽本田和广汽丰田的零部件供应商，其产品包括喷油嘴、传动器等。电装公司为日本电装公司的全资子公司。日本电装是知名汽车零部件和系统供给商，在华主要客户包括丰田、本田、福特、上海大众等。

停工工人表示，目前电装公司的普通员工月薪为 1 200 余元，不足以维持体面生活。停工事件发生后第二天，工人便推选出代表与厂方谈判，希望可将工资增至 2 000 元。在谈判中，厂方一度曾承诺将工资上调 450 元，但工人认为厂方没有诚意，而最终没有达成协议。

这次停工是丰田近日在中国面对的第三起类似事件，此前的 6 月 17 日，天津丰田合成有限公司两家工厂先后发生停工事件，天津丰田合成为丰田旗下的一家零部件生产商，主要产品为塑料内饰品。天津丰田合成迅速采取应对措施，决定在之前加薪 20% 的前提下，向员工提供每月约 200 元的全勤奖，并为部分工人提供每天 7 元的高温补贴，但因条件限制，全勤奖和高温补贴只覆盖部分工人，停工工人对此并不满意。6 月 20 日，在没有与厂方达成最后协议的情况下，工人已先行复工。当地政府在此次停工事件中，曾派出警察前往工厂维持秩序。此前，同为汽车业巨头的本田在广东佛山和中山也先后应对了四起零部件供应商工人停工事件。

在近来连续发生的停工事件中，工人们的诉求主要集中在加薪、增加福利待遇和完善社保方面。因为在事件中工会处于缺位状态，因此，重组工会也成为工人的主要诉求之一。在已发生的停工事件中，代表工人与资方进行谈判的，均为工人自行选出的代表。①

在这个过程中，地方工会干预了企业工人罢工事件，但却起到了相反的作用。在干预过程中，工会竟然与工人发生冲突。地方工会人员并非企业工人所选产生，往往是上级任命，也不对企业工人负责。所以，应该认清企业工会是保护人力资本专用性投资，并且只有凝集这种专用性人力资本（同时是企业专用性投资所依赖，加强企业效率）才是企业工会增强与企业谈判能力的有效途径，而并非是一定需要加强法律保障措施提高谈判能力。如何脱离地方、总工会"从上至下"的管理模式，强调企业工会的自主性，发挥企业工会的灵活性、有效性是当前中国工会亟待解决的问题。

---

① ［OL］转于 http://www.caijing.com.cn/2010 - 06 - 23/110465681.html，略有删减。

如果我国继续坚持以经济发展为主要目标，保持全球国际竞争优势，从目前的条件与发展趋势来看，通过强制性的行政政治力量，就可能会阻碍社会经济的发展，很难达到良好的效果。与此相反，上海、深圳等地方，坚持政府职能进一步退位，发挥企业工会独立自主的作用，以强调联合专用性人力投资的员工，作为谈判力的基础，以选择性激励来解决劳动关系问题。① 从实际情况来看，一些成功转换职能的工会其效果并不一定比传统模式通过政治手段加强法律保护要差，劳资关系更进一步趋向于和谐的结果。

大规模工会拥有着更大的强制力量，更容易对法律制定产生影响，并通过法律、集体谈判等方式直接影响劳动力市场中的相对价格变化。但政治干预的保护方式只能是在一种最低水平内，如对劳动力市场的价格影响不会过大的情况下，大型工会协调政府做好如最低工资、最低保障性一类的工作。另外，如英国那样，是否能超越单纯为保护工人，能够真正建立促进劳动关系合作的较为中立的劳动纠纷仲裁机构。而针对企业工会方面，应该逐步废除"从上至下"的管理模式，发挥企业工会包括小型企业工会的自主性、灵活性。企业工会更了解企业的经营状态与工人的谈判能力（专用性依赖程度），并能保障人力资本专用性投资的收益，更好地加强企业效率，调整劳动合同中未规定的部分。除工会人力资本专用性方面增加谈判能力、发挥工会监督管理者机会主义行为之外，工会也应该重新审视自己与人力资源管理职能方面的优劣之处，对如何适应市场变化以保护劳动关系的顺利合作也应该重新定位。

二、我国收入分配问题现状

与其说工会政治力量加强，不如说因我国的社会分配不公而迫使政治力量出面解决分配问题。一些宏观经济学家指出，居民之间的收入差距扩大。无论是城乡之间、城乡内部，还是行业之间、地区之间，居民收入差距均呈扩大趋势，低收入群体增收难度较大。居民收入的基尼系数 2000 年超过 0.4 的国际警戒线之后，呈不断扩大的趋势，2008 年达到 0.47。其中，城镇居民基尼系数为 0.34，农村居民为 0.38，分别比 2000 年提高 0.02 和 0.03。城镇居民人均可支配收入与农民人均纯收入之比从 2000 年的 2.79∶1 扩大到 2008 年的 3.31∶1，绝对差距已经超过 1.1 万元。就业人员的收入差距也在扩大，2000～2008 年，在城镇职工中，国有单位、集体单位、其他单位职工实际工资分别增长 1.75 倍、1.48 倍和 1.18 倍；行业门类间的工资差距由 2000 年的 2.60 倍扩大到 2007 年的 4.46 倍；2008 年证券和纺织两大行业的职工平均工资之比达到创纪录的 10.6 倍。低收入

---

① 杨宜勇等著. 劳动就业体制改革攻坚 [M]. 北京：中国水利水电出版社，2004：84－87.

群体收入增幅放缓，2000～2008 年，城乡低收入家庭人均收入分别增长 90% 和 64%，明显低于城乡居民人均收入 151% 和 111% 的增幅。

收入分配秩序不规范。特别是腐败和灰色收入在一定程度上加剧收入分配差距，社会影响恶劣。中国经济改革研究会王小鲁的一项研究表明，加上隐性收入后，2005 年，城镇最高与最低收入 10% 家庭间的人均收入差距从统计显示的 9 倍扩大到 31 倍，主要是企业家、个体经营者、专业技术人员、医生、教师、文艺工作者以及部分公职人员存在大量隐性收入。这些收入主要来自公共资金的流失、银行贷款在正常利息之外的额外收费、行政许可中的寻租、土地收益流失、垄断收益等。①

收入分配问题是劳动关系问题中最需要解决的。无论是 2008 年出台《劳动合同法》，还是政府发出要解决分配问题信号，都是在我国分配问题可能引发社会矛盾的背景下产生的，是我国政府为社会稳定所采取的一种强制保护行动。

例：

2010 年我国政府解决分配问题的决心

进入 2010 年，有关收入分配话题的议论就不绝于耳，而就在媒体大声疾呼的同时，中央高层也在多个场合多次强调政府在推进收入分配改革方面的决心：②

4 月 1 日出版的《求是》杂志上，温家宝总理发表文章《关于发展社会事业和改善民生的几个问题》指出，当前，收入分配问题已经到了必须下大力气解决的时候。如果收入差距继续扩大，必将成为影响经济发展和社会稳定的重大隐患。

5 月公布的《关于 2010 年深化经济体制改革重点工作的意见》中，国家发改委将收入分配制度改革进一步具体化，《意见》明确提出，在收入分配制度改革领域，中国将提出调整优化国民收入分配格局的目标、重点和措施；积极稳妥地实施事业单位绩效工资制度，推进企业职工工资集体协商和支付保证制度建设，改革国有企业特别是垄断行业工资总额管理制度，完善国有企业金融机构高管人员薪酬分配和管理制度将是当前和今后一段时间深化收入分配制度改革的工作重点。5 月下旬，新华社发表一篇堪称"重磅炸弹"的文章，直言"中国贫富差距正逼近社会容忍红线"。而《人民日报》同期也接连发表文章，以《劳动收入占比为何持续下降》、《收入差距为何不断扩大》、《社会财富怎么分：工资共决，工企双赢》、《收入分配怎么分：壮大中等收入者队伍》等为题，继续深入剖析收入分配不公现象。

① 俞肖云，肖炎舜. 我国收入分配的现状、问题、成因与对策 [J]. 经济学动态，2009（8）.
② 转引于官方密集表态收入分配改革 [N]. 党政论坛（干部文摘），2010－08－25 或 [OL] http：// news. sohu. com/20100722/n273673538. shtml.

进入 6 月，围绕收入分配改革的讨论继续升温。2003 年起即由中宣部理论局每年编写一本的通俗读物《理论热点面对面》，把主题定为《七个 "怎么看"》，对发展不平衡、就业难、看病难、教育公平、房价过高、分配不公、腐败等七个民众普遍关注的热点难点问题作了回应。《人民日报》全文转载这些文章，其中 7 月 9 日转载的《分好 "蛋糕" 促和谐——怎么看分配不公》成体系地阐述了收入分配改革的难点、重点，其中不乏多处创新亮点，使本轮收入分配改革大讨论达到一个新的高潮。

7 月 15 日、16 日，十一届全国人大财经委听取国务院有关部门关于上半年经济运行情况的汇报，并进行了分析讨论。全国人大财经委提到，转变经济发展方式必须深化收入分配改革，要抓紧制订出台调整国民收入分配格局的方案，提高农民和城市低收入群体的收入水平，更好地发挥消费对经济增长的拉动作用。

温家宝在 2010 年 9 月 13 日达沃斯论坛上的讲话中特别强调收入分配问题。他指出："我们将加快推进收入分配制度改革，努力提高居民收入在国民收入中的比重和劳动报酬在初次分配中的比重，创造条件让更多群众拥有财产性收入，尽快扭转收入差距扩大趋势，促进居民收入和消费可持续增长。"从这些信号能看出目前中国政府对收入分配问题的重视程度。在劳动关系中，劳资纠纷中最大的因素也是收入分配问题。

三、对传统的集体谈判协商制度的疑问

在这种社会背景下，很多学者对工会以及集体谈判协商制度的研究往往都落入了一个 "俗套"。他们提出的 "完善我国工资集体协商制度的对策" 往往是几条 "口号" 式政策，主要有以下一些观点：一是尽快完善与工资集体协商相关的法律法规；二是培育和发展多层次的协商主体；三是强化劳动关系三方协商机制；四是充分发挥政府的调控职能。

笔者依次对这些政策提出一些疑问：第一，单独凭借法律可能完全解决劳动关系问题吗？[①] 第二，如何培育和发展多层次，还是依赖 "从上至下" 的管理培育方式？工会的谈判能力究竟在哪里，只依赖法律还是企业所依赖专用性技能？集体谈判机制如何能发挥出 "雇佣合同" 的效率？如何能保证灵活性并且适应市场环境变化？第三，参照英国所实施的三方协商机制是一种不同于政府解决的中立的 "私人解决" 方式，我国的三方协商机制中，政府的作用又是什么？第四，如何充分发挥政府调控职能？只凭借再分配可能彻底解决分配问题吗？政府分配领域的调控具有信息优势，它不会过度地影响市场效率吗？

笔者怀疑我国学者所提出的传统政策并不是出于完全批评的态度，而是强调

---

① 法律要想解决劳动关系问题需要满足可证实性条件，而在实际劳动关系中这条是很难满足的。将在本书第六章说明。

如何实施，但这些政策的出台是否能够真正地解决当前中国劳动关系问题？而上述学者多年以来提出的"政策"，也必然只能依靠政府力量。所以，这种理论多年前就曾经被提出，却迟迟没有政策给予支持。直到最近几年，在贫富差距过大已经达到政府不能不干预的情况下才给予了一定的保护。我们需要注意的是温家宝总理在2010年达沃斯经济论坛的讲话。虽然他明确了中国政府需要解决收入问题的决心，但他同时指出："一个13亿人口的国家，如果没有一定的经济增长速度，实现充分就业、提高人民福祉就是一句空话"。那么，中国不能忘记的原则首先是发展，而且需要保证一定速度的发展，同时还要强调效率，即保持快速健康发展势头的同时努力实现更好更快发展。政府调节有一个度，也就是说有个极限，一旦过分强调政府性施压、调节过度，将可能造成市场价格机制不能发挥效率，反而造成整个社会效率的损失。

笔者认同合作型劳动关系中，工会与管理者的谈判能力相对对等是很重要的一个因素。然而，只通过法律强制增加员工以及工会的谈判能力不一定能够真正推动劳动关系和谐发展。至少我们应该更加清楚什么问题才是中国目前劳动关系的最大问题。如"拖欠工资、不给予合作报酬"等问题是管理者机会主义行为的一种表现，同时员工也可能出现机会主义行为，这才是导致劳动关系双方引发冲突的最大原因。只有限制了机会主义行为，保障市场中交易的顺畅进行，劳动关系双方才能更好地合作，才可能达到"和谐劳动关系"状态。然而，限制管理者的机会主义行为的手段，不应该只有利益集团的"对抗"，或通过强制力的法律改变自己谈判能力的这种"斗争"方式。本书将在最后一章回答上述的一系列问题，认为传统的集体谈判协商制度只是保障劳动关系中"合作精神"的一种方式，重要的是，它并非保障合作精神的全部含义。在当今社会主义市场经济条件下，我们需要突破这种传统观念，真正完善市场机制、推动劳动关系合作机制的建立，才能达到"和谐劳动关系"的目的。

第四节　工会谈判能力变迁路径

"路径依赖"（Path dependence）起源于演化经济学对技术变迁的解释，其核心思想是技术的发展受最初设计和应用的制约。路径依赖指的是一种制度一旦形成，不管是否有效，都会在一定时期内持续存在并影响其后的制度选择，就好像进入一种特定的"路径"，制度变迁只能按照这种路径走下去。20世纪90年代，诺思（North，1990）将路径依赖应用到制度变迁，认为一国经济发展受历史选择的制约，一旦走上某一轨道，在制度自我增强机制的作用下，其既定方向会在以后的发展中得到强化，而很难被其他潜在的甚至更优的体系所替代。① 各国的劳动关系的发展路径也不同，下面对各国之间劳动关系中工会的发展路径进行比较。

一、美国路径

公众态度和联邦立法并不总是有利于工会和集体谈判过程。例如，20 世纪初期，雇主经常声称工会在劳动市场中的行为是垄断行为，违犯了当时的反托拉斯法。这些雇主经常能从法院取得禁止工会活动并帮助他们扼制工会发展的判决。他们还经常要求雇员签订反工会合同，这种合同以允诺就业为条件要求雇员不参加工会。在这样的情况下，1930 年劳动力中工会会员人数还不到 7%。那时，已通过了四个主要的联邦劳工立法，对私营部门中的集体谈判过程、工会增加会员的限度，以及工会的工作方式作出了规定。

美国的大萧条以及第二次世界大战极大地影响了美国民众以及法律态度。20 世纪 20 年代之前的美国还是个两极分化很严重的国家。但 50 年代，美国则焕然一新，形成了一个以中产阶级为主体的社会。20 世纪 20～50 年代美国差距的缩小被称为"大压缩"，这表现为富人与劳工阶层差距急剧缩小，以及工人工资差别的缩小。在此期间，1932 年颁布的"那里斯—拉瓜迪亚法案"，从现实目的出发，宣布雇主反工会活动为非法。1935 年的国家劳资关系法案（NLRA）或"瓦格纳法案"远远超过了"那里斯—拉瓜迪亚法案"，它要求雇主同代表多数雇员的工会进行谈判，并宣布雇主干涉雇员的结社权是非法的。根据美国劳资关系法案，成立了国家劳资关系委员会（NLRB），它有权通过选举确认代表雇员利益的工会，调查对雇主破坏选举规则或拒绝与获胜工会进行谈判的申诉。一旦确认了雇主的不当行为，国家劳资关系委员会有权予以制止，并由法院强制执行。罗斯福新政使美国经济空前繁荣，同时工会的力量迅速壮大，会员率和集体谈判覆盖率都明显提高。

但第二次世界大战以后，反工会的力量又占了上风。1947 年的"塔夫勒—哈特莱法案"对工会活动的某些方面进行了限定，它最著名的条款可能是 14B 部分，即允许个别州通过工作权利法。这些法令禁止将工人加入或承诺加入工会作为其就业条件的要求。至 1980 年，主要分布在南部、西南部和平原地区的 20 个州通过了这样的法令。

1955 年，美国最大的工会组织劳联—产联成立，标志着工会力量的进一步增强。1959 年，国会通过了"兰德勒姆—格里芬法案"。这一旨在保护工会会员

---

① North. *Institution*，*institutional change and Economic Performance*. Combridge University Press，1990.94.

权力的法案包含增加工会民主的条款。正如一些研究表明的，这一规定也有增加罢工频率的副作用。

　　然而，随着 20 世纪 60 年代西欧、日本经济的复苏及 70 年代初石油危机的爆发，以及服务行业以及高技术产业（有着通用性技能人力资本投资）的高速发展，对工会的态度发生极度变化。1980 年，里根当选为总统，里根政府的自由市场哲学反映出清晰的反工会立场。有两例政治事件突出表现了共和党反对工会的态度。一是里根总统在当选后的第 2 年解雇了具有工会会员身份的空中交通控制员，而以非工会成员取而代之；二是他任命了国家劳动关系委员 5 个席位中的2 个，从而加速了工会力量的削弱。随着 20 世纪 90 年代经济全球化进程的加快，企业的竞争压力加剧，美国企业通过引入质量圈、目标管理、团队建设、职业规划等人力资源管理方式以及转包、外包、新建企业的无工会化和撤销工会等方式不断削弱工会的谈判力量，结果导致工会的数量和工会密度不断下降。①

　　虽然现在美国工会力量已经不能与罗斯福新政年代相比。一些学者还是肯定了美国工会的路径过程所起到的作用。2008 年诺贝尔经济学奖获得者克鲁格曼认为，20 世纪 20 年代之前的美国还是个两极分化很严重的国家。1935 年颁布的"瓦格纳法案"和 1959 年"兰德姆勒—格里芬法案"，都存在倾向于保护工会、加强工人讨价还价能力的法案，虽然"瓦格纳法案"曾被"塔夫特—哈特莱法案"等代替与修正，但我们不能忽视这个过程而产生的结果。至少在法律工会的加强谈判能力的作用下，创造了"二战"后到 20 世纪 80 年代前美国的中产阶级。美国 20 世纪 20~50 年代的"大压缩"时间，工会发挥了非常大的作用。对此，克鲁格曼认为至少有两个原因：第一，工会提高了会员的平均工资，同时间接地，幅度较低地提高了非工会成员的工人的工资（因为在未建立工会的公司里，雇主为了减少工会运动对工人的吸引力，会主动加薪）。所以，工会有助于缩小蓝领工人与薪资较高的经理阶层之间的收入差距。第二，工会有助于缩小蓝领工人内部的收入差距，因为工会可以为收入最低的会员谈判争取较高的工资增长，助其追赶收入最高的会员②。克鲁格曼认为，"大压缩"说明决定收入分配的关键因素是社会力量，而不是市场这只"看不见的手"③。他进而得出了与经济学教给人们的基本理念不同的观点：制度、规范与政治环境对收入分配的影响或许并没有那么小，而不以个人意志为转移的市场力量的影响或许也没有那么大。④ 在文章中，克鲁格曼更加直接地写到：人们仔细地审视平等化过程，就会

---

①　李向民，邱立成. 美、德劳资关系发展的路径依赖研究［J］. 经济体制改革，2008（2）：171 - 174.

②　克鲁格曼. 美国怎么了［M］. 北京：中信出版社，2008：37.

③　克鲁格曼. 美国怎么了［M］. 北京：中信出版社，2008：104.

④　克鲁格曼. 美国怎么了［M］. 北京：中信出版社，2008：4.

发现，它不像是非人格化的市场力量产生的渐进反应，而更像是一起突变，并且很大程度上是由一场政治均势的变化带来的①。

二、德国路径

德国在工业革命初期，中产阶级与英国相比内部分歧更为严重，这主要源于前工业化时期的地区分割、城市与乡村的隔绝、清教徒与天主教徒的宗教冲突等因素。普鲁士专制政体通过玩弄手腕与各种政治力量勾结，以此维护其统治地位。统一的中产阶级直到工人在政治领域作为一个阶级崛起为一股重要的政治力量时才得以确立其支配地位。因此，"自由—劳动主义"不可能在德国行得通。工人阶级选择了另外一条道路，与自己的政党——社会民主党结成一体。俾斯麦——社会主义最顽固的敌人——为了拉拢工人，引入了一种义务公共健康保险计划。不料，这项计划由工人和资本家双方代表负责的分散化自我管理方式却带来了意想不到的后果，即工人自此以后开始介入政治经济的决策过程。

工人的介入在第一次世界大战期间进一步得到促进，那时德国政府强行限制工人的流动，以命令的方式把工人安排在军工厂。作为交换，工人在工厂建立了自己的委员会。魏玛共和国使工人委员会合法化。但由于各阶级（资产阶级、工人、农民和城市中产阶级）之间分歧严重，无法形成有效的政治联盟。而且任何一个政党都缺乏承诺和控制政府的能力，魏玛宪法所界定的政治领域未能导致一个稳定结果的出现。纳粹的兴起填补了这个政治真空，对工人的民主介入过程构成了严重打击。然而，"当纳粹政权的经济政策以备战为重点时，它试图吸取1914～1918年战时经济的教训。在某种意义上，纳粹时期的遗产之一是出乎意料地巩固了在第一次世界大战业已成形的某些路径依赖的模式。"② 在纳粹统治下，所有自治性劳动组织一律被取缔，劳动力被组织成一个完全受纳粹控制的全国性群众机构。工商协会则被转化为由国家控制的强制性和垄断性的产业协会。

第二次世界大战的结束使德国迅速摆脱了纳粹政权的主要特征，但其工商和劳动组织的遗产却仍然保留下来。德国劳动工会联盟战后被重组，包括传统上一直分歧很深的社会主义、基督教和自由主义组织，仍然延续以产业为基础的组织方式。在政治领域，政府强力限制或者反过来一味讨好工人阶级显然不是一种行得通的办法。赖布鲁赫对战后德国国家形态的性质作了如下简明的概括：劳动组织的政治地位因受到占领机构（尤其在英国占领区）的同情而大大加强了，这反过来促使工商组织的领导人为了抵制工厂拆散和保护自身产权而寻求工会的支

① 克鲁格曼. 美国怎么了 [M]. 北京：中信出版社，2008：34.
② Lehmbruch, G. The Rise and Change of Discourses on "Embedded Capaitalism" in Germany and Japan and their Institutional Setting. Mimeo. , Universität Konstanz. 1999. 38.

持。这在鲁尔区的重工业尤其明显。鲁尔区在魏玛共和国时期一直是最反对工人组织的地区，这种转变反映了整个政治环境的变化。工会领导人正像 1918 年所做的那样选择和工商组织合作，而且这一次双方在反对国家干预产业关系方面形成强有力的联盟。①

战后德国的劳动关系中，工业企业的经理人员被组织在代表利润获得者利益的产业协会中，而工人则以产业工会的形式组织起来，它们各自的最高组织没有选择直接和政府相勾结，而是通过谈判自主地为它所代表的生产要素（劳动力和资本）所有者争取利益，保护产权。这些组织对内限制同一市场的内部竞争，对外通过协商争取更好的集体交换条件和其他就业条件。

双方都愿意达成协议，谈判结果是自我可实施的。这是因为，谈判双方都预期到，如果达不成协议或违反协议，其结果或是遭受成本，或是遭到对方可信的报复，这都将导致他们产权价值的贬值。在工会和劳动组织的谈判过程中，政府退而成为一个中立方，保证谈判结果对所有相关市场的竞争者都具有法律效力，维护产业协会和交易工会准国家机构的地位。斯特里克将这种国家分权类型称为"扩充能力型国家"（enabling state）②。各产权所有者包括工人（人力资产的所有者）依靠代表制选举程序对政府进行民主控制，限制政府对自治谈判过程的越权干预。③ 这种解决劳动关系的方法与自由市场主义的解决方法的一个明显区别是，德国式的劳动工会并不受制于分散化的市场约束，而是确保以一个准公共机构的方式行事。这就避免了奥尔森所论述的集体行动的"搭便车"问题。

三、英国路径

自愿主义是英国劳动关系体系的一大特色，即国家不干预私营企业的集体谈判，政府留给劳资双方达成协议的自由。政府对雇员罢工或者雇主闭厂的权利会实行一些限制，但是限制非常少。集体谈判的劳资双方几乎都不把谈判视为具有强制性的法律合同，而仅将其视为名义上的约束④。

英国在 20 世纪的大部分时期，对劳资关系的调整主要是通过雇主和工会之间的集体谈判来进行的，而没有工会的行业，就由雇主单方决定。不过与中国学

① Lehmbruch, G. The Rise and Change of Discourses on "Embedded Capaitalism" in Germany and Japan and their Institutional Setting. Mimeo. , Universität Konstanz. 1999. 44.

② Streeck, W. Citizenship under Regime Competition：The Case of the "European Work Councils". Florence：European University Institute. 1997. 38.

③ 青木昌彦. 比较制度分析 [M]. 上海：上海远东出版社，2001：165 - 169.

④ Donovan, T. N. , 1968, *Royal Commission on Trade Unions and Employees Associations*, London：HMSO, P. 10.

者的认识不同，英国集体谈判更多的是私人之间的一种谈判，政府起到的作用很
有限①。在当时，这种调整方式远远比议会立法调整的方式重要，能够起到节省
社会交易成本的作用。基本上，英国政府采用"放任主义"政策。放任主义不仅
意味着最低程度的法律监管，允许工会、雇主等的自由施展，而且这种体制对有
组织的劳工、雇主和有关协会间通过集体谈判所达成的规则，也予以支持和推
广。不过，这并不是法律干预的完全缺位。早在19世纪晚期和20世纪早期，英
国政策已经引入了一些辅助性措施，比如劳动部关于解决纠纷的制度的规定，对
管制特定群体的雇佣条件也发布了一些监管措施，尤其是针对那些未能被集体谈
判所纳入的群体，比如在薪资委员会所管辖的一些行业中。②

　　20世纪60年代，英国劳资关系调整机构开始向法律监管转化。不过这引来
了英国国内众多的批评声。人们认为，设立就业处来处理工作场所中不断变化的
劳资关系的做法是错误的，它的调停角色使它妥协于收入政策，在政府是雇佣者
的情况下，这种情况则更普遍。因此，1974年9月成立了劳动咨询调解仲裁委员
会（ACAS）。ACAS设立的目的是需要存在一个独立于政府的机构来承担和调解
劳资纠纷。ACAS自成立开始就是一个以地区性机构为基础的全国性机构。国家
ACAS作为总部，容纳了为专家提供各项支持的团队，具体包括送达支付、信息
技术、数字解决方案、账务、人力资源、通信、政策、研究和评估等方面。除了
一个小型的全国性调解团队外，所有的业务职员都是由地方机构雇佣的。

　　ACAS的特别独立地位在"1975年劳资保护法案"（Employment Protection
Act 1975）中得到了确认。根据该法案，ACAS总体负责促进劳资关系的改善，
并具有两项义务：解决争议及推行集体谈判。这两项职责都有非常重要的法定的
标准和民间自发的标准。对争议解决而言，ACAS是履行法定责任，为个人权利
案件提供调解服务，而在集体谈判案件中，允许但不要求ACAS介入。在集体谈
判领域，ACAS不仅具有调解工会认证纠纷的功能，还负责进行认证的法定程序。
不过，事实证明这个角色是备受争议和充满困难的。1980年的"就业法案"中
正式终止了法定认证程序。

　　ACAS于1980年出版的《劳资关系手册》中对集体谈判的制度安排进行了
描述，不过其中所描述的诸多制度很快就消亡了，与其相关的很多工会和雇主协
会也随着这些制度一起消失。1993年，ACAS不再承担鼓励推广集体谈判的法定
职责。"1993年工会改革和劳动关系法案"（The Trade Union Reform and Employ-
ment Relations Acts 1993）规定，ACAS通过行使与解决工会争议有关的职能来促

---

① 的确，英国政府曾经起到主导干预的作用，不过不久就会出现政府干预失灵的情况。可参见李维
斯，桑希尔，桑得斯. 雇员关系［M］. 大连：东北财经大学，2005：143－159.
② ［英］琳达，聂尔伦. 英国劳资关系调整机构的变迁［M］. 北京：北京大学出版社，2007：第
六章。

进劳资关系的改善。ACAS 将自己的使命表示为："通过提供独立和中立的服务来防止和解决争议，建立和谐的劳资关系，以促进组织的运行和效率。"①

　　ACAS 主要提供两种服务，一是调解性服务，二是信息和咨询性服务。在调解性服务方面出现了集体调解案件不断减少，个人调解案件在近期呈现出明显的上升趋势。这里出现与我国劳动关系问题类似的现象。在 ACAS 主要调解的服务中，"报酬和工作条件"是最主要内容，在大多年度的案件中占到一半以上。而更重要的是服务，也就是信息和咨询服务，其需求的增长可谓非常明显。其中最为频繁的问题涉及假日薪金和权利、解雇、病假工资、旷工、裁员及裁员赔偿等方面。雇员则往往提出很多问题，难以确定他们的主要问题是什么。电话咨询顾问的重要技能就是将不同的问题分离出来，确定最重要的环节，提供相关的信息；并在必要的时候，指导他们向其他机构寻求帮助提供建议。

　　总的来说，英国的 ACAS 在提高生产和运行效率、提高质量和创新水平、保证平等就业和多样化、改善劳动条件、提高劳动者技能和自我发展以及促进公共服务的改革方面，ACAS 都提供了相应的信息。它在促进英国劳动关系公平的合作机制方面创造了必要条件。

例：

1975～2000 年英国工会的数量、会员
人数与集体谈判

　　表 5.2 说明了近年英国的工会数量与工会会员人数的变化。

表 5.2　　　　　　　　　**1975～2000 年英国工会数量和会员人数**

年份	工会数量	会员人数（百万）
1975	446	11.7
1980	467	12.6
1985	391	10.8
1990	306	9.8
1995	260	8.0
2000	221	7.8

　　从表 5.2 可以看出，工会的数量在 20 世纪 70 年代以后不断下降。在 20 世纪初，英国

---

　　①　［英］琳达，聂尔伦. 英国劳资关系调整机构的变迁［M］. 北京：北京大学出版社，2007：28 - 29.

有 1 323 个工会，而 21 世纪初，仅有 221 个工会。1984 年，在英国雇用了 25 名或更多雇员的有工会组织的工作场所中，86% 的雇员的工资和雇佣条件是通过集体谈判方式决定的。如果考虑所有雇用 25 名或更多雇员的工作场所，则由集体谈判决定雇佣条件的雇员达到了 70%。到了 1998 年，上述两种情况下的统计数字分别变成 67% 和 40%。与这种下降相伴随的是，集体谈判所涉及的范围也有了显著缩小①。英国柯里（Cully）等人（1999）将英国所有部门分类比较，1984~1990 年，英国集体谈判的情况为：公共部门从 80% 下降到 63%，私人制造部门从 51% 下降到 46%，私人服务部门从 33% 下降到 22%②。可以看出，传统制造部门（人力资本专用性投资较高）的企业中集体谈判仍然处于很重要的地位；第三产业服务部门（人力资本通用性投资较高）的集体谈判作用很小。因此，工会、集体谈判水平的降低与第三产业的发展（GDP 不再依赖于人力资本投资较高的传统工业），全球一体化，企业寻求更高灵活性的用工方式等原因有关。

四、值得中国借鉴之处

不同国家由于政治、经济及文化起源等方面存在历史上的差异，使一国的劳资关系体系具有"历史上的重大差异"。但是，劳资关系发展并不是没有规律可言。美国、德国、英国三国劳资关系的发展都是以"二战"之后稳定国家起点，开始都在不同程度上的依赖于工会或者中立的第三方组织（英国），并以本国的特点沿着各个路径发展，形成路径依赖的特征。因此，有些人得出结论：解决中国当前分配问题必然需要充分发挥政府和工会作用，加强集体谈判机制。

一些学者承认我国工会也存在着特殊的路径。李向民和邱立成（2001）认为，我国工会组织实行的是一元化组织原则，中国共产党和中华全国总工会长期以来形成了领导与被领导关系，这将是中国劳资关系向前发展的路径依赖。③ 至今为止，在推动 2008 年颁布的《劳动合同法》与一系列涨工资、集体谈判问题上，全国总工会发挥了极为重要的作用，而企业工会并没有"能力"保障人力资本专用性投资。因此，常凯表达了支持总工会的观点。他认为，"既然现在的工会还形成不了集体的力量，因而在基层，更加需要政府权力的介入，需要劳动执法部门和劳动监督部门的介入"④，以及"当前中国的强资本弱劳工的状态，仅靠工人自己的力量是很难实现平衡的，这就需要政府干预，需要国家权力介入，

① 李维斯，桑希尔，桑得斯. 雇员关系 [M]. 大连：东北财经大学，2005：108-110.
② 李维斯，桑希尔，桑得斯. 雇员关系 [M]. 大连：东北财经大学，2005：172.
③ 李向民，邱立成. 美、德劳资关系发展的路径依赖研究 [J]. 经济体制改革，2008（2）：171-174.
④ 常凯. 三十年来劳资关系的演变历程 [J]. 中国商界，2008（6）：37-39.

需要法律通过限制强者以扶持弱者"①。另外，中国人民大学经济学研究所、东海证券等机构联合发布的《中国宏观经济分析与预测报告》（2010 年三季度），主题为工资形成机制变革下的中国经济结构调整。报告认为，中国低端劳动力市场的工资形成机制，正从传统的"生存工资定价法则"转向"保留工资约束下的市场议价法则"转变。② 这种宏观上的预测可能反映了一种国家宏观调控的趋势。

　　然而类似于"弱劳工强资本并且必须由法律保护"的观点似乎与马克思当年所说的"阶级斗争"的观点有很多相似之处，并非利用合同的灵活性，协调劳动关系的发展。但是为了避免与马克思"阶级斗争"的思想跟我国现代化市场经济建设不符，常凯不得不重新解释到，"目前中国的劳资冲突其性质基本是经济冲突，且主要是由于劳动者权利被侵害所引发"③。然而，常凯经常论述到中国的工人和工会并没有成为企业抗衡力量，也没有形成对于雇主的压力。④

　　问题在于，不是以强调工会保障人力资本专用性的经济手段，而是想通过法律强制性干预或政治手段来解决经济问题，这样还能达到效率与公平之间的统一吗？能保障我国的经济保持高速的发展吗？我们曾经分析过，通过宏观的、由总工会影响法制从而提高集体谈判能力、改变市场劳动力价格的做法，只能解决最低层面问题。在讨论《劳动合同法（草案）》时，董保华曾认为，中国的劳动者应当作分层的认识，《劳动合同法（草案）》实行的是一种高标准、窄覆盖，对已经受到比较充分保护的上层或较为上层的员工，是锦上添花；但中国需要的是低标准、广覆盖，加强最弱势员工的保护，实现雪中送炭。⑤ 其实这句话应该有另外一层含义，根据奥尔森的集体行动逻辑，只要是广覆盖、加强弱势员工的保护，就只能保障最低标准、最低水平。常凯所论述的方法欲达到使更多的中国人民分享到改革开放的成果是很难实现的，而且并非"双赢"的体现，那只是放弃部分效率性原则追求所谓的"公平"（平均主义）而已。

　　西方发达国家工会路径的这种特征基本上只能反映这些国家在 20 世纪七八十年代以前的企业与市场环境的状态。那时的西方发达国家主要是以制造业为主导的产业形式，必然需要较高物质方面的资本专用性投资（工业化生产的专用设备），相应引起人力资本专用性投资较高。加上市场发达程度并不是很高，信息的传递需要很大的成本，员工转换工作的成本将会很高，加重了人力资本专用性投资的专用性程度。因此，才出现了企业工会以及集体谈判的形式，以保护人力资本专用性投资不受到侵害，并平衡企业分配权力。在当今全球一体化竞争加剧

①③　常凯. 构建和谐社会与劳资关系法制化［J］. 检察风云，2007（6）：28 - 29.

②　http：//news. sohu. com/20101006/n275434518. shtml.

④　寇肯等. 美国产业关系的转型［M］. 北京：中国劳动社会保障出版社，2008：186.

⑤　董保华. 锦上添花抑或雪中送炭——论劳动合同法的基本定位［J］. 法商研究，2006（5）.

的背景下，发达国家如美国已经逐渐放弃工会、集体谈判而转向相对更具有灵活性的人力资源管理模式，可是中国还在重复这条工会、政治强制提升谈判力的路径。这种做法能否保证中国经济的持续增长？能否统一分配的效率与公平？而且这种忽视员工个人能力评价，而强调代表自己利益和信仰团体的集体谈判制度真正是公平的吗？

因此，我国在吸取国外工会运动历史经验和教训的同时，也要看到路径依赖问题与社会主义市场价格机制的当今现状。我国需要改变当前的分配格局，但不能因改变中国当前的工会现状，进而直接"跳跃"到其他路径而支付大量的交易成本。另外，中国也不能偏离经济高速发展的方向，即使是法制建设也不能过分干预到经济环境，中国企业需要适应全球化的挑战，劳动力市场、微观企业的用人方面还需要保持一定的灵活性。中国工会以及集体谈判制度的构建必须本着当今中国现状以及全球一体化等背景，寻找一个适合中国自己的路。而集体谈判理论与法律有着密不可分的关系。

第六章 法制市场经济下的
劳动关系问题

　　政治层面集体谈判的谈判能力与国家（地方）法律的调整是密不可分的。当企业谈判力不足，并面对一个大范围群体（行业工会、地方工会）时必然需要国家（地方）政府从政治上加强谈判能力。本章分析通过法律手段解决劳动关系的优、缺点比较，论述有关新《劳动合同法》引起的问题及争论，并分析私人信息的利用是"公正"的分配关键。

第一节　法律的效率原则

一、霍布斯定理与波斯纳定理

　　机会主义行为是人的一种本性，在一定条件下有可能出现机会主义行为。例如，管理者随意拖欠工资、打骂员工、不给员工配备劳保用品、让员工在不安全和不卫生的环境中工作、很少的事故赔偿、无缘无故地解雇员工等；员工破坏机器设备、偷窃公司财产等，这类行动都会增加企业的交易费用，成为企业有效生产的障碍。所以，17世纪的哲学家霍布斯强调将这种损失降低到最小。他认为，即使在谈判中没有严重的障碍，人们也很少有足够的理性能在合作剩余的分配问题上达成协议。除非有一个强有力的第三方迫使他们同意，否则他们天生的贪婪将引诱不断的争吵。这一原则被称为"霍布斯定理"：国家通过建立法律结构，使私人协议失败所造成的损害达到最小。

　　法经济学家波斯纳继承了霍布斯的基本思想并将其发展。他认为，法律权利是一种可以用来交易的资格，这样，任何一个法律权利都能产生一个市场。人们可以被期望用法律资格去交易他们更能发挥价值的东西。这也就是人们熟知的波斯纳定理。

二、法律的效率原则

法经济学家使用的效率与经济学使用的效率并非完全一样。经济学家争议较小的是帕累托最优效率准则（Pareto optimum）。如果一种变革没有使任何人的处境变坏，而至少有一个人的处境变好，这种变革称为一个"帕累托改进"。帕累托最优状态是指不存在帕累托改进。帕累托最优效率原则所要求的一定是在纯粹自愿性交易条件下成立的。然而，因为大多数交易都会对第三方产生影响，所以对现实世界的可适用性可能很小。另外，帕累托准则对现存财富和收入分配制度是好是坏、是正义还是非正义没有得出任何答案，所以它没有回答有效的资源配置在社会和伦理意义上是否都值得追求这一准则。

法经济学家则使用了一个不太苛刻的效率概念——"卡尔多—希克斯（Kaldor - Hicks）效率准则"，这个概念包含有一定伦理学意味。"卡尔多—希克斯准则"被称为"潜在帕累托最优"：盈利者可以对损失者进行补偿，不论他们实际上是否这样做。比如，100元的增值对于富人与穷人的效用是不一致的，穷人得到100元可能满足很多他自己的生活必需品，而富人损失掉100元可能对他并没有太多的影响。因此，通过减少富人的100元来补偿穷人，如果社会总效用是增加的，也是符合"卡尔多—希克斯效率准则"。但这种准则很容易让人误解，德沃金等人多次批评这一准则可能影响真正的效率。的确，这条原则必须慎用，原因是这种"人为"补偿判断是短视的并且可能侵犯财产权，很容易产生人们不愿意努力、不愿意当富人的极为不良的后果。但是在一些特殊条件下，这种判断是不会侵犯财产权的。我们还以穷人与富人的例子：如果富人自愿帮助穷人的话，这条原则不会影响效率，比如慈善业；但是，一旦出现某些组织实行强制性政策干预，强制富人帮助穷人，就可能大大影响效率。我国的《物权法》也是在这种考虑下通过的：承认"私有产权"的合理性以保证效率。那么这条原则是否错误呢？

其实，这只是错误理解并使用"卡尔多—希克斯准则"。上面分析的主要问题是是否出于"自愿"。一个有证据支持的观点是，只有在实际上奉行自愿交易时，支付意愿才可能被可信地得以确认。在按照自愿交易转移资源的地方，这种转移包含着效率的增长，转移了的资源在新的所有者手中将具有更大的价值。然而，在某些情况下，非自愿的限制同样可能促进效率的增加。其实，很多企业制度、法律甚至非正规的习惯等都存在非自愿的强制性交易。比如，雇员进入企业后，雇员就必须服从企业章程、企业权威的命令，如果受到培训的雇员想要"跳槽"，就必须首先支付赔偿和违约金。这些都是一方"非自愿"的支付，并受到法律强制执行的保护。

　　非自愿交换在什么情况下可能增加效率？在这一点上应该区别事前与事后。应该坚持双方在缔约时是自愿的，这也是坚持自愿交易可以促进效率增长的保证。而在双方缔约之后，就可能对某方的"自由度"进行部分的限定。这种思想包含了一定的哲学思想。英国哲学家斯宾塞（Herbert Spencer）认为："每个人都可以自由地干他所想干的事，但这是以他没有侵犯任何其他人所享有的相同的自由为条件的。①"只有服从一定限制条件才能获得真正的自由，这也是对人的理性行动进行了有效的限制。那么，分阶段分情况应该遵守以下原则：

　　事前：自愿缔约原则

　　事后 $\begin{cases} \text{帕累托准则，当双方按照事前协议合作履约} \\ \text{卡尔多 – 希克斯准则，当非合作的履约或者至少} \\ \text{有一方不履约} \end{cases}$

　　事后原则可以是对科斯定理的法律规则中的财产权利（property right）的一种转述。② 任何非合作的履约或者至少有一方不履约时，我们将按照"卡尔多—希克斯准则"实施强制性补偿性的原则。这种分段区别事前（ex ante）、事后（ex post）的原则是有意义的，"卡尔多—希克斯准则"的补偿性惩罚将提供一种激励机制或者说提供了一种诱因，诱使人们事前采取社会角度最优的帕累托合作行动③。

　　我国劳动关系法学学者常凯教授在解读《劳动合同法》的影响时认为："为了降低成本，守法是最好的办法，越规避成本越高，这样激励企业执行《劳动合同法》。"只要是按照事前自愿原则协议下合作履约，就可能达到双方的效率增进，否则将受到强制性补偿性原则的惩处。换句话说，"卡尔多—希克斯准则"保证了帕累托最优实现的可能性。

　　需要附加一点补充性说明，"卡尔多—希克斯准则"与庇古（Arthur Pigou）的政府强制力解决问题存在着很大的不同。虽然他们都把责任加在造成伤害的一方身上，但是"卡尔多—希克斯准则"需要对防止某种具有危害效果的活动的收获与成本之间进行比较，进而决定是否可以补偿。而庇古以及一些"伪社会主义"研究者天真地认为政府干预是无成本的，其明智决策要求政府可以获得无限信息并且是在政府的计划制订者是慈爱的、无私欲的这些不合理的假设基础上推导出来的结论。

---

　　①　转引于博登海默. 法理学：法律哲学与法律方法 ［M］. 北京：中国政法大学，2004：264.

　　②　财产权利是指法律规定：要么 A 在得到 B 的允许（或为此与 B 谈判）后使用（或消费或获得）B 的财产，如果未得到 B 的允许而发生使用（或消费或获得）B 的财产时，则 A 需要支付给 B "惩罚性的"损害赔偿金。

　　③　法学称之为诱因，比如对于《刑法》，只能通过事后制裁诱导人们事前不杀人，而不可能强制人们不杀人。因而，笔者个人认为法律多数只能是诱导性方法，而区别于政府的强制性方法。

三、赔偿性原则

法经济学修正了"古典合同"的教条主义思想，增加了合同的灵活性，肯定了合同的不完全特性。由于不可预见的或然性，可能事后会出现成本高于价值的情况，有时违约对双方可能都是帕累托改进的。与"卡尔多—希克斯准则"很相近的是利用"赔偿性原则"。在法经济学文献中"赔偿性原则"又分两种："期待损失赔偿"（expectation damages）和"信任损失赔偿"（reliance damages）。"期待损失赔偿"是指违约方要补偿对方在关系内的机会收益，是当事人在订立合同时期望从交易中获得的各种利益的总和，包括合同履行后可以获得的利益和因违约而导致的现有财产的损失或费用的支出。"信任损失赔偿"是指违约方不仅要支付对方在关系外的收益，还要补偿对方所做的专用性投资。

由于专用性投资问题比较难判定，我国对于信任损失赔偿的研究并不是很多。在立法上，《中华人民共和国合同法》第一百一十三条对因违约造成受害人期待利益损失的赔偿问题作了较明确的规定。但是，法理论界对期待利益损失如何赔偿至今仍存在着不同的认识，对于损害他人财产权行为所造成的受害人期待利益损失的赔偿问题则无明确规定，司法实践中的操作更加困难。违约和损害他人财产或财产权所造成的他人利益的损失在客观上表现为两种不同的形态：一是违法行为对权利人处于增值状态中的财产实施或造成损害，从而使权利人丧失了实现财产增值的前提和基础。在这种场合，该违法行为一方面造成了权利人财产上的直接损失（即财产本体的毁损、减少或灭失）；另一方面也造成了权利人期待利益的损失。二是违法行为在客观上虽然未给权利人处于增值过程中的财产本体造成损害，但却使权利人为取得一定的财产利益而依法设立的财产关系遭到破坏，从而也使权利人在正常情况下能够获得财产增值的条件破坏，并导致权利人未来利益（期待利益）丧失。无论哪一种形态，在客观上都表现出这样的特点和规律，即期待利益损失作为一种财产损害后果，它是由民事违法行为所造成的，其损失状况取决于违法行为的程度。

然而，一旦存在这样的制度安排并且能够实施，无论是期待损失赔偿还是信任损失赔偿都可能会造成某一方的过度投资问题，造成社会效率损失。夏沃尔（Shavell，1980）最早把赔偿措施当作弥补合同不完全的手段，并且证明了两种赔偿措施都会导致过度投资，但期望损失赔偿措施帕累托优于信任损失赔偿措施。他假定非投资者是违约者，因此在我们给出的基本环境下，卖方相当于获得了一种投资的保险，并且他从赔偿中得到的边际私人收益超过了边际社会收益，所以会过度投资。在信任损失赔偿措施下，卖方所做的任何专用性投资都会得到补偿，所以他比在期望损失赔偿措施下更容易过度投资。[①] 且因为可证实性上的困难，实际操作将面临很大困难。与本章第四节所论述的问题一样，期望损失赔偿在实践中操作将很难实证什么是专用性投资，还是特殊性的通用性投资。因此，赔偿的视角与法律视角解决劳动关系问题将会面临同样的问题。

第二节　《劳动合同法》的法经济学分析

《劳动合同法》自 2008 年 1 月 1 日实施以来，对于规范用人单位和劳动者双方的权利义务，保护劳动者合法权益，构建和发展和谐稳定的劳动关系发挥了重要作用。企业增强了依法用工意识，劳动合同签订率和社会保险覆盖率明显上升，劳动合同短期化在一定程度上得到遏制。然而，随着《劳动合同法》的施行，劳动争议案件急剧增长，部分地区甚至呈现"井喷"态势。新的法律带来了新的问题，产生了新的争议，如要求签订无固定期限劳动合同、支付双倍工资的争议等。劳动关系矛盾也更加错综复杂，诱发了劳资双方机会主义行为的可能性，都出现了一些非合作、不和谐的劳动关系现象。比如，一些企业为了减少和规避新法带来的影响，采取了诸如"买断工龄"、"重签合同"、"强行将劳动者派遣到新用人单位"甚至采用另行注册公司的办法，将劳动者以往工龄归零，以规避无固定期限劳动合同。一些劳动者为方便"跳槽"而拒签劳动合同，甚至采用"过度维权"、"非理性维权"的维权方式。企业、劳动者对《劳动合同法》有关规定理解上的分歧，也使新法的施行遇到了新的矛盾和问题。[②]

而且，由于《劳动合同法》很多部分只规定了法律条文，对其违反《劳动合同法》的惩罚条款规定不够清楚。如"卡尔多—希克斯效率准则"描述的那样，法律可执行的必要条件就是需要明确相应规定的惩罚细则。2008 年 9 月 18 日，国务院公布施行《劳动合同法实施条例》（以下简称《实施条例》），梳理了《劳动合同法》有关解除条款的规定，澄清了《劳动合同法》表述上的一些歧义条款，明确了法律相应的惩罚范围、额度，细化和完善了劳动合同的有关规定，提高了法律的可操作性。我们从以下几个细化部分分析下《劳动合同法》以及《实施条例》对《劳动法》的扩展作用。

第一，强化书面合同，降低可实施成本。

劳动合同的形式是指劳动合同当事人确立、变更、终止劳动权利义务关系的

---

① Shavell, S., 1980, "Damage Measures for Breach of Contract", *Bell Journal of Economics* 11: 466 – 490.

② 本节参考程延园. 聚焦《劳动合同法实施条例》的新变化及其对企业的影响 [J]. 北京劳动保障职业学院学报，2009（03）.

表现形式。《劳动合同法》第十条规定："建立劳动关系，应当订立书面劳动合同。已建立劳动关系，未同时订立书面劳动合同的，应当自用工之日起一个月内订立书面劳动合同。"第十四条规定："……用人单位自用工之日起满一年不与劳动者订立书面劳动合同的，视为用人单位与劳动者已订立无固定期限劳动合同。"第八十二条还规定："用人单位自用工之日起超过一个月不满一年未与劳动者订立书面劳动合同的，应当向劳动者每月支付二倍的工资。用人单位违反本法规定不与劳动者订立无固定期限劳动合同的，自应当订立无固定期限劳动合同之日起向劳动者每月支付二倍的工资。"

　　用人单位之所以不愿意与劳动者签订劳动合同，往往是因为不签劳动合同有可能逃避为职工缴纳社会保险的义务，降低解雇职工时支付经济补偿金等成本。而以往的法律规定，用人单位不签订劳动合同承担的法律责任仅是员工可以随时辞职、单位终止双方关系的须支付员工工龄经济补偿金以及小额的罚款等。《劳动合同法》的出台明显加重了这一法律责任，同时也可以更好地保障劳动合同采用书面形式。针对实践中出现的一些劳动者拒绝签订书面合同，或者在用人单位要求签订书面合同时借故不签订合同而想获取双倍工资的现象，《实施条例》在强化书面劳动合同的同时，规定了劳动者拒签书面合同的后果。《实施条例》对拒签书面合同的规定分为三种情形，即一个月内、超过一个月不满一年、超过一年。自用工之日起一个月内，用人单位书面通知劳动者签订书面合同，劳动者拒签的，用人单位应当书面终止劳动关系，且无须支付经济补偿。超过一个月不满一年劳动者仍拒签书面合同的，用人单位应当每月向劳动者支付双倍工资，且应当书面终止劳动关系，依法向劳动者支付经济补偿。超过一年仍未签订书面劳动合同的，视为双方已订立无固定期限合同，用人单位应当向劳动者每月支付双倍工资，双倍工资的支付时间是自用工之日起满一个月的次日至满一年的前一日即总计 11 个月，并应立即与劳动者补订书面劳动合同。

　　《实施条例》这些规定的特点在于，重申劳动合同必须采用书面形式，明确了用人单位如何处理劳动者拒签书面合同的情形，并指出相应的惩罚，规定了事实劳动关系的解除方式。其目的是，提高用人单位出于机会主义行为动机的成本，诱使其更加规范合作。签订书面劳动合同，既是用人单位的法定义务，也是劳动者的法定义务，对劳动者拒签书面合同的行为，用人单位应当及时终止劳动关系，不得形成事实用工。对于超过一年仍未签订书面合同的，《实施条例》在重申双方之间已经视为无固定期限合同的同时，明确将企业支付双倍工资的时间限制在 11 个月内，这一规定，明确了应签无固定期限合同须支付双倍工资的时间范围，在严格防止企业非法用工和不规范用工的同时，也加强了对劳动者的约束，避免形成过度保护。

　　第二，明确规定违法责任后果与经济补偿。

　　《劳动合同法》规定，用人单位自用工之日起即与劳动者建立劳动关系，应当建立职工名册备查，但对职工名册应当包括哪些内容、企业不按规定建立职工名册应当承担什么责任，并没有具体规定。《实施条例》进一步细化了职工名册的内容，规定应当包括劳动者姓名、性别、公民身份号码、户籍地址及现住址、联系方式、用工形式、用工起始时间、劳动合同期限等内容。同时规定了相关的法律责任，用人单位违反建立职工名册规定，由劳动行政部门责令限期改正；逾期不改正的，处 2 000 元以上 2 万元以下的罚款。用工形式、用工的起始时间、劳动合同的期限等，直接涉及劳动者的保险待遇、经济补偿、无固定期限合同的签订、医疗期以及年休假待遇等，职工名册制度的建立和完善有利于规范用工，也有利于预防劳动争议。

　　经济补偿问题也更为细化规定，这有利于《劳动合同法》真正实现其目的。经济补偿的月工资标准如何确定、经济补偿金和赔偿金如何支付，以及劳务派遣和以完成一定工作任务为期限的劳动合同是否需要支付经济补偿等实际操作问题，在《劳动合同法》中都没有明确规定。新法实施后，这些问题都暴露出来，而且具有一定的代表性。《实施条例》对此作出了明确澄清，规定企业违法解除或者终止劳动合同，依照规定支付赔偿金的，将不再支付经济补偿。同时，明确了经济补偿与一次性工伤医疗补助金和伤残就业补助金的关系，规定工伤职工除享受经济补偿之外，仍有权依法享受一次性工伤医疗补助金和伤残就业补助金。补充规定了以完成一定工作任务为期限的劳动合同依法终止要支付经济补偿，劳务派遣合同解除和终止要支付经济补偿。对计算经济补偿的月工资基数的口径做出明确规定，即按照劳动者应得工资计算，具体包括计时工资或者计件工资以及奖金、津贴和补贴等货币性收入。劳动者前 12 个月的平均工资低于当地最低工资标准的，按照当地最低工资标准计算。工作不满 12 个月的，按照实际工作的月数计算平均工资。这些规定，对《劳动合同法》的实施起到了补充作用。

　　第三，明确试用期工资的限制性规定与"培训费用"事项。

　　针对《劳动合同法》关于试用期工资限制的不同理解，《实施条例》规定，劳动者在试用期的工资不得低于本单位相同岗位最低档工资的 80% 或者不得低于劳动合同约定工资的 80% ，并不得低于用人单位所在地的最低工资标准。明确了试用期工资的确立原则和支付办法，避免了对同一条款的不同理解和解释。

　　在第四章介绍过，贝克尔在分析人力资本投资的过程中，区分了在职培训中的一般性培训（或称通用性培训）和特殊性培训（或称专用性培训）。并认为接受一般培训的职工应由自己承担培训费用，企业则不支付一般培训的费用；而接受专用性培训的职工不承担培训费用，转而由企业承担。然而，在实际操作中，法律中希望明确考察合作中而产生的培训费用承担问题不具有信息优势，在收集实际培训双方的费用分担时的信息成本十分高昂。所以，《劳动合同法》明确规定，用人单位为劳动者提供专项培训费用，对其进行专业技术培训的，可以与劳动者订立协议，约定服务期。但对"专项培训费用"具体应包含哪些费用，并未明确说明。对此，《实施条例》从财务上对培训费用作出了补充说明，规定"专项培训费用"，包括企业为了对劳动者进行专业技术培训而支付的有凭证的培训费用、培训期间的差旅费用，以及因培训产生的用于该劳动者的其他直接费用。强调认定专项培训费用必须具有支付凭证，这是对专项培训费用认定提出的要求。同时明确，专项培训费用不仅限于对员工进行专业技术培训所支付的直接费用，同时也包括培训期间的差旅费，以及其他间接费用。企业为培训支付的培训费用，一定要注意保留支付凭证，通过明确书面合同来降低诉讼而引起的争论。

第四，无固定期限劳动合同与人力资本专用性。

本书第四章从人力资源管理方面分析了西方发达国家微观企业层面通过企业规章、制度来限制企业权威能力，一定程度上保障人力资本专用性投资以及劳动合同的效率；第五章从工会、集体谈判与宏观国家调控的角度如何保护人力资本专用性投资。然而，当前我国微观企业通过规章、制度或是人力资源管理的保证人力资本专用性投资是不可置信的，由于我国工会的特殊发展路径，集体谈判能力仍然需要政治和法律来维持，也无法达到良好的保护人力资本专用性投资的效果。因此，《劳动合同法》通过法律强制性对人力资本专用性投资进行保护。其中最明显的一条就是无固定期限劳动合同的规定。

针对我国劳动关系领域自实行劳动合同制度以来普遍存在的劳动合同短期化现象（实践中用人单位与劳动者一般签订一年的固定期限劳动合同），《劳动合同法》在1994年实行的《劳动法》的相关规定的基础之上，增加了劳动者与用人单位之间成立无固定期限劳动合同的情形，并修改了成立的条件。首先，增加了成立无固定期限劳动合同的情形。即除了在同一用人单位连续工作满十年外，还规定了用人单位初次实行劳动合同制度或者国有企业改制重新订立劳动合同时，劳动者在该用人单位连续工作满十年且距法定退休年龄不足十年和连续订立二次固定期限劳动合同两种情形。其次，修改了《劳动法》中法定无固定期限劳动合同成立的条件。《劳动法》第二十条规定成立无固定期限劳动合同的条件是当事人双方同意续延劳动合同的，如果劳动者提出订立无固定期限的劳动合同，应当订立无固定期限的劳动合同。而《劳动合同法》第十四条则规定，只要劳动者提出或者同意续订、订立劳动合同的，除劳动者提出订立固定期限劳动合同外，应当订立无固定期限劳动合同。由此可见，只要符合成立无固定期限劳动合同的法定情形，则完全由劳动者的意愿决定是否订立无固定期限的劳动合同，用人单位没有任何发表自己意见的机会。

无固定期限条款的制定出发点是在一定程度上保护人力资本专用性投资不受侵犯。王全兴认为，受经济利益的驱动，用人单位往往选择使用年轻的劳动者，等劳动者年老体衰之后就不再使用，完全不考虑劳动者在年轻时为单位作的贡献。从保障劳动者就业权的角度看，无固定期限劳动合同比固定期限劳动合同更有利于劳动者。所以，许多国家和地区在立法中积极主张无固定期限劳动合同的适用。如我国台湾地区规定，临时性、短期性、季节性及特定性工作应为固定期限劳动契约，有继续性工作应为无固定期限劳动契约。德国规定，固定期限劳动合同如第二次续订，就要订立不定期劳动合同。① 这与保持人力资本专用性投资的思想是一致的。"固定期限劳动合同到期终止，也要向劳动者支付经济补偿；连续订立两次固定期限、连续工作满十年，要订立无固定期限劳动合同；经济性裁员时，企业应该优先留用无固定期限劳动合同者，家庭无其他就业人员、有需要扶养的老人或者未成年人的劳动者等。"对于后者，体现了法律强制企业所需要承担的社会责任，其合理性作者无法评价。但至少对于经济性裁员时，企业应该优先留用无固定期限劳动合同者这条规定，与美国工会的工会会员优先权的道理一致，其目的可以保证对人力资本专用性投资的保护，限制管理者机会主义行为的可能性，促进人们的公平交易，提高人们合作意愿与动机的好处。

但是，我国法律界定无固定期限并不是十分清楚，一度让很多企业感到"恐慌"，企业经营者误认为无固定期限合同又回到了以前"铁饭碗"、"终身制"。《实施条例》对此进行了重申，内容分散在《劳动合同法》第三十六、第三十七、第三十八条中的劳动者可以解除合同的 13 种情形作了集中表述，明确在上述情形下劳动者可以依法解除包括无固定期限合同在内的各种劳动合同。同样，《实施条例》将分散在《劳动合同法》第三十六、第三十九、第四十、第四十一条中用人单位可以解除劳动合同的 14 种情形作了集中表述，明确在上述情形下用人单位可以依法解除包括无固定期限合同在内的各种劳动合同。《实施条例》以专条集中表述的方式，将《劳动合同法》中分散于不同条款的解除条件作了重新梳理和重申。这种集中、直接表述形式的目的，在于澄清无固定期限劳动合同是"铁饭碗"、"终身制"的误解，在于消除企业和劳动者对无固定期限劳动合同的担忧和误读，其宣传意义更为明显。

笔者认为，即使《实施条例》对无固定期限作了重申，可是无固定期限本身表述得还不十分明确，《劳动合同法》中还存有很多问题。不过，西方国家关于就业保护立法对劳动力市场影响的研究显示，《就业保护法》可以通过多种渠道对生产力产生影响：对解雇活动的严格管制增加了解雇工人的成本，使企业不愿意雇用新工人；《就业保护法》使劳动力的灵活性降低，使企业在面临技术和产品需求的快速变革时更加难以作出快速反应；《就业保护法》还降低了劳动力向新兴高科技企业和行业的流动；解雇保护还会降低工人工作的努力程度，因为其

---

① 王全兴. 劳动法 [M]. 北京：法律出版社，2004：125.

面临的解雇风险降低。但另一方面，解雇管制为工人提供了额外的工作保障，延长其工作任期，使得企业和工人更愿意进行与企业或工作特殊技能相关的人力资本投资。这些研究为我们研究《劳动合同法》的实施效果提供了有益参考。① 而当前我国的问题是培训、晋升方式与德国式企业的微观条件并非一致（本书第四章），采用宏观的手段保护人力专用性投资是否经济？能否真正促进人们交易的公平性？对企业劳动成本、内部交易成本、外部交易成本、解雇成本和管理机制有哪些影响？对就业、失业以及劳动关系稳定会带来哪些变化？法律条文明确了合同条款，同时也给合同带来了很大的不灵活性，这是否会削弱企业面临的国际竞争？这一系列的问题可能需要经济学界、商学界、法学界、社会学界的学者的共同研究。

总体来说，《劳动合同法》从一个最低的限度规范了劳动力市场对企业从招人到培训、用人、留人和裁人等人力资源的各个环节和流程作了细化说明。并且我国的法学界也不断地向更低的交易成本和提高法律效率这个方向努力。2009年前3个月的劳动争议案件比2008年同期上升了59%，这个数字不一定完全反映了劳动关系状况的恶化。一方面，新《劳动合同法》修正了原来法律规定上模棱两可而导致的机会主义行为，提高雇员通过法律途径的收益，使雇员更有可能通过法律保障自己的权利。另一方面，法律可以直接降低诉讼费用，目前平均劳动争议案件中的诉讼费用比2007年降低了10元。由于降低了成本的同时提高了收益的可能性，原来没有办法解决而现在可以通过法律解决劳动关系问题。这些都是劳动案例增长的原因。劳动合同法限制了一些企业的违法行为，提高了他们的成本，总体提高了整个社会效率。姚先国以自己在浙江做的调查为根据，提出了判断一个企业是守法还是违法就是采用计算劳动合同法对企业成本的影响这种方式。他认为，守法的企业，成本的增加非常有限；但对于违法企业来说，《劳动合同法》对企业增加的成本可能不只是30%，甚至可能是一倍。所以常凯认为，劳资关系应以法为鉴，只有遵守法律对企业来说才是最节省成本的。②

第三节 关于《劳动合同法》的一些争论

一、法律的正义性

需要指出，上述结论只是通过法经济学的分析方法，分析由于《劳动合同

---

① 程延园. 用理性双赢实践《劳动合同法》[J]. 工会博览. 2009（1）：25 - 27.

② [OL] http://finance.sina.com.cn/review/observe/20090309/17355950763.shtml.

法》的出台改变了劳动关系的利益相关者之间在劳动力市场中的相对成本与收益，进而影响他们的行为与决策。本书特别提出通过法律加强企业工会谈判能力对人力资本专用性投资的保护这一观点，而这一观点在目前讨论中往往被人们所忽视。不过，即使通过经济学可以分析由于法律颁布而引起的相对成本之间的变化以及法律制定欲达到的一个目的，但经济学却无法分析法理学的一些判断准则。事实上，法经济学与法律的研究思想有着本质上的区别。苏力在波斯纳的《道德和法律理论的疑问》一书译序中写到：一个接受了传统法学院知识传统之训练、并且深深嵌在这个实践着的知识传统之中的法律人，他会很难摆脱传统的法律同政治哲学、道德哲学以及这些哲学影响下的宪法理论。苏力引用当今美国法学界的现状写到，当年的法律经济学界的"同路人"，也都在中年成名之后，逐步淡出了法律经济学的行列，回归到比较传统的法理学和宪法理论的道路。①法经济学分析法律并非是法律的全部，成本—收益分析存在着局限性，至少忽视了对公正、正义等社会关系问题的回答。法经济学的开创者之一波斯纳曾指出，如果通过对法律规则进行成本和收益分析，仅仅以效率为标准来研究在一定社会制度中法律的制定和实施问题，使人们可以就法律实施的结果得出结论并对特定的法律安排的社会价值作出评价，也就不必关注道德的存在，忽视法理学从其诞生之日起即与其纠缠不清的伦理道德。②

　　《劳动合同法》中自然包含着运用经济学无法解释的原则，如法理学中强调的"公正"、"正义"。博登海默认为："一个法律制度若不能满足正义的要求，那么从长远来看，就无力为政治实体提供秩序和和平。但从另一方面来看，如果没有一个有序的司法执行制度来确保相同情况获得相同待遇，那么正义也不能实现。因此，秩序的维续在某种程度上是以存在着一个合理的健全的法律制度为条件的，而正义则需要秩序的帮助才能发挥它的一律旨在创设一种正义的社会秩序"③。法学家往往得出即使在资源稀缺的世界中，为了保持适度的平衡发展，正义的三个基本成分不可完全偏废，正义和秩序才会有效协调，有助于促进人类的全面发展与社会关系的和谐。

　　从社会稳定这个角度，笔者也十分担心我国劳动关系现状以及收入差距问题。更重要的是，中国目前不完善市场机制无法解决这些问题。本书第五章曾经介绍过，美国最初也存在法律倾斜保护的现象，经过反复的政治斗争之后，才有

---

　　①　苏力序．引于波斯纳．道德和法律理论的疑问［M］．北京：中国政法大学出版社，2001．苏力序：Ⅱ－Ⅲ．另外关于道德也并非纯价值判断，某一些道德是非判断还是属于理性判断。特别是运用于劳动关系方面，如果员工努力但并非通过明确合同来解决合作过程这种思路是很大程度上道德是非判断，可以用经济学方法分析。在本章补充部分还会对此问题继续讨论。

　　②　波斯纳试图在道德与法理学之间分清界线，消除社会对道德话语和宏大法律迷信。有兴趣可参见波斯纳著．苏力译．道德和法律理论的疑问［M］．北京：中国政法大学出版社，2001．

　　③　博登海默．法理学：法律哲学与法律方法［M］．北京：中国政法大学出版社，2004：330．

今天劳资双方之间较公平的讨价还价能力。中国很多学者支持中国在当前现状应该选择"倾斜保护劳动者"。比如，在中国通过法律强制推广职工民主参与制的实行。《劳动合同法》第四条第二款规定，用人单位在制定、修改或者决定有关劳动报酬、工作时间、休息休假、劳动安全卫生、保险福利、职工培训、劳动纪律以及劳动定额管理等直接涉及劳动者切身利益的规章制度或者重大事项时，应当经职工代表大会或者全体职工讨论，提出方案和意见，与工会或者职工代表平等协商确定。用人单位制定规章制度、决定重大事项属于行使经营自主权的体现。《劳动合同法》赋予劳动者规章制度制定权和重大事项决定权其实质就是使劳动者参与到用人单位的经营管理过程中，这就涉及劳动者参与用人单位的民主管理问题。法律赋予劳动者参与用人单位民主管理的权利，其目的是保护劳动者的合法权益。但董文军认为：在我国，劳动者参与用人单位的民主管理虽然有明确的法律依据，但无论从理论还是从实践的角度分析，劳动者参与用人单位民主管理确实存在一些难以解决的问题。第一，普通劳动者一般都不具备企业管理方面的知识，其没有能力胜任用人单位的经营管理工作；第二，劳动者参与用人单位的经营管理工作，但是其并不具备承担责任的能力。① 董文军得出与笔者在第三章内容相同的结论，不赞同广泛推广职工民主参与制。

　　《劳动合同法》的制定、明确合同的细节阻止了管理者机会主义行为。法律重新定义了分配规则的过程中存在着利益集团之间大量的政治斗争，产生了大量政治租金，容易引起政府官员的机会主义行为，同时此过程也耗费了大量社会资源等。这与传统经济学或者强调效率的法学学者的观点是一致的。笔者也同意，从长期角度来讲，如果一部法律存在着过度倾斜保护一方利益的话，必将是低效率的法律，也必将被修正或废除。正如董文军所论述，对劳动者的倾斜保护并不是以牺牲用人单位的利益为代价，而是尽可能使劳动者具有与用人单位平等的对话能力。如果过分强调对劳动者的保护，将会使通过倾斜保护劳动者所建立起来的平等再度被打破，损害用人单位的利益。此种倾斜保护是以牺牲用人单位的利益为代价的，破坏了劳动者与用人单位之间的利益平衡，从而使此种制度设计失去了正当性。② 然而，如果《劳动合同法》在近期被废除的话，那么通过集体谈判、法定规则加强劳动者一方的谈判能力或改变当今中国分配不公的社会问题等将变得扑朔迷离。

　　不过，法律诱导性规定的成本十分高昂，并且法律诱导性制度变化缺乏一定的灵活性，当环境改变后，在法律不能及时调整的情况下，很容易引发不良后果。加上本书第五章所论述的"大范围"的保障问题，所以法律只能在保障新古典合同秩序以及最低工资方面有着优势。

①② 董文军. 我国《劳动合同法》中的倾斜保护与利益平衡 [J]. 当代法学，2008（5）：106－109.

二、"强资本、弱劳工"的观点

本书第三章曾经讨论过"资本雇佣劳动"这个问题，与"强资本、弱劳工"的观点很相近。以下上升到法律和政治的角度更加深入地分析这个问题。

"保护劳动者"这种思想已经渐渐被劳动法学界所接受。支持"保护劳动"原则是"强资本、弱劳工"理念，主要是源于经济学中的供需学说。这个思想很早就有学者提出。冯彦君认为，平等是法律的基本价值追求之一，是合同制度存在的前提。劳动合同作为规范劳动者和用人单位之间权利义务关系的协议，自然也是以平等作为其存在的前提条件。但是，劳动者在与用人单位签订劳动合同的过程中，虽然法律地位在形式上是平等的，但实质上却是不平等的。与用人单位相比，劳动者处于弱势地位，原因在于：其一，在劳动力要素市场上，劳动力的供给往往大于需求，就业机会稀缺形成"买方市场"。在"买方市场"结构中，劳动者之间的就业竞争加剧，劳动者的选择余地和谈判能力都大为减弱。其二，劳资关系是一种对立统一的关系，劳资双方处于利益共同体之中，但也存在着利益矛盾，在二者的抗衡与较量中，劳动者常常不得不作出让步。其三，劳动关系是一种兼有财产和人身双重因素的社会关系，在这种混合关系中，劳动者隶属于劳动组织（单位），必须接受单位的组织安排，居于一种单向服从的地位。① 不过，笔者认为这种供需理论有一个非常"不好"的推论：既然人们承认了"我国劳动力的供给往往大于需求"这样的思想，也就天然支持了劳动者应该接受低工资。那么，为什么持有这种理论的学者还往往致力于增加集体谈判的谈判能力等方式来提高劳动者的工资呢？

另外，同样源于法律学界，也有反对"保护劳动者"思想的学者。董保华早在 1992 年就把"保护劳动者"原则概括为"倾斜保护"②。特别是董保华质疑了《劳动合同立法》的制定过程。他评论我国一些学者的观点，对"众所周知，处于强势的资方，尤其外资企业，其组织化程度更完善，利益诉求渠道更畅通，对政策和法律的制定过程往往能施加更多的影响力③"等论点提出质疑。他指出，在立法层面，"外资企业，其组织化程度更完善，利益诉求渠道更畅通"。其实这种观点的出现很大程度上源于对"强资本、弱劳工"这一假设的错误解读。……这一命题是以劳动关系未经法律调整的状况做前提的，因此导出倾斜立法、保护劳动者等原则。这一命题本身并不适应于通过团体行动的劳动立法过程。在我国，劳方团体与资方团体确实是两个不对称的主体。但力量对比与媒体的思维定

① 冯彦君. 民法与劳动法：制度的发展与变迁 [J]. 社会科学战线，2001（3）.
② 董保华，程惠瑛. 中国劳动法学 [M]. 北京：中国政法大学，1992：80.
③ 汤耀国. 保护劳动者权益博弈深化立法公正 [J]. 瞭望，2007（27）.

式正好相反。① 他认为，在这次《劳动合同法》的制定中，全国工商联有关人士反复强调：《劳动合同法》的制定从头到尾，每一个环节都征求了工商联的意见，但在这次过程中实际缺少了资方作为博弈者的参与。

这些问题的确反映了《劳动合同法》制定过程中的一些问题。然而，董保华并不否认团体行动中"强资本、弱劳工"的现象，至少从长期角度应该是如此。因为，从个人动机角度的团体行动中很容易解释出"强资本、弱劳工"的现象。本书第五章曾经介绍过奥尔森的集体行动理论，其中一个重要引申结论就是大范围的利益分享必然需要法律强制力的干预保障。因此，法律保障只能是在最低范围内，否则将可能极度影响经济效率。在讨论《劳动合同法（草案）》时，董保华曾认为，中国的劳动者应当作分层的认识，《劳动合同法（草案）》实行的是一种高标准、窄覆盖，对已经受到比较充分保护的上层或较为上层的员工，是锦上添花；但中国需要的是低标准、广覆盖，加强最弱势员工的保护，实现雪中送炭。② 也就是说，《劳动合同法》是一种广范围的保护措施，无法阻止其他不努力的人"搭便车"现象。从长期纯利益来讲，员工们的集体行动是低效率的。欲达到让更多中国人分享到改革开放中国经济高速发展的成果这一目标，只凭借法律的完善是很难达到的。很多学者提出，通过修正法律或政治压力施加的方法迫使政府间接干预市场价格从而提高员工、工会的谈判能力。然而，从分得利益来讲，资方这部分要较劳动者一方的人数少得多，更容易推动集体行动、结成联盟，影响政治决策。至少在目前"强资本、弱劳工"是一条不可改变现象，通过政治、法律变革改变这种格局也是可以理解的。

三、"双赢"、"合作"之争

在博弈过程中，一般总存在三种博弈支付结果的情况：第一种情况是各派利益主体都以追求自身利益和价值的最大化为目标，彼此互不妥协，最后每一派的目标都未达到，全败俱伤，形成没有赢家的"共输"，这种情况在博弈论上称作负和博弈；第二种情况是最强大的那个（或几个）力量彻底压倒或消灭其他力量，获得全胜，形成自己一（或几）派全赢、其他各派全输的结果，这在博弈论上称作零和博弈；第三种情况是各派利益主体在坚持自身根本利益和价值诉求的同时，也适当考虑其他利益主体的利益和要求，必要时各派都甘愿做出某些让步，即冲突中有合作、斗争中有妥协，最后达成一种整合性的平衡，实现公共利益与价值的最大化，收到"双赢"、"多赢"、"共赢"之效，博弈论称其为正和

　　① 董保华. 劳资博弈之道——兼谈劳动合同立法博弈中"强资本、弱劳工"的观点 [J]. 社会科学家，2009（1）：8-14.
　　② 董保华. 锦上添花抑或雪中送炭——论劳动合同法的基本定位 [J]. 法商研究，2006（5）

博弈。①

　　而在新《劳动合同法》的讨论中，不论是支持《劳动合同法》者还是不支持者，哪一方的观点都在强调支持自己的观点是"双赢"、"多赢"、"共赢"的结果。某集团总裁最担心的是，在《劳动合同法》出台后，能不能继续保持良好的企业和员工的合作关系。② 站在企业家一方的自由学派经济学家通常认为《劳动合同法》的某些条款显然不是一个正和博弈。张五常持的是双输论，认为《劳动合同法》大大增加了用工成本，是导致企业关闭、撤资的主要原因。断言《劳动合同法》在实践中将得不到执行，并使"整个市场会受到严重的损害"。不仅是用人单位受损失，劳动者也同样受损失："目前所见，新劳动法的效应是劳资双方皆失！③" 经济学家郎咸平认为，《劳动合同法》没有通过大面积的论证，没有通过试点，仓促地出台，造成了企业、工人双输的局面。董保华认为，《劳动合同法》在保护劳动者合法权益的同时，也保护了少数缺乏竞争力的雇员，牺牲了大多数劳动者的就业机会，使劳动关系凝固化——企业用工易进难出、多进少出或者只进不出。更为严重的是，《劳动合同法》的实施提高了劳动力成本，对劳动密集型企业产生巨大冲击，同时损害了企业和雇员双方利益，因而是一个显而易见的负和博弈。

　　与上面论点相左，支持者一方认为，《劳动合同法》的颁布是"双赢"促进合作的方案。程延园认为，《劳动合同法》在坚持劳动法制度框架的基础上，进一步完善了劳动合同制度，弥补了原有制度的缺欠，在兼顾企业利益的基础上，促进劳动者就业稳定。《劳动合同法》是追求社会公正和劳资双赢的法律，它的颁布和实施，对促进劳动关系和谐发展将产生深远影响。④ 以《劳动合同法（草案）》课题组组长、中国人民大学劳动关系研究所所长常凯教授为代表的学者坚定地支持《劳动合同法》推出。针对《劳动合同法》过分保护劳动者而有伤企业经营者权益的观点，常凯认为，《劳动合同法》会对有的地方经济产生影响，但《劳动合同法》的施行，促使企业转型、提高管理水平，对企业的长期发展是有利的。企业成于转型，毁于规避。为了适应新的法制环境，中小企业必须努力实现自身的转变。全国总工会法律工作部部长刘继臣否定了《劳动合同法》的实施导致中小企业经营困难的说法。认为《劳动合同法》规范了企业的用工行为，但是并没有增加企业的运营成本，目前一些中小企业的经营困难，是由《劳动合同法》之外的一些因素造成的。

---

　　① 程汉大. 正和博弈是立宪成功之道 [J]. 山东师范大学学报（人文社会科学版），2005（4）.

　　② 郭凡生，常凯等人. 我们期待建立劳资关系新格局 [J]. 职业，2008（2）：25；29.

　　③ 张五常. 劳动合同的真谛 [DB/OL]. 张五常博客 http://blog.sina.com.cn/s/blog_47841af701008hmj.html, 2008－02－12.

　　④ 程延园. 用理性双赢实践《劳动合同法》[J]. 工会博览，2009（1）：25－27.

可以看出，无论是管理者一方还是劳动者一方，都一再强调自己的做法是"双赢"、"多赢"、"共赢"。实际上"双赢"、"多赢"、"共赢"的含义是本书第二章所论述的合作的本质。这里包括劳动关系一直强调的"隐性关系"或者"针锋相对"策略都是一种"双赢"、"互惠"的思想。那么，"双赢"、"多赢"、"共赢"的实际标准究竟是什么？是否真的像很多经济学者认为的那样呢？企业一方所提出，最担心《劳动合同法》产生的后果是不能继续保持良好的企业和员工的合作关系。然而，如果真的是合作关系的话，为什么目前产生很多不和谐的现象呢？为什么收入差距拉大到让人不满意的程度呢？为什么这种"理想"受到"美化"式的合作思想在市场分配机制下扩大着收入差距呢？

评论当前我国劳动关系总体概况时，董保华既不认为"劳资冲突已经成为社会最突出的问题"，也不认为劳动关系已转化为"劳资伙伴关系"。总体上，笔者支持董保华的这种观点，即不同意中国当前已经是一种"合作型劳动关系"，也不认为"劳动关系"非要通过类似于"阶级斗争"的方法解决不可。不能否认，我国现今分配制度是存在很大问题的，但笔者认为，劳动关系出现很多不和谐现状与现今我国市场机制不完善有关。笔者并非否定新古典经济学理论，而是对其理论进行扩展性研究。新古典经济学只考虑数量与价格的相对供求比例因素，而真实的社会中还有很多其他因素（如人力资本专用性、人的机会主义行为）影响着价格因素。工资因素结果不能简单被解释为由于中国劳动力供给较大，人们的工资相对较低的结论。本书把工资的价格均衡的结果看成人们考虑各种因素后的博弈均衡结果。在社会其他因素（如包括技能、分配的相对公平等因素）的影响下，从工资中反映了供需数量之间的联系。综合评价这些因素之后人们之间博弈的均衡结果，这正是反映了劳动关系中包含社会性因素。

第四节　劳动法律关系的边界与私人解决

一、法律与新古典经济学

新古典经济学与法学中，有关劳动关系研究的假设前提是一致的。大多数新古典经济学理论都假定了对于各种合同纠纷，法律上已经规定了有效、适用的规则，法庭自会合理合法地作出明断，且成本较低。法学的研究是一个基本保障，国家立法具有规模经济的优势。"新古典合同"比"古典合同"在合同的执行上增加了一定的弹性，但需要低成本的法院（仲裁机构）条件，保证合作原则下分析当事人之间权利与义务关系并进行判定。

　　然而，有效的法律干预前提是十分苛刻的。它要求法庭面对具有同质性的大量案件，并且法庭在信息方面至少不劣于当事人。法律制度天网恢恢，疏而不漏，自然能以低成本的方式强制人们信守诺言。虽然这种假设使理论分析更为容易，结论也有很强的指导性意义。但是，在实际中，将劳动关系中所有的事项都试图签订明确的书面劳动合同是不可能的，另外可证实性也存在很大困难。如本书第三、第四章所论述的，劳动关系中长期劳动合同真的能够通过不断的明确形成书面合同的话，将与市场短期"即时合同"没有区别。在这种情况下，对企业来说，劳动合同将不存在任何吸引力。就连企业本身的存在也没有太大实际意义，企业只需要通过市场"购买"劳动力就可以。新古典经济学与"法律中心论"者都不约而同地假设了讨价还价的成本为零或很低。不过，现实中这一成本可能是高昂的，将会损失大量的诸如讨价还价、搜寻信息等交易成本。合作时间越长，不确定性因素越大，再加上人的有限理性因素，完全规定出所有任务的说明、完全明确合同内容的成本就越高或者根本不可能规定出来。即使退一步，假设能够签订明确规定所有可能的完全合同，而法律解决劳动争议的方式还需要支付证实、审核等成本。由于劳动合同的长期性，证实生产过程中的所有人的努力并分离团队中个人成果产生影响等事项的成本是十分高昂的。特别是如分享企业创造的租金（企业剩余利润分配）等问题还存在着市场外部不确定的影响，在合作之前根本无法预期，因而就存在着其他合作方式以节省法律制裁方式的交易成本，促进社会效率。

二、超越法律边界与私人解决

　　新《劳动合同法》不断强调书面合同的作用，其目的就是降低法院收集、审核信息等成本，加强法律可执行能力。法学界也正在向更低的交易成本的这个方向努力，并取得很大的成就。但是，法律解决劳动关系问题的方式往往忽视了合作的本质，且缺乏足够的弹性以适应环境的变化，即可能存在着其他更好的解决方式或可以对其作出补充。

　　交易成本不为零的现实中，在讨价还价、搜寻信息等方面需要付出一定的成本，解决劳动纠纷的方式并不可能完全通过法律判决。"法律中心论"的传统反映的是法学家的倾向，它认为这些纠纷不应该就地解决，而应该"提交"给一个专供发表各种意见的论坛，并且应该按照某一权威性机构及国家资助的专家所提出的补救措施来处理。但是，实践中的做法却与此相反。绝大部分纠纷，包括很多按现行法律规定本应提交法庭来裁决的纠纷，都是靠息事宁人、自认倒霉或其他类似方式来解决的[①]。威廉姆森并不同意"法庭能够'明察秋毫'"这一假定，

---

　　① 威廉姆森. 资本主义经济制度［M］. 北京：商务印书馆，2002：34.

而是认为法庭判决往往会遇到严格的限制。正是由于在不同情况下这些限制的宽严尺度不同，因此，要用不同的方法来研究不同的合同问题……就应该适当超出法律规则的范围，从这些合同与各种治理结构的关系的角度，对各种交易作出比较及评价。[①] 如果从实际处理劳动关系问题的角度来看，通过私人解决这种方式解决的案件数量之多，以至于无法统计。麦克雷（Macaulay，1963）对合同实践的研究支持了这种观点，即解决合同中的争端和不明确的地方，往往不是诉诸法庭，而是要靠私人解决达成一致。他写到，人们并不是按照合同中所规定的、有法律效力的方式来履行合同，而是使用更加非正式的、互相押赌的方式。他引用一位企业家的话来说明这一事实："在拍板、争辩时要甩开律师和会计，因为他们根本不懂予取予与的经商之道。"因此，才会出现有别于市场的治理方式，上述的成本可以通过相互信任、合作的方式得以降低，这就是企业组织的一个重要优势。

　　既然劳动关系中利益相关者之间的合作是有益的，那么为什么还出现很多管理者机会主义行为的现象，没有达到真正的合作呢？普遍认为，由于人的私利，类似于"囚徒困境"博弈的逻辑会无情地毁掉合作的成果。但劳动关系问题本身往往并非一次博弈，随着次数重复增加，如果适当地改变对"敲竹杠"者"变卦"的反应方式，这个问题还是可以被防范的。但是，当这种战略根本行不通或者施行的成本较高时，那就只有继续忍受这种博弈的困境。保障"合作精神"的私人解决主要是通过自我控制与工会等企业机制监督管理者行为，并限制其权力。

　　自我控制是指不依赖法院强制实施的成文的合同条款，是依靠一种私人自我控制的机制，是一种用来对付未能完全说明的合同条款。但当事人之间都理解合同安排中的所有要素的手段，他们能够处理"敲竹杠"的威胁问题。当观察对方在违反合同条款的主旨时，他们将选择中止合作，施加一种私人惩罚，这与法律强制实施方法不同。相对法院仲裁的方法，自我控制的方法会使合同有更好的灵活性以适应环境的改变。流行的合同法原理只强调法律原则，认为应该更加注重这些条文是为什么服务的。过分地死抠法律条文有时甚至忽视了合作的本质，缺乏足够的弹性。卡尔·卢埃林认为："合法合同的重要性在于，它为几乎所有的团体组织、各类个人与组织之间发生的或持续的关系提供了一个框架。"通过法庭来解决各类纠纷不一定有利于保持合作的关系。管理学强调当事人之间相互依存关系的重要性，只有当事人之间更好地合作，才可能达到企业财富创造能力最大化这一目标。一旦企业中相互依存的利益关系被切断，就很容易引发双方强烈的、自私自利的讨价还价。在这种情况下，劳动关系应该多强调私下解决，而不

---

　　① 威廉姆森. 资本主义经济制度［M］. 北京：商务印书馆，2002：286.

是通过法庭裁决，其中研究的重点内容是合同的签订事前与事后的制度问题。

　　前面介绍过，通常人们关于工会的认识只是一种讨价还价、提高雇员地位的垄断机制。而它的真正作用在于限制管理者机会主义行为与"企业权威"的权力，保护人力资本专用性投资不被压榨，使雇员能得到合理的收入，进一步加强管理者的自我控制意识。这种合理性基于当事人双方能按照最初签订合同的合作原则的基础，并且对劳动合同中长期无法预测等不完全性、未被规定出来的条款或存在变动条款作出相应的调整，以符合效率性原则。非政治途径的工会也是私人解决劳动关系问题的一种手段。威廉姆森认为，人们把劳动工会组织几乎完全看作一种搞垄断的组织，也就不大可能或根本不可能把它看作削弱投机的有效治理手段。①

三、劳动法律关系的边界

　　马克思就曾影响了资本主义的法律制度改良。他在《资本论》中写到：从14 世纪到 18 世纪中叶，资本主义刚刚萌芽，不能单纯依靠经济关系的力量，还要依靠国家政权的帮助才能确保自己榨取足够的剩余劳动的权利，所有的工厂立法都是设法延长劳动者的工作日。1349 年，爱德华三世以"鼠疫猖獗，死了很多人"为借口，颁布了第一个劳工法。由于当时"要用合理的价格雇用工人已经困难到了实在难以忍受的地步"，因此，就在法律上强制地规定了"合理"工资和工作日界限。以后的《工厂法》步其后尘，想方设法延长工人的工作时间，掠夺更多的剩余价值。无论是成年人还是妇女儿童，工作日从最少的 12 小时，延长到后来的 14 ~ 15 小时，有些工人甚至工作 20 小时。后来，资本家又发明了 24 小时日夜工作的换班制度。……"资本由于无限度地盲目追逐剩余劳动，像狼一般地贪求剩余劳动，不仅突破了工作日的道德极限，而且突破了工作日的纯粹的生理极限……资本是不管劳动力的寿命长短的。它唯一关心的是在一个工作日内最大限度地使用劳动。它靠缩短劳动力的寿命来达到这一目的，正像贪得无厌的农场主靠掠夺土地肥力来提高收获量一样。"② 马克思的著作推动了资本社会对其体制进行改良，使资本主义通过国家设立法律、法规（默示规则）的一次性成本小于工人与资本家的通过罢工威胁等私人解决问题的总成本之和，导致 18 世纪中叶以限制工作时间为目的的新工厂法出现。马克思的这种认识与霍布斯所强调的理念相似，劳动关系的劳动环境、安全、最低工资等基本条件在员工与管理者个人之间的谈判成本很大，且很容易因双方谈判力不同而导致合同无法"平

---

　　①　威廉姆森. 资本主义经济制度 [M]. 北京：商务印书馆，2002：95.

　　②　马克思. 资本论（第一卷）[M]. 北京：人民出版社，1975：94 – 295.

等"缔结时，则通过国家法律条文，限定这些基本条件，使私人协议失败造成的损害达到最小。

有学者总结了法律节省交易费用基本条件。施瓦茨（Schwartz）认为：如果是高昂的缔约成本造成了契约不完全，那么在一定条件下，国家可以提供某种形式的"默示规则"（default rule），按照某种规则来调整契约不完全时当事人的权利和义务，在司法实践中通常表现为司法解释或者判例。由于国家立法具有规模经济的优势，因此当国家设立默示规则的一次性成本小于私人解决问题的总成本之和时，国家提供默示规则就是值得的。[①]

然而，法律解决问题也需要一些条件，其中最重要的一个条件就是所涉及的事件需要存在普遍性而且依赖于合同大量性事件可以清楚地被证实。施瓦茨进一步表明了法律无效的一种情况：如果证实成本导致了契约不完全，那么根据履约理论，法庭基于某些可证实的条款强制执行契约通常优于提供默示规则。因为缔约各方不会把那些不可证实的条款写入契约，所以在这种情况下国家提供默示规则就是无效的[②]。我国法律的可执行条件有时也会出现问题。比如拟制解雇一类规定了被解雇职工应有的权利或利益，但什么是员工应该获得的权利或利益，"似制解雇"在实践中很难被证实。这时的法律效率是值得人们怀疑的。法学界余薇认为，形成劳动关系，就应当签订书面劳动合同。[③] 法律解决劳动关系的一个最大问题就是可证实性与灵活性。

而"解决最低水平"并"提供一个基本的框架与底线"这种可证实的成本就不是很高，在这两个方面，国家立法具有规模经济的成本优势。董保华认为，《劳动合同法》只应该为人力资源管理提供一个框架和底线。他解释到：劳动法作为社会法兼有公法与私法的特征。劳动法出于保障劳动者生存利益的需要，将一部分内容规定为强制性规范，而使劳动法具有公法特征，这部分内容应当成为人力资源管理的底线性规定。劳动关系作为一种劳动力支配权与劳动报酬的交换，使劳动关系仍需保留任意性规范，也使劳动法具有私法的特征。这种私法特征给出了一个相对灵活的空间，也成为人力资源管理的基础。[④]

董保华的这种理解反映出：即使研究的同是劳动关系问题，法学、经济学、管理学的学科之间也存在着其相应的局限与边界。法律不可能是万能的，经济学、管理学也不可能是万能的。这是因为其运行规则是依照不同的原理；并且如私人信息等获得的成本也大不相同，解决问题的方法也自然不同。支持《劳动合

---

①② Schwartz, A., 1994, "The Default Rule Paradigm and Limits of Contract Law", *Southern California Interdisciplinary Law Journal* 3：389－419.

③　余薇. 最新劳动合同全攻略 [M]. 北京：中国法制出版社，2007：10.

④　董保华. 劳动合同法的软着陆——人力资源管理的影响与应对 [M]. 北京：中国法制出版社，2007：序言第 6 页.

同法》的程延园也清楚地认识到法律的边界，也认同劳动法律关系不可能解决所有问题。他写到，劳动者与企业之间的劳动关系，既包括双方从法律层面签订劳动合同而产生的权利义务关系，又包括在社会层面双方彼此间的人际、情感甚至道义等关系，亦即双方权利义务的不成文的传统、习惯及默契等伦理关系。劳动关系的内容不可能由一纸合同所包含，就像我们不可能通过婚姻契约把夫妻之间的全部权利义务约定一样。劳动关系的一些内容，如对工作的预期和理解等并不完全是用书面形式进行约定，有时它是建立在一种"心理契约"的基础之上，即建立在双方对"工资与努力程度之间的动态博弈"结果之上。劳动法律不是万能的，那种试图期望或要求用一纸合同将双方权利义务全部写出来的想法是徒劳的。①

第五节　道德与合法分配

一、公平与公正

本章第三节讨论了法律的正义性，本节将深入分析这一问题。如果说前文都是研究合作的基础，限制机会主义行为，保护机会公平的作用，从这里开始讨论超过机会公平意义上的合作框架，开始探讨"合作精神"的更为困难的问题——有关分配企业租金（剩余）以及分配的正义性问题。

首先要区别公正与公平的概念。有人认为，公正标准具有多样性，它不可能有一个确定的、永恒的标准。博登海默将其比喻为有着一张普洛透斯似的脸，变幻无常、随时可呈不同形状并具有极不相同的面貌②。公正标准的多样性是因为"公正的判断"本身包含一部分个人主观的价值判断，这种价值判断是一种观念形态的体现，反映人们对某种秩序的渴望或期盼。也就是说，公正包含了人的主观世界认为某种事物"应有"的状态，涉及对某种事物的价值和善恶评价问题。因此，公正不存在统一的客观标准。然而，本书使用的公平概念具有客观的评价标准。2006年世界发展报告中对"公平"有一个定义。虽然公平概念的定义中往往混杂了包含国家发展历史、文化等价值观判断，不同人可能有不同"公平"概念，但在报告里所涉及"公平"的概念应该是一种"机会公平"。"机会公平"是指一个人的成就，应该是她或他努力以及才能的结果，而不是由其所拥有的背

① 程延园. 用理性双赢实践《劳动合同法》[J]. 工会博览，2009（1）：25-27.
② 博登海默. 法理学：法律哲学与法律方法 [M]. 北京：中国政法大学出版社，2004：261.

景决定。一个人的天生条件（包括性别、人种、出生地和家庭背景）以及她或他所拥有的社会关系等因素，不应该决定此人在经济上、社会上以及政治上的成就。[1] 因此，机会公平框架是维持合作、国家稳定发展的重要影响因素。不过，这不是说"合作精神"只保证机会公平就可以了，劳动关系不仅仅是管理者与员工单纯的关系，它还包含很多社会因素，"合作精神"本身还包括更复杂的含义。

例：

分配的"公正感"与"最后通牒博弈"试验

"最后通牒博弈"是博弈论中一个简单的模型，要求只有两种参与人并给予一定量的金额以一定原则进行分配。原则如下：第一个参与人被称为"提议者"，提出对于两人之间的分配比例；第二个人是"回应者"，如果回应者接受提议者提出的分配比例，则按照其比例进行分配。如果是回应者拒绝提议者的提议，他们两人将什么也得不到。传统的博弈理论中，每个人都是理性的，都会将自己的利益最大化。如果提议者是一个理性人，并且他知道回应者也是一个理性人，他会提出一个最小单位给予回应者，自己留下余下的绝大部分。而回应者会接受这个提议，因为他会在什么也得不到（拒绝）与得到提议者的分配的一点点（接受）之间的比较中选择最大的收益。9:1 的分配方案将成为最后的博弈均衡结果。

针对"最后通牒博弈"，古斯（Guth）等人进行了行为博弈试验。然而他的实验结果中却与传统博弈论的结果完全不一样。提议者平均提议 30% ~40% 给予回应者，自己只保留 70% ~60%。当提议分配原则是 50% 对 50% 时，回应者基本全部接受。如果分配比例低于 20% 时，回应者多数会选择拒绝。[2] 最初实验只是分 10 美元，因而有人提出 10 美元对于参与人得到与没有得到这笔钱本身就没有什么差异，分得金额很高的话，其结果可能会有改变。针对这一观点，有学者通过增加达 5 000 美元的基金做了实验。这个实验一共有 50 对人参加试验，每对参与人分配 100 美元。然而结论，与古斯的结果并没有太大的偏差。[3] 也就是说，人们对于这种分配原则的理念与财富的多少影响不大。事实上，被试的选择是无法完全脱离个人特征的，这一点可能会影响实验结果偏离理性决策。罗斯、普拉斯尼卡、扎米尔和奥野正宽（Roth, Prasnikar, Zamir and Okuno - Fujiwara）四人研究了文化差异对试验的影响，他们分别在耶路撒冷（巴勒斯坦）、

---

① 2006 年世界发展报告. 公平与发展［M］. 北京：清华大学出版社，2006：19.

② Guth et al. , 1982, "An Experimental Analysis of Ultimatum Bargaining", Journal of Economic Behavior and Organization, 3.

③ Hoffman, Elizabeth, Kevin McCabe, and Vernon Smith. 1994. "Preferences, property rights, and anonymity in bargaining games" Game and Economic Behavior 7 (3), 346 - 380.

卢布尔雅那（斯洛文尼亚）、匹兹堡（美国）、东京（日本）四个城市进行试验。其结果存在细微差异，以色列人与日本人提议者更倾向于提出一个低的分配比例，（在模型实验中，以色列人与日本人提议者多数提出 30% ~40% 这个分配比例给予回应者；而美国多数提议者提出近 40% ~50% 的比例），而以色列人与日本人的回应者更容易接受低的分配。① 但无论如何这与经济学 9∶1 的理性结果相差甚远。

2002 年诺贝尔经济学奖得主史密斯和哈弗曼（Smith and Hoffman）等人通过试验解释与理论的差距这一现象。他们控制了实验过程的两个方面：匿名原则与一次性博弈原则。在这两个原则的控制条件下，使实验结果接近博弈论预测那样，多数的参与人表现出一种自私自利的，利益最大化的形象（2/3 的提议人提议占有全部，还有 20% 的提议人提议占有 90% 以上）。

虽然史密斯等人用实验的方法证明了传统经济学理论的正确性，但是毕竟人需要人际交往，人要生活在社会之中。绝大多数情况下，这种交往并不是一次性的，劳动关系就是很典型的例子。包括史密斯也承认："无论是实验者还是理论者，我们需要重新审视一下假设前提，实验的参与人所处的环境是一种一次性的博弈过程，没有历史及未来的信息可以与参与者声誉形象相联系起来。"② 所以，现实中，古斯的"最后通牒博弈"试验结果还是有很大指导意义的，这反映了人们在社会交往中，人们普遍存在着一种"公正"的主观价值观信念。这种主观信念也是维持合作的最要因素之一。

"最后通牒博弈"试验与劳动关系中企业租金分配的思想有很大关系。至少它可以证明人们的行动并非如新古典经济学理性预期的那样子，只会以利益最大化为最终目标。人们在企业中还是在社会生产、生活交往中，会产生一种特殊社会关系。这种社会关系影响了人们拥有某种有着普遍认同的"公平"、"公正"的尺度，即使这个尺度可能会随着外界条件的影响而发生改变。但这至少说明"合作精神"中不仅仅包含机会公平的基本认识，而且分配还受到人们主观价值观判断，"公正"与否等社会因素。劳动关系的另一个特殊之处，是它包含了这种社会性质。

笔者并不赞同如集体谈判等非微观单位的分析方式，但绝对没有反对微观个人基础上社会关系的观点。事实上，人们生活在社会中，不是鲁滨孙·克鲁索的世界，不可能是独立的个人关系，社会制度连接着人与人的关系。这种认识上，马克思的思想是超前的，马克思比他之前的任何思想家都更多地让我们认识到社会力量的强大。他写到：产生"孤立的个人"的观点的时代也是产生了到现在为

---

① Roth Alvin E., Vesna Prasnikar, Shmuel Zamir, and Masahiro Okuno - Fujiwara, "Bargaining and Market Behavior in Jerusalem, Ljubljana, Pittsburgh, and Tokyo: An Experimental Study." American Economic Review, December 1991, 81: 1068 - 1095.

② Smith, V. L. Experimental economics. International Encyclopedia of the Social an Behavioral Sciences, 2000. 80.

止最高度发展的社会关系的时代。也就是说，微观个人基础（人性）的几乎所有特征都可能是社会结构强加在我们身上的。这种观点被大多数思想家所赞同，罗尔斯在《正义论》中写道："人的才干和'做出努力的'意愿在很大程度上是社会影响的产物。"① 对于那些有才华、为社会作出杰出贡献的管理者来说，他们的收入也不能脱离社会关系。即使他们如不完全合同理论（新产权理论）描述的那样掌握着企业"剩余控制权"，但他们的分配也要符合人们普遍的公正观，保持稳定、合理的社会关系。

然而，如果公正包含了人们的主观价值判断的话，我们怎样能够通过客观的标准评价"公正"与否？很遗憾，正是因为包含了一部分个人主观色彩，这种标准的制定是很难的，柏拉图、康德等思想家绞尽脑汁试图回答这一问题，可是现在与过去一样，问题依然未得到解决。法学界依然有很多学者试图想挑战分配"公正性"问题。

二、法律分配的成本

在关于《劳动合同法》的非学术讨论中，王文珍评论郭凡生时说："既然郭总喜欢用将军带着士兵去打仗来比喻企业这个团队，我想在打仗的过程中，不论是将军还是士兵都希望我们这一方打胜，这是没有问题的。如果有一方有邪念，这个仗肯定没法打。现在的关键是士兵会考虑一个问题：我在拼命地打完胜仗回来之后，这个功要怎么记，成果怎么享。我个人认为，《劳动合同法》得到有效的实施，既有利于我们企业在全球竞争的市场上去打胜仗，更有利于我们打完胜仗回来之后，晚上喝酒共享一下成果。"② 这种认识存在着一定问题，但也反映了《劳动合同法》本质的问题：《劳动合同法》究竟可否有助于企业租金的分配（分割合作剩余），且通过法律分割合作剩余是否经济？是否公正？

法律在宣称"保护正义"的过程中需要注意界线。博登海默认为，不应当将"正义"和"自然法"两词作为同义词使用。他解释到，自然法乃是一个正义制度的最为根本的基础，它是由那些最低限度的公平和合理的标准组成的，没有这些标准，就不可能有可行的法律制度③。"最低限度的公平和合理"是很重要的，法律并不是正义的全部含义，一旦超过最低限制这个标准，法律正义的有效性就会出现问题。法律要依靠合同，无法改变合同内容，自然就不可能干预没有明确规定的企业租金分配（企业剩余利润分享）问题。因此，我国政府改变了改革开放前直接干预企业分配的方法，而是通过修正法律提升员工、工会的集体谈判能

① 转引于［美］弗莱施哈克尔. 分配正义简史［M］. 南京：译林出版社，2010：139.
② 郭凡生，常凯等人. 我们期待建立劳资关系新格局［J］. 职业，2008（2）：25；29.
③ 博登海默. 法理学：法律哲学与法律方法［M］. 北京：中国政法大学出版社，2004：298.

力，并以此合理分配企业租金（剩余利润），以达到改变我国分配不公的目的。

　　法律强制性制度变迁的方法往往忽视了我国现今管理者与员工的实际力量对比、劳动力供求状态以及我国工会发展等特殊路径，忽视了人力资本专用性问题以及当今市场环境等因素，在保证分配公正性的同时损失了大量的成本。单纯通过法律强制性制度诱导改革将会给社会带来巨大的制度变迁成本。特别是，这些成本里面必然包含政治斗争所带来的成本，如管理者用所强调的全球经济危机等因素联合抵制《劳动合同法》的施行。我国"法律干预"的观点并不是促进劳动双方真诚的合作，而且恰恰相反，法学保护劳动者的思想似乎与马克思当年所说的"阶级斗争"的观点有很多相似之处。为了争夺更多的利益，劳动双方分成两个或两个以上利益集团（阶级）为自己利益而寻求政治保护。但为了避免马克思"阶级斗争"思想与我国现代化市场经济建设不符，常凯不得不重新解释到，"目前中国的劳资冲突其性质基本是经济冲突，且主要是由于劳动者权利被侵害所引发"①。然而，在保证中国经济高速发展的前提下，公平（公正）能通过法律强制性干预完全解决吗？

　　通过人为制定最低水平以上"公正"的标准必然是低效率的，然而我国希望达到短时间内扭转收入差距扩大趋势的目标，这种强制性做法还在持续。但是单纯法律的方法无法创造中国的中产阶级，也无法达到一种人们广泛认同的、公平的、包含"公正"或"社会正义"等观念的经济秩序，也很难使更多的中国人民真正享受到改革开放后中国经济发展所带来的成果。

　　劳动关系研究的目的并不是判定谁在劳动争议中获胜或者是其他，重要的是它应该促使利益相关者之间更好、更公平地合作，实现企业租金创造能力最大化以及社会繁荣发展和稳定。强调劳动合同是因为它本身是一种治理结构，而不单纯是按照法律规则去构造的合同。因此，出现纠纷时，不是千篇一律地通过法庭解决，而是既要遵守合同、依法办事，还要依照双方当初签订合同时的"合作精神"才能最终解决问题。合作是出于利益主体认识到如果他们希望达到相关的目标，就需要伙伴一起完成。合作是群体成员为了实现各自的目标，在充分认识到彼此目标间差异的基础上，"异中求同"，进行广泛的、全面的协作。企业往往在实现企业共同目标时，一定程度上也满足了当事人各自的目标。只凭借强制力等方式去解决劳动关系问题从长期角度来看并非完美，需要运用私人解决、第三方合作机制等方法来降低解决劳动关系的成本。保证"合作精神"，将劳动合同弹性的效率释放出来。如果说我国市场价格机制尚不完善，市场调节作用失灵，那么不认真思考如何完善市场制度，而是单一通过法律可能将会破坏人们的合作原则，就无法保证"和谐劳动关系"的结果出现，还将会阻碍我国经济长期的发展。

---

　　①　常凯．构建和谐社会与劳资关系法制化［J］．检察风云，2007（6）：28－29.

三、道德分配

诸如随地吐痰这样的事情，如果都需要法律解决的话，那么从不可证实性或与其收益比较来看，法律的证实成本就太高。企业租金的分配问题也是如此。如果员工尽守本职，努力工作的话，他们应该得到其劳动相应的报酬。然而，法律很难证实在实际生产中劳动者与管理者之间的实际投入与效率，很难保证劳动关系中的公平性原则。在这种情况下，法律是低效率的。特别是，当企业创造出来超额的企业租金，而在员工合同中并没有明确规定的部分，从合作精神以及道德上，应该将部分超额租金补偿给员工。企业所创造出来的这部分超额租金更不能得到法律强制力的保护，因为劳动关系中偏离合同之外的行为，公正性原则就更难被证实。正如前文所论述，法律对企业租金分配（剩余利润分享）问题、不完全合同或者是无法被证实的情况几乎是无能为力的。所以，劳动法律关系只能解决劳动关系问题中较小的部分。

劳动关系分配中需要区分两个不同的分配层次，即法律层次与道德层次，这是非常重要的。比如合同上规定了工作内容、性质以及应该发多少工资，而且员工也很好地完成了合同中的规定，但管理者在没有任何理由或者理由不充分时，不按合同办事、管理者拖欠员工工资，就违反了劳动合同，可以通过法律解决这种不合法行为。但是如果管理者不公平地正确评价每位员工的努力，甚至"侵占"了维持"合作精神"本应属于员工的那部分企业租金（剩余）时，管理者的这种行为不能说是不合法的，大多数员工会认为管理者的这种行为是违背合作精神，是不道德的，即只能依赖于员工们的"价值是非判断"。由于劳动合同具有不完全性的特征，合同中并没有规定员工超出合同的努力会在未来得到多少回报以及可以得到多少企业所创造出来的剩余。法律也很难证实或根本不可能证实劳动关系中的实际情况，从而在不完全可证实的信息基础上就无法作出准确的裁决。

正是因为分配中存在着这种复杂性和无法证实部分，马克思才指出：工资应该包括"历史"和"道德"因素。但为什么道德因素的信号不能在市场中被观察到？又如何将马克思所谓的"历史"和"道德"因素纳入市场价格机制中？如何有助于人们获得道德是非判断的参考信息？也就是说如何能把"历史"和"道德"因素产生的价格纳入市场价格机制之中，这个问题才是最困难的。

其实，道德问题是经济学的重要话题之一，广义地讲与机会主义行为问题很相近，机会主义行为就是一种不道德的行为。如果只是一味追求自己的利益的，不考察其他人的利益的话，那么由于不相信以及策略上的讨价还价等原因，就可能会威胁到交易成立本身。在一定程度上,如果市场制度成立的话,市场的伦理与道德也是必不可少的。斯密认为虽然有着利己思想的人类同时也有着道德与情操这些美好的感情。即使"人是自利的"及"机会主义倾向"是一种人类的本质,但是人们也普遍认同这样的信念:"为了交易而不择手段或者运用暴力或者欺骗等机会主义行动"都为人们所不齿的。

道德感情部分通过所有权与市场的法规等方式体现出来,不过这并非高效的。除法律上的判罚结果之外,电视、广播、网络等大众媒体传播符合"道德"信息,同样可以保证市场中包含"公平"、"正义"等观念以避免机会主义行为的出现。反之,如果市场秩序中没有包括市场伦理或者道德因素等内容,参与人之间将只是单纯地为了追求自利而进行交换的人,就会导致机会主义行为出现。这也就是说,在一定程度上完善的市场机制本身是通过制度化防止机会主义行为的出现。当然这种制度化并不完全是基于法律,如果没有"公平"、"正义"等道德情感的话,市场制度的成立也十分困难。道德规范作为法律规范的一种补充,同样对于市场秩序产生重要的影响。[①]

回到企业微观角度,处理好"公平"、"正义"的问题,处理好利益相关者之间的关系并合理分配企业租金将会使人们之间形成一种相互依存的隐性合同(implicit contract)。隐性关系是劳动关系中人与人在长期合作过程中产生的一种信任或默契,它可以代替市场讨价还价的交易关系,进而形成了企业文化,可以促进当事人之间更好地合作。威廉姆森支持科斯合同的长期性的理由在于人力资产专用性,他认为合同履行期间对于人力资本投资会不断出现问题,因此还要在生产过程中进行专业培训,边干边学。除非可以很便宜地从其他供应商那里买到这种投资,否则,只有长期维持这种供求关系,买卖双方才能受益。他进一步给予了解释:当交易双方根据合作情况愿意续签合同并达成新的协议时,就会额外节省具体交易的成本。互相熟悉了,双方就可以有话直说,就能节省沟通成本:由于知根知底形成了一些特征用语,举手投足都能心领神会。于是在制度上、在个人关系上都形成了一种信任关系。由于他们能根据这种沟通作出适当的反应,因此在判断对方流露的意向时,于公于私就都有了判断的标准。这样,即使交换以求两利的精神受到伤害,只要人格正直这一点能被人信任,交易者就会拒绝利用合同文字来占对方便宜的投机做法。有了这种拒绝投机的心态,就能抵制各种组织都具有的那种想投机的通病。[②] 那么"私人解决"的方式如何保持人们合作之间的诚实守信?我们将在下一章专门研究"私人解决"中的信任以及劳动力市场声誉效应问题。

---

① 见本章补充,经济学视角有关道德的讨论。

② 威廉姆森.资本主义经济制度 [M].北京:商务印书馆,2003:92.

第六节　补充有关"道德"话题的讨论

道德问题研究往往属于伦理学研究范畴，因为道德研究中往往包含人们主观因素的价值判断。经济学研究需要研究客观标准，如何评价这种主观因素的价值判断？是否道德中所有的问题都不存在客观标准？本节引用经济学中有关道德的讨论回答上述问题。

一、道德的经济学分析[①]

经济学由道德哲学的一个分支演化而来。经济学鼻祖亚当·斯密的《国富论》开创了经济学基础框架，但与之齐名的《道德情操论》就是一本很好的论述道德问题的著作。而获得诺贝尔奖的现代经济学家，如哈耶克、阿罗、弗里德曼、布坎南、诺思、西蒙等，都发表过对道德问题的看法，诺思曾经把包括道德在内的意识形态理论作为制度变迁理论的三大基石之一（1981），布坎南则直接把经济学定位在"介于预测科学和道德哲学之间"（1987）。

近几年来，国内经济学界讨论道德问题的人也很多。樊纲在《"不道德"的经济学》（1998）中曾认为，经济学家讨论道德问题是"不务正业"，主张经济学"不讲道德"。该文引起学界的非议，但批评者或出于道义，或出于情感，而出于学理层面的议论较少。这个问题至少在茅于轼的《中国人的道德前景》一书中得到回答。[②]

首先，这本书中分析了什么是道德，并且如何从经济学上解释道德。众所周知，经济学是研究利益关系的。讲道德并不是不言利，恰恰相反，正是出于利益的考虑才有道德要求，才讲道德。正如尼采所言，善是出自于利，而恶是与害相连的。可见，道德与经济和经济学的关系非常密切。从这个角度，茅于轼认为把道德看作"为了大家的利益而要求牺牲自己一时的利益的一种行为规范"（265）。需要注意的是，茅于轼的道德定义并不是一种哲学理念和人类信仰，而是把道德看作一种行为规范和制度安排，这就使之成为经济学特别是制度经济学的考察对象。这一解释集中于为了利益而牺牲利益，前者包括了利益牺牲者的利益，也就包括了被牺牲利益者的权衡和判断。因而，这种牺牲不是无条件的，而是有条件的。这就是"囚徒困境"的客观条件，诸如遵守公共秩序、遵守商业规

---

① 参考于张曙光. 经济学（家）如何讲道德？——评《中国人的道德前景》[J]. 读书, 1999 (01).

② 茅于轼. 中国人的道德前景 [M]. 广州：暨南大学出版社, 1997. 本节中直接标页码均出于此书。

则、在非对等情况下帮助和解救他人等，这些行为的结果会造成一个人人都受益的制度环境。离开了这样的条件而牺牲自己的利益，如在可以进行正常交易的条件下免费为大家服务，并不能真正使人人受益，只能助长某些人的依赖、偷懒、占便宜的不道德行为，因而这种利益牺牲不论是大是小，长期短期，都不能说是道德的。茅于轼并没有提出一个普遍适用的道德真理，而是指出了在什么条件下，人们的行为是符合道德的。

其次，这本书进一步讨论了道德的两个重要属性，即"公共服务"和"社会共识"（265～285）。一方面，指出道德是一种隐性合同，其内容是我愿意为社会提供道德服务，如果人们都作出同样的承诺，我就可以享受社会为我提供的道德服务。既然如此，也就存在着一些人"搭便车"的机会主义行为，即不道德行为。因而，道德的维持是不稳定的，首先水准的提高不可能一蹴而就，遵守道德规范是有代价的，"一个人的道德水平可以用他愿意为道德行为支付的代价的高低来定量地衡量"（274）。另一方面，从道德是社会共识出发，其基本要素就是全人类共同的道德信仰，如仁爱、诚实、守信、慷慨、宽容等。正因为如此，茅于轼明确指出："道德是非的判断在很大程度上是理性判断，而首先的实践则纯属价值判断"（285）。作为理性判断，道德纯粹是每个人发自内心的感受和选择，是一种非常个人化的实践，人们对自己行为的欣慰或不安，即是道德力量之所在。从这个意义上说，经济学在这个方面是无能为力，经济学不讨论这种道德问题。因此，樊纲把道德问题完全归结为价值判断，而否定道德是非的理性判断，因而得出经济学不讲道德的结论就有些片面了。

张曙光把道德分成三个不同的层次：第一个层次是单纯的为己利己的自利行为，既不损人也不利人。这是最低的和起码的道德要求，也就是何怀宏先生所说的"底线伦理"。它的一端连着法律，其主要内容几乎等于法律；它的另一端连着类似于宗教的信仰、信念。第二个层次是为己利人或利己利人的互利行为，这是最普遍的道德要求。第三个层次是为人利人，无私奉献，这是最高的道德理想和道德要求。这样区分道德后，至少第一与第二个道德层次是属于道德是非的判断这个问题范畴之内的，是可以进行经济学分析的①。我们并非不提倡第三种"雷锋精神"式的道德观，而是在分析如何阻止人们最低、最差的机会主义行为可能引起的后果。波斯纳曾说明了类似的观点，他写到，"了解什么是应当做的、合乎道德的事，这并没有为做此事提供任何动机，也没有创造任何动力；动机和动力必须来自于道德之外"②。然而，至少在前两个层面上的道德问题涉及"道德是非判断"是可以通过经济学来分析的，这一点为分配的"公正性"提供了

① 张曙光. 经济学（家）如何讲道德？——评《中国人的道德前景》[J]. 读书，1999（01）.
② 波斯纳著. 苏力译. 道德和法律理论的疑问 [M]. 北京：中国政法大学出版社，2001：7－8.

很好的理论依据。

二、道德节省的成本

在道德可以节省哪部分交易成本时，茅于轼反复强调，"道德比法律更重要"（33），"道德比法律重要十倍"（273）。为此，茅于轼提出了两条论据：一是遵守道德规范的社会成本低，维持法律的社会成本高；二是说道德深入人们的每一个思想和行动中，道德无所不在，每时每刻都在起作用。张曙光又对此进行补充认为，作为自省自律的道德，一般没有负作用，或者负作用很小；而作为外在强制的法律，其负作用则比较明显，特别是过分强调的情况下。

笔者认为上述观点并不是十分恰当。道德与法律在节省成本时有相符相成的效果。正如前文论述中，企业的隐性合同关系降低了企业正式规章、制度的实行成本。反过来，如果正式规章、制度得以有效地实施也会加强和改善"隐性关系"的作用。道德与法律也是同样道理。的确，在社会中，一些隐性习惯、习俗等道德会约束或降低监督成本。尊重别人的产权将符合每个人的最大利益，只要预期别人也会同等地对待他们，那么这种理念除了被国家通过外在化和具体化规定为法律条文的方法以外，它也会在每人的头脑里内在化的作为道德判断。如"你不能侵犯别人的财产"，使每个人下意识地去遵从。青木认为，这种道德判断既不是来自抽象的超自然的公理，也不是被外在的权威所强加，而是可能从习俗中演化出来的[①]。道德是多数人共同认同的一种行为指导准则，本身可能会节省一部分因法律规定而带来很高的成本行为。比如，不许随地吐痰这类规则，如果通过法律规定，社会中阻止吐痰的行为的相对收益并没有达到需要进入法院的程度，因为通过烦琐的诉讼过程来施行的成本很高。如果产权规则来自习俗并与之相一致，比如吐痰侵害到整个社区的利益，并在人们心目中产生相应的道德判断。只要违反了规则，不管是习俗的，还是成文的，都会在人们心目中自动产生消极的道德情感，如内疚感、羞耻感或焦虑感，可以视为增加了道德情感的心理成本。大家可能对这种吐痰行为给予谴责，并在未来拒绝与此人进行合作，如格兰诺维特所说的形成了一种多边惩罚策略来维持社会制度。这时，道德的实施成本相对法律较低。即使参与人不受法律的直接监督，他们也不愿违反规则。

另外，当制定明确法律条文的收益与成本相对比较小时，人们认同的道德条款很可能会被写入明确的法律条文中。在劳动关系中，如"诚实守信"原则就是一种被人们普遍接受的道德原则。这种普遍接受演变成为了规定《劳动法》的基础，如《中华人民共和国合同法》第六条规定："当事人行使权利，履行义务应

---

① 青木昌彦．比较制度分析［M］．上海：上海远东出版社，2001：80．

当遵循诚实信用原则。"第八条规定："依法成立的合同，对当事人具有法律约束力。当事人应当按照约定履行自己的义务，不得擅自变更或者解除合同。"把合同当事人在合同经济行为的整个过程中的权利和义务完全纳入诚实信用的法律轨道，可见对遵守合同，信守承诺的重视。

道德是在人们日常交往中所形成了习俗、行为规范准则的结果。同时，如果不存在牢牢扎根于习俗的产权稳定规则，这种道德准则也很难演化出来。特别是缺乏强制性惩罚机制，道德因素有着很大的不稳定性。比如尊重私人产权的道德观若被人们广泛地认同，将降低特定交易范围内的法制监督和实施的成本。反过来，法制不公正将败坏人们的道德情感，从而削弱他们对不诚实行为的自制。博登海默在解释两者之间关系认为："规劝人们对其邻人要慷慨大方、至善至慈、体谅宽宏和诚善帮助的告诫，并不需要用法律规范加以贯彻和实施。这些道德要求旨在通过自愿的和非强制的行为而在实践中加以执行。但另一方面，当人们提出正义要求时，从很大程度上来讲，这些要求则是向那些有权力凭借以制裁为后盾的具有拘束力的规范手段控制人们行为的人提出的。"① 当今，由于人们对"公正观"的漠视与社会机制不健全，中国的道德与法制机制都不是很完善。然而，在当今中国社会中，道德还不存在法律那样的强制性惩罚措施，所以，使人们更加倾向通过法律机制解决。

---

① 博登海默. 法理学：法律哲学与法律方法 ［M］. 北京：中国政法大学出版社，2004：283.

第七章 劳动关系中的信任与
劳动力市场声誉效应

　　劳动关系的合同不完全带来了一定的不确定性，因为长期性使合同无法完全被规定出来或规定的成本太高，所以劳动合同只能部分规定雇佣双方的责任、义务，从而产生交易成本。为了降低不确定性引发的成本，劳资双方基于维持长期合作关系而放弃眼前的某种利益，并通过中断未来合作机会的方式，惩罚违规者。在重复不断的合作中形成了一种非正规的隐性契约关系以降低由于不确定性引发的成本。科斯认为，专用性资产问题可以通过企业声誉效应来解决。本章以科斯所强调的"声誉效应"为主题，分析劳动关系中信任的产生及其作用。信任在劳动关系中是凝结长期合同、节省讨价还价的另外一种方法。然而，科斯并没有研究声誉效应何时起到好或不好的作用以及声誉效应的传播问题。即使一些中国学者强调了声誉的重要性，但有关劳动力市场中的声誉效应问题一直是研究的盲区。本章后半部分研究了中国劳动力市场中的价格机制中存在的问题。

第一节 信任的定义及作用

一、信任的定义

　　研究劳动关系问题时，管理学者常常使用的"隐性合同"、"心理契约"、"组织认同"等术语与本节的"信任"一词有很大相近之处。一方面，通过一种长期的劳动合同代替短期相对较完全合同以节省谈判而带来的交易费用。另一方面，因长期不确定而引起劳动合同的不完全性以及人的机会主义行为，劳动合同又产生了交易成本。信任起到降低这种交易成本的作用。本书使用的"信任"这个术语是指一种信念，这种信念是因为现在的劳动合同无法把一切条款都规定清楚，即使没有通过明确的书面合同，只要工作努力达到成果，在将来就能得到回报。这种广义的"信任"的定义，至少在社会学、经济学中还有着很多相类似的思想。

　　经济学者沙贝尔的定义最为宽松：只要在合作中不发生欺诈行为的预期都是信任，至于如何达到这个预期的手段则在所不论。他认为，"信任是双方之间的互相信赖，相信在交易过程中，彼此都不会做出伤害对方的行为"①。从组织行为学者的观点来看，"信任乃是指对某一个体或群体的行为或意图有信心，预期对方会有合乎伦理、讲求公平以及和善的行为表现，除此之外，还会眷顾他人的权利。在此情况下，自己愿意承受可能的伤害，将其福利依靠在他人的行为上"②。霍夫曼（Hoffman）、麦克凯伯（McCabe）以及史密斯（Vernon Smith）建议使用"互惠性利他行为"（reciprocal altruism）这样的术语。他们认为，"利他"是一个褒义词，只有人在根据跨期的声誉影响来决定是否合作情况时使用，在其他情况下使用是没有必要的。③ 从社会学者的观点而言，伯米利与康明从另一个相对角度去定义实现承诺、不占便宜的行为（trustworthy behaviors）。他们认为："信任是一种预期，其期望对方能够尽最大的努力实现其口头承诺或明文规定的义务，在协商过程中是诚实的，不会占人便宜的。"④ 另外，盖姆贝塔强调了不确定性的存在。他认为，信任"从人类互动关系的立场来看，其可简单定义为，信任个人即意味着相信对方在出现损人利己的机会时，并不会去实现它"。他更加"理性"地表述信任关系，并写到："当我们说我们信任某人或者某人是值得信任的时候，我们暗含的意思是他做对我们有利或至少无害的事情的概率比较高，这种可能性之大使我们愿意考虑和他进行某种形式的合作。"⑤

　　然而，这种定义并不能得到所有社会学家的认可。虽然认为盖姆贝塔这种表述方式在经济学有很大的操作性，但其定义的本质并不是信任，而是经过一定计算的（有限）理性。这就要区分信任的三个维度。威廉姆森则把信任分为可计算的（calculative）、制度的（institutional）以及个人（personal）信任三种形式。⑥也就是说，信任可以来自制度规范，也可来自理性计算；可以来自群体的社会认同，也可以来自个人因素。中国社会学家罗家德与叶勇助发展了格兰诺维特的社

① Sabel, C. F. Studies Trust: Building New Forms of Cooperation in a Volatile Economy. *Human Relations*. 1993. 46: 1132 – 1170.

② Carnevale and Wechsler. Trust in the Public Sector – Individual and Organizational Determinants. *Administration and Society*. 1992. 23: 471 – 494.

③ Hoffman, McCabe & Vernon Smith. *Behavioral Foundations of Reciprocity: Experimental Economic and Evolutionary Psychology*. 1995. Unpublished manuscript.

④ Bromily and Cumming, 1992 *Transaction Cost in Organizations with Trust*. Minneapolis: University of Minesota, Strategic Management Research Center.

⑤ Gambetta, Diego. 1988. *Can We Trust Trust?* In Gambetta, ed. *Trust: Making and Breaking Cooperative Relaions*. Oxford: Basil Blackwell, pp. 213 – 237.

⑥ Williamson. *The Mechanisms of Governance*. New York: Oxford University Press. 1996.

会关系网理论，更加强调人际关系的个人因素而产生的信任，以分析当前中国社会现象。① 不过，罗家德所论述的问题只是合作范围较小并且忽略个人关系产生的负效应，这在后文还会进一步分析。

本书描述"合作精神"的基本条件就是防止机会主义行为的出现。本书研究那些可能出现机会主义的情况，如何能避免机会主义行为的出现，阻止不道德、不信任欺诈的事情出现，保证参与人双方能够以合作的姿态进行交易。因此，我们将"信任"定义在一个最低的广义程度上，一个共同点就是在将来合作过程中不会发生欺诈行为的一种预期。本书使用的"信任"的一个特点就是通过自我履行或机制、制度限制机会主义行为的发生。

二、信任的作用

虽然劳动合同（"雇佣合同"）节省了"即时合同"不断再谈判的成本，但本身因长期而引起的不确定性诱发了缔约后的道德风险问题，并阻碍经理人与员工之间的长期合作。除了企业规章制度、工会以及法律通过强制力手段保证合作以外，通过信任使双方认识到在合作中他们如何比不合作更稳固而高效的发展，减少长期不确定带来的损失。贾克斯认为，在一个组织中，当公平和信任成为联系人与人之间的纽带，多了想象和创新，少了相互猜疑时，人们就可以在这个组织中共同工作，并能够实现组织目标。② 因此，信任的作用在于为关心长期利益的参与人提供一种"隐性激励"以保证其短期承诺行动，它可以成为"显性合同"的替代品。

莫尔和斯派克曼（Mohr and Spekman，1994）从经验上证明了，如义务承诺、合作、依赖、有效地沟通、部分参与制以及共同的问题解决冲突的技巧都会带来较高的参与程度与绩效。从治理结构与交易费用方面来讲，信任对企业可能更为重要。古赖特和尼克尔曼（Ranjay Gulait and Jackson Nickerson，2005）分析了信任对治理结构的选择影响。他们调查了从市场、混合制及科层三种治理结构中，由于信任而引起的成本上的变化，得出结论，机会主义行为造成损失，不论选择哪一种治理结构的条件下，信任都能够降低治理成本，并能够提高企业绩效。之所以能够降低交易成本，主要是因为，相对较为正式的合作、产权、制度等因素，信任使相关者避免劳动争议或者迅速地解决了争议。在古赖特和尼克尔曼的文章中，信任可以促使企业治理更为完善，因为由信任节省下来的管理成本中，依赖于市场要比混合式的治理结构要高，而混合式要高于企业科层（层级）

① 罗家德和叶勇助. 中国人的信任游戏 [M]. 北京：社会科学文献出版社，2007.
② Jaques, E. 1976. *A General theory of Bureaucracy.* London：Heinemann.

式的治理结构。

　　管理学大量的研究表明，组织信任与工作满意度、动机、绩效、组织忠诚、合作行为和组织公民行为显著相关，组织信任会通过对个体的认知和情感的影响来进一步影响个体的行为，从而赢得组织绩效的极大改善。此外，即使在相同法律法规与市场环境下，一些企业试图直接照搬优秀企业的规章制度而出现了一定"不适合"本企业现象的一个重要因素就是信任问题。由于组织信任具有较强的路径依赖性，因此具有竞争对手难以模仿的特性，势必成为企业竞争优势的主要来源。① 就如经济学中论述的一样，组织信任节省了市场上的交易费用，也成为企业的竞争资源优势的来源之一。

例：

信任与劳动关系

　　美国伊利诺伊州一项对劳动关系的研究表明，当人们感到自己受到了不公平待遇可能会改变他们的行为，特别是员工不信任管理者可能导致严重的后果。自从 20 世纪 40 年代以来，火石轮胎厂（Firestone tire plants）坚持在行业范围内与劳工联合会进行议价。但是 1994 年当商议订立一份新合同时，普利司通/凡士通公司在公司利润上升的情况下，提出了恶化劳工利益的条款，背离了行业范围的议价。公司提议日夜轮班工作时间从 8 小时提高到 12 小时，并且还提议新雇佣合同中的工资报酬降低 30%。伊利诺伊州迪卡特劳工联合会号召罢工，不过刚刚罢工不久，公司就雇用了新的员工来替代他们。

　　迪卡特厂劳工斗争导致产生了低质量的产品和有缺陷的轮胎。2000 年 8 月，火石公司宣布回收 1 400 万条 ATX 和 AT 轮胎，其中大部分用在福特 Explorer 车上。美国政府报告说，据调查，火石轮胎与 271 起死亡、800 多起受伤事件有关。被收回的轮胎最主要的问题是轮胎面分离，即橡胶胎面与钢带突然分离导致轮胎爆裂。

　　克鲁格和玛斯（Krueger and Mas，2004）比较了在迪卡特厂和其他两个同样生产火石 ATX 轮胎的北美工厂（魁北克省的 Joliette 和北卡罗来纳州的 Wilson）所生产的有缺陷轮胎被报告出来的数量。这两个工厂在相应时期没有发生劳工冲突。结果发现，迪卡特在劳工争议时期（1994～1996 年）所生产轮胎的故障率大大高于 Joliette 和 Wilson 工厂，而在争议发生之前和之后时期，迪卡特和其他两个厂所生产轮胎被报告出来的故障率相类似。这表明技术变化并不能解释人们对迪卡特轮胎的抱怨增加，因为同样的事情并没有发生在 Joliette 和 Wilson 工厂里。

　　这似乎也不能归咎于替换后的工人缺乏经验。1994 年上半年，当原来的合同期满、应该订立新合同时，报告故障率出现了一个峰值，但这发生在替换工人被雇用之前。而

　　① 宝贡敏，徐碧祥. 组织认同理论研究述评 [J]. 外国经济与管理，2006（1）：39-45.

1995 年初期，当大量的替换工人在从事轮胎生产时，迪卡特厂的报告故障率并不比其他厂多。直到 1995 年年底，当许多罢工工人回到工厂与替换工人肩并肩工作时，报告故障率才变得很高了。基于此及更广泛的分析，似乎是被召回的工人与替换工人之间的相互作用，或是工人对管理者不信任，或是劳工斗争在总体上的累积影响，为生产大量有缺陷的轮胎创造了条件。①

第二节　信任与劳动关系

一、信任与劳动关系

　　劳动合同只是多种维持相互交易的双方合作精神的最重要手段之一，它的确创造了一种良好氛围促使大家进行合作，但其本身不可能完全阻止机会主义行为的出现。"合作精神"还需要不断解决问题的责任心（一种相互之间信任）或是进取精神，并且维持当事人之间的信任，能够控制机会主义行为。在信任与劳动关系问题的研究中，最经典的是福克斯（Fox，1974）的关于在工作场所关系中对信任的研究。福克斯所关注的信任，并非人与人之间人际关系层面上的信任，而是在被他冠以企业制度层面上的信任。他的"低信任"和"高信任"的劳动关系周期模型与本书第四章中的劳动合同效率模型十分相似，不过他更多强调的是信任如何影响着劳动关系。在这个模型中，工人存在着"低信任"和"高信任"策略选择。②

　　首先，"低信任"策略是对劳动关系中防止可察觉的机会主义行为的延伸。福布斯描述了工作中员工与管理者之间"低信任"策略形成时，主要包含五种相关的因素：

　　（1）工人们视管理为约束，好像他们不被相信一样（低信任条件）。

　　（2）关于工作的行为及严密的监管有专门的定义。

　　（3）企业规章、条例制约工人之间的合作行为。

　　（4）管理者认为员工的失误是他们不认真执行工作规则和组织目标的结果，因此应该受到惩罚。

　　（5）通过对抗性的谈判来解决与管理者之间的冲突。（工会作用之一）

---

① 转引自 2006 年世界发展报告——公平与发展 [M]. 北京：清华大学出版社，2006：83.

② Fox, Alan. 1974. *Beyond Contract: Work, Power and Trust Relations*. London: Faber and Faber.

（1）、（4）是员工与管理者之间"低信任"的基本条件。（2）、（3）正如本书第四章所描述那样是美国典型企业中职务工资制度所产生的问题。虽然职务制度可以有效地控制员工的机会主义行为，提高评价准确度，然而，它不鼓励员工之间的协作，减少了企业内部创造的灵活程度。（5）是本书第五章所述的工会作用。福克斯将之视为螺旋式的"低信任"关系，或者将其称为"综合征"。

而与繁冗、明确、高度专用性的完全合同相对的是劳动合同（"雇佣合同"）。福克斯将其表述为"高信任"策略，虽然员工的义务范围并不明确，但员工相信经营者在创造企业福利的最大化，而不是按照管理者自己利益的最大化。福克斯甚至认为这种高信任并非出于人们的共同利益，而是由于"人们认为这一关系可以唤起所有人对管理目标的责任感，改善绩效，提高所有人对于变革的适应能力和接受能力"。① 这种高信任也就是通过信任降低员工与管理者机会主义行为的可能性，至少包含了一种互惠的思想，与管理学中良好的"隐性关系"是同一含义，即如果我努力，将来也能得到应得到的奖励，是"合作精神"的基本条件之一。

在"低信任"的情况下，劳动任务内容方面所存在的较高度专用性，将会在缔结合同时通过明确的合同得到收益，合同的明确程度提高同时可减少机会主义行为的可能性，进而提高企业收益。圣萨利乌（Sainsaulieu，1988）认为，管理工作合作的规章制度越明确、越复杂的话，员工的机会主义行为越容易受到控制。超过一定程度后，收益将趋于平稳，如图7.1上部曲线所示。如第四章合同效率模型中所分析的那样，明确合同的规定、执行都是存在成本的。在明确劳动合同的任务时，时间较短，不确定性相对较低，成本并不是很高；但时间越长，成本就会随之急剧增加。在通过明确合同抑制员工机会主义行为的过程中，员工使用上的灵活程度就会被降低。造成这种现象的主要原因是适应日益严格的任务规定缺乏调节弹性。福克斯举例说，市场环境变化、技术故障、员工生病等等突发性事件在最初合同缔结时很难预测。另外，在超过一定程度之后，如在那些很容易定义的基本因素上继续加强规范的话，就会歪曲工作的性质。正如霍姆斯特罗姆和米尔格罗姆所描述的那样，如果一项任务存在多个属性时，强激励与考核工作的方面联系起来可能会导致员工偏向较容易考核的绩效目标，而忽视较难考核的任务方面。② 这些因素都会使合同明确化程度提高过程中增加成本，如图

---

① Fox，Alan. 1974. *Beyond Contract：Work，Power and Trust Relations.* London：Faber and Faber. 363.

② 一个最简单的例子是教师，如果把高考成绩作为老师的绩效考核准则的话，老师在教学上将把精力投入如何提高学生的分数。他们就不会花太多精力提高学生学习好奇心、创造性思维及学生的口头沟通技能等方面。多维度在企业中十分普遍，即使泰勒的科学管理消除了一定的不确定性、任务的多属性，然而也不可能完全消除。参见 Bengt Holmstrom and Paul Milgrom. "Multitask Principal – Agent Analyses：Incentive Contracts，Asset Ownership，and Job Design"，Journal of Law，Economics，& Organization，Vol. 7，Special Issue，（1991），pp. 24 – 52.

7.1下部曲线所示。[1]

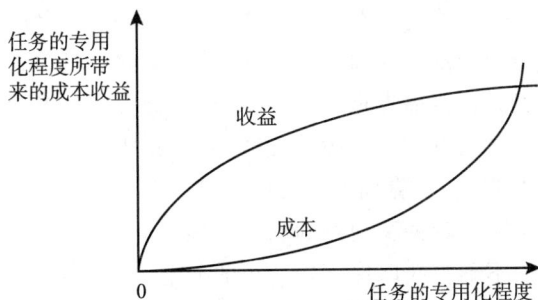

图7.1　任务的专用化程度的收益与成本

　　如果采取"高信任"的策略，虽然合同中并没有规定任务性质，然而，通过信任关系扩大工作范围，也可以保持企业的效率。但是，当超过了管理者对灵活性的需求程度之后，比如员工技能的有限性限制了他们在任务分配方面上的广泛程度，在成本的方面，如果工作范围越宽泛，完全规定就越不可能，不完全合同不能通过法律强制力的保护，这助长了双方机会主义行为的可能性。在外部冲击的压力下，合作就变得更加脆弱。另外，出于不完全合同的原因，福克斯认为，在市场经济环境中，如果管理者和员工都知道企业所创造的租金（剩余）大小，分配企业剩余部分就需要谈判能力（冲突）来解决。然而，当市场受到意外的冲击时，产生企业剩余存在不确定，就更难保证利益互惠的原则。

　　企业可能在推行某种企业改革方案之前承诺不解雇投入人力资本专用性的员工，但在这之后发现市场环境变化，使他们不能履行诺言。当然，在事前所有人都会意识到这种风险，但问题是如何说服信用良好的一方提供相同的信息。随着时间的流逝，市场的不利及不确定性事件数量不断增加，说服另外一方相信是由于市场环境的影响而不是欺骗等机会主义行为而造成的不能履行诺言就会变得越来越难。因此，信任关系就变得更脆弱了，随之就达到一种只通过短期、明确合同的管理方式。

二、福克斯劳动关系信任模型的评价

　　在福克斯劳动关系信任的动态理论中，其模型的一个突出特征就是"高信任"合作解的不稳定性，"低信任"合作才是最终的纳什均衡解。并且一旦低信

---

　　① 在本书第四章合同效率模型中所使用的是企业收益，灵活性因素曲线（一阶导小于0，二阶导小于0）是成本曲线（一阶导大于0，二阶导大于0）的相反数。

任产生的话，几乎没有什么能阻止非合作、低信任的循环与深化。原因是当外部因素如市场环境的冲击导致市场份额下降或者技术改变的情况时，管理者不得不改变他的经营策略。这种策略一旦过分违背原来的承诺，导致员工们认为企业缺失信誉的话，可能会随着员工选择"针锋相对"策略导致"低信任"策略的动态变化解的产生。因此，在福克斯的劳动关系"低信任"和"高信任"的周期理论中，"高信任"的合作是脆弱的，很容易导致机会主义行为的出现、并向"低信任"的方向发展。在福克斯看来，抑制恶性循环的主要方法是意识形态和权力。当工人们相信管理者关注他们的利益，工人有足够的力量去抵抗工作中由于不完全合同带来的不确定性以保证较公正的分配。在福克斯的年代，集体协商的意识形态在美国已不占据主流地位，工业矛盾的问题缓解以及新技术逐渐开始削弱已建立的技术集团的影响力。在他的分析中，合乎逻辑的结论都很悲观，并且其结论是基于"非合作囚徒困境模型"得出的。因此，"低信任"的非合作周期的状态容易形成并且很难被打破。

按照福克斯的说法，在工作中的合作程度应该远低于我们所观察到的实际情况。一个原因就在于他对信任和合同之间误导性的对比，以及密切的合约规范和密切的职责规范的对比。福克斯只强调"自我履行"或"隐性关系"来限制机会主义行为，却忽略了劳动合同或正式规章制度是限制机会主义行为的更主要手段，进而可以影响到信任。他只认为信任是不同于合同的另外一种信号。在他的文章中，似乎信任只是随机扰动或是员工"错误"的选择或是一种风险投资。另外，福克斯所强调的信任是基于一种低弹性的古典合同，员工的预期是一成不变的，信任只单单是经济学中"完全理性"下古板、无弹性的计算。而真正的信任存在部分弹性调整的空间，比如当市场处于特殊不景气状态时，建立在信任基础上的合作型员工会调整自己的原有期望值，员工也不希望因自己要价过高导致企业破产。并且，信任通过私人之间调整的灵活性要优于新古典合同所带来的灵活性。综上几点原因，在实际中劳动关系的合作过程并没有如福克斯预期的那样悲观。

第三节　劳动关系中信任的产生

上述福克斯"低信任"、"高信任"的周期模型中，信任似乎是完全不同于合同的另外一种信号。在信任与企业正式规章制度之间缺少了紧密的联系。信任的产生与信息的传播方式有关。劳动关系问题中，不同规模的企业，传播信息存在不同的方式。我们比较小型企业与大中型企业，研究它们不同规模下信任是如何产生的。

一、小型企业信任的产生

格兰诺维特和罗家德认为，信任产生于连带关系，也就是一种社会关系网。一些学者认为这种节省一定交易费用的社会关系网是社会资本的一部分。格兰诺维特区分了"强连带"与"弱连带"关系。如家人、亲人有着血缘关系或熟人是"强连带"关系；而生人是属于"弱连带"关系。他们认为，有着强连带关系本身可以产生信任。而"弱连带"的信任建立在社会交换性质上。当然，这与经济学定义的信任是相似的。罗家德认为（在弱连带关系中），如果那些在合约行为之外多做的"额外服务"……可以成为社会交换，期待对方未来的善意回报；双方的长期潜在利益也常使双方表现出可依赖的行为，这些都是促成互信的因素。虽然罗家德也认同"弱连带"在一定程度上可以产生信任。但罗家德附加了另一个原因，他不将"权力弱"的一方的"额外服务"视为真实信任的证据。因为，权力弱的一方在谈判中让步时总会声明"这次做一个人情给你，下次要让我赢回来"，但这种额外恩惠却很难说是权力下的让步，还是创造真实信任的社会交换，不能视其为信任的证据。① 如果按照存在着权力强弱的情况，解决劳动关系问题似乎又回到本书第五章的政治权力斗争的方式。

不过，在劳动关系问题上只限于小型企业或者企业创建初期时，格兰诺维特或罗家德的社会关系保证信任方式是有一定说明力的。在最初市场交易范围较小时，以血缘关系、亲友、人际交往频度较高的熟人（重复合作中了解了一定量的私人信息）等方式产生的信任会促进合作。笔者也肯定了在中国社会主义市场建设的最初期时，社会关系网起到的作用。如劳动关系中的家庭范围"雇佣"，有着良好的识别问题，很难出现欺骗性的机会主义行为。② 然而，随着生意不断扩大，家里人手已经不能满足用人需求时，可能就会"雇佣"一些生人，这样如何通过"强连带"保证信任关系就很难让人信服。中国目前市场中，可能相对较有现实意义的强连带关系是农民工的问题。关于迁入地的生活和工作信息，对每个迁移者来说至关重要，获取这种信息的途径主要是通过家庭成员、亲戚、同乡等社会关系网络，由于劳动力市场的进入限制，社会关系在迁移过程中的作用尤为明显。③ 但是，这种情况的产生只是由于我国目前市场信息传播机制不够健全，所以以民间私人传播信息就成为市场机制的一种临时补充。

另外，强连带关系理论还存在一个致命的问题，这往往是格兰诺维特和罗家

---

① 罗家德和叶勇助. 中国人的信任游戏 [M]. 北京：社会科学文献出版社，2007：90-91.

② 当然，严格按照劳动关系的定义，这种家庭范围的"雇佣"并不属于"劳动关系"研究范围。

③ 崔驰，金喜在. 劳动力社会关系网络构建的新视角 [J]. 东北师范大学学报，2007 (3).

德避而不谈的问题：人际关系产生信任的维持以及有连带关系的人的能力是否与任务匹配等问题都存在极大的负效应。虽然他在嵌入性问题的文章中稍有解释负效应问题，但其解释还是偏离人际关系的主要负效应，忽视了不良结果。中国有句古语"富不过三代"，反映了人际关系的负效应。据统计，我国仅有 21.37% 的家族企业能顺利完成代际传承，延续到第二代；只有 2.3%～9.2% 的企业能延续到第三代①。对于管理者都存在着很大的信任负效应问题，更不用谈到劳动关系问题了。在我国某些国有企业靠关系上岗、晋升，这些做法都违背了公平竞争的观念，并造成企业效率极大的损失。

二、大中型企业信任的产生

刘志刚研究了员工信任的产生因素。他认为，在影响组织信任的声誉模块中，工作待遇声誉和工作环境声誉是影响作用最强的两个模块，这两个模块均属于员工的个人利益，说明员工是否信任企业首先取决于企业是否关心其利益，其次才是企业的社会责任、企业经营绩效等②。因此，从员工角度来看，工作待遇及环境是最重要的考虑对象，这符合本书的理性判断假设。但是一个企业在市场中创造的准租金是有限的。在员工待遇方面，企业需要考虑自身能力。而且即使管理者自身真的可以不施行机会主义行为，但同时也存在着管理者了解每个员工私人信息的成本很高的问题。无法判断管理者的"善意"是否符合员工的道德是非判断准则，员工可能会因企业给予的报酬与其付出的努力程度和业绩水平不匹配产生不公平感。另外，在企业规模较大的情况下，管理者不可能完全获得员工努力等私人信息，因而，这种"善意"也不一定能够阻止员工的机会主义行为，不一定能够真正提高工作效率，这种信任也是无法维持的。劳动需求双方如何在大中型企业中产生信任，还是要回到合同以及企业制度上。

劳动合同是合作的基础。员工的信任很大程度上产生于劳动合作过程中，进而产生对企业正式规章、制度以及相应执行情况的认可，如分配规则是否符合员工共有价值判断准则，是否符合道德、合理、可接受。如果自己努力的投入在未来也能得到相应的回报，人力专用性投资不会被侵占，企业规章制度能够限制管理者的机会主义行为，那么信任就会产生。随着企业规模扩大，人们只与特定的一些人发生高频度的交往，这时员工很难把信任凝结在一个很少交往的管理者身上，同样，通过一个或几个管理者考核、监督、评价所有员工的成果就不太可

① 贾生华. 家族企业代际传承理论研究前沿动态 [J]. 外国经济与管理，2007 (2).
② 刘志刚. 员工视角的企业声誉对员工组织公民行为的影响研究 [D]. 浙江大学：114.

能。另外，管理者人数的增加必然产生大量代理成本与监督成本，并且管理者还要保证自身不会出现机会主义行为。建立在一种可实施的正规制度上就可以节省这种监督的成本。正如威廉姆森所论述的那样，层级制结构的企业对市场交易的一种优势在于，它们能够传递有关雇员的精确信息。

上面所叙述的"自己努力的投入在未来也能得到相应的回报"、"合理的、可接受的"包含第六章所论述的公正的分配，即员工主观评价色彩。但至少还是存在很大一部分"道理是非评价"，这是员工普遍存在的共有价值判读准则，包含"机会公平"观及"公正"观的信任。在大型企业中，如果管理者不是按照努力程度、绩效成果，而是给予跟自己存在连带关系以及关系更好的员工以较高的评价，企业整体的信任将会降低。正规制度可以避免关系可能造成的不准确评价问题，促进信任的产生。这可能就是巴纳德从事多年管理工作之后，在体会中写到的："在开始的时候，我意在叙述管理者必须做什么、如何行为、为什么行为。但是不久我就领悟到了，为了达到这一目的，就必须阐述他们活动的本质，也就是正式组织的本质"①。所以，企业的人力资源管理所选用的不同合同模式安排或者说是企业正式规章制度安排仍是劳动关系问题的核心。

三、可置信承诺与声誉

需要再次强调的是，只有可置信且所相信的事情在未来能够得到实现的信任才算数，否则员工的期望只是一个很难实现的幻想而已。信任与关键性选择有关，只有当其行动得到的收益大于遵守承诺的成本时，背信弃义发生的可能性才很高。信任是一种承诺，而且应该是可置信的承诺。诱使人们保证诚信，提高不守信者的不守信成本，惩罚其不守信而造成的损害，原则上需要存在一定的"保证金"，以确保可置信承诺。正如希克斯所指出的："交易就是凭承诺进行交易，但除非有使承诺恪守不渝的适当保证，否则凭承诺进行交易便归于无效。"

上文曾经论述过，小型企业中人际交往频度较高，相互比较了解对方的私人信息，使员工很容易将信任集中在一个人格化的管理者身上。管理者也因交往频度高而限制了其机会主义行为，"自我履行"承诺较容易实现。而在大型企业中，员工只与特定的人交往频度较高，一般很少与最高管理者直接接触，他们并不了解管理者的私人信息。因此在大型企业中，员工对企业规章制度设定认可程度，并且在合作过程中观察其执行程度等，进而判断可置信承诺的有效性。无论是小

---

① 《经理人的职能》日文版序言.5－6.转引于饭野春树.巴纳德组织理论研究［M］.北京：生活·读书·新知三联书店，2004：20－21.

型企业的"自我履行"承诺，还是大型企业的规章制度，都是通过声誉效应作为"保障金"。

很多学者认识到了在劳动关系问题中，应该重视员工对管理者承诺的实施评价。如周莉和蒲勇健《非契约式承诺的契约化》认为，通过声誉或其他保证金才能解决劳动关系问题；要使企业守信，必须加大守信带来的好处或增加企业失信的成本。最后在如何增加这种保证金建议中写到：加大政府或行业监督力度、建立企业内部信用评价制度、媒体密切关注、企业员工利益保护的相关规章制度等等，都会使企业更加关注对员工承诺的兑现，否则会造成企业形象的损失。① 理论上这些方法是正确的，然而为什么在中国市场中声誉效应没有起到作用？事实上，在中国，人们很少能观察到员工评价长期劳动合同以及企业承诺实施情况的信息。以下将更进一步讨论：如果这种制度可以促进合作，促进市场效率的话，为什么仍然没有这种企业内部信用评价制度的出现？特别是为什么这种制度不会自发地在自由市场中产生？

四、员工、求职者与企业声誉

在企业声誉定义中，瓦尔梯克（Wartick）首先将企业不同的利益相关群体区分开来。他认为，企业在不同利益相关者中有不同的声誉，并且可以从某个利益相关者的角度对企业声誉加以界定。消费者经由自身对公司所作的评价，并不仅限于公司与消费者之间的相互作用，公司与其他利益相关群体的相互作用与关系也会让消费者感受到公司的某些特性。② 公司与供应商之间的合作因素、产品因素、员工因素、企业信誉、社会责任、企业前景及吸引力、管理水平、财务绩效等都是消费者感知企业声誉的影响因素，由此产生的企业声誉评价将反作用于消费者的满意度和忠诚度（黄春新，2005）。戴维斯（Gary Davies）认为，在影响组织声誉的多种因素中，雇员和顾客这两类利益相关者最重要。他认为，公司声誉就是个性（identity）和形象（image）的结合，个性指公司的内部雇员如何看待公司；形象是指公司外部的利益相关者如何看待公司，特别是顾客的看法。③

区别企业声誉对消费者与员工之间不同影响的评价是很有意义的。正是混用了消费者与员工评价企业信息（即商品市场声誉与劳动力市场声誉的不同）导致了当今中国企业中并没有真正认识到人力资源管理的重要作用，出现了一些不和谐劳动关系现象。不过，企业声誉对于员工与求职者的影响也存在很大的不同。

① 周莉和蒲勇健. 非契约式承诺的契约化 [J]. 商业研究，2004（23）：112 - 123.
② Wartick, S. L. Measuring Corporate Reputation [J]. Business and Society, 2002, 41 (4)：371 - 393.
③ Gary Davis, Corporate Reputation and Competitiveness [M], Routledge press, 2003.

刘志刚在两篇论文中从员工与求职者两个角度研究企业声誉分别对他们的不同影响，认为对企业声誉的评价主体而言，应当针对单个的利益相关者或者利益关系比较一致的利益相关者群体来进行企业声誉的测评研究，而不是囊括所有的利益相关者，即需要研究企业的专属声誉。[①]

企业声誉对员工的影响方面，已有研究证实，良好的企业声誉有助于企业鼓励顾客重复购买且建立起一定的市场份额、吸引投资者的投资并降低融资成本、获得媒体记者更有利的企业报道、影响金融分析师的评论和推荐的内容。同样，企业声誉也会影响员工关于是否进入企业、工作投入度和留职的决策，良好的企业声誉会使员工觉得工作更有吸引力并且激励员工努力工作。[②] 刘志刚的研究表明，在影响组织信任的声誉模块中，工作待遇声誉和工作环境声誉是影响作用最强的两个模块，这两个模块均属于员工的个人利益，说明员工是否信任企业首先取决于企业是否关心其利益。因此，刘志刚提出建议：工作待遇仍然是影响员工信任组织和组织行为的最重要因素。企业应该建立公平有效的绩效评估体系和薪酬体系，保障员工的劳动得到合理的回报，同时企业应负起对员工的社会责任，保障员工工作的稳定性和安全性。

刘志刚认为，求职者对企业工作属性方面的感知越好，对企业声誉的理性认知也越好，对情感反应则无显著影响。这与实际情况是一致的。此项因子下包含了薪酬福利、培训发展机会、晋升空间、工作关系的稳定性和工作环境等要素，基本都是影响求职者理性选择的因素。一个求职者可能在情感上对某家企业的评价不高，但他可能由于该企业在薪酬福利或者培训发展机会等方面的吸引而加入该企业。工作属性对情感方面可能有影响，但是比较小。此外，求职者在市场中比较容易观察到的声誉信息中，其账务表现是最重要的。他的研究表明：求职者对企业在市场与财务表现方面的感知越好，对企业声誉的情感反应也就越好，对其理性认知也越好。

虽然刘志刚在两篇论文中分别从员工与求职者两个角度研究企业声誉对其影响，但其研究却没有涉及员工如何对企业产生影响。评价企业对员工承诺的实施情况这部分声誉对于求职者来说并不能观察到，求职者可以观察到的信息只是笼统的企业社会责任、组织文化、工作属性感知等，主要可以归结为管理者对求职者所承诺的收入、晋升空间方面的（价格）信息。但是求职者希望观察到企业承诺是否可执行的信息成本却很高，即求职者所能观察到的价格"质量"信息是模糊的，多数情况下将商品市场的声誉与劳动力市场的声誉效率混淆在一起。也正是因为劳动关系中反映长期劳动合同状况的信息缺失，造成劳动力市场价格机制

① 刘志刚. 基于求职者视角的企业声誉评价研究 [D]. 浙江大学，2005：91 - 92.

② Fombrun, C. J. & Rindova, V Who's Tops and Who Decides? The Social Construction of Corporate Reputations. Working Paper, Leonard N. Stern School of Business. New York University，1996.

不能正常、低成本地传递包含质量的声誉信号。声誉在员工评价方面没有起到抵押金作用，使得企业承诺变得不可置信。

五、中国员工评价信号与企业声誉效应

罗曼把信任简化为一种冒险或称为风险投资。① 信任是在不能控制他人行为的前提下所作出的一种风险性决策或选择，也是一种对于被信任一方承诺和行为的期待②。这与福克斯对劳动关系分析悲观的观点类似，似乎这种信任只能建立在一种"错误"的选择的基础上。企业的这部分有价值（至少能反映员工中普遍存在的道德是非判断，公平、公正的信念）的价格质量信息可以作为"保证金"促进可置信承诺的实现。然而，如商品市场中的品牌降低了交易中的不确定性那样，劳动力市场中为什么观察不到价格质量的信息？为什么不能至少将长期合作的不确定性风险降低到相对确定性的程度？正如激励理论阐述的那样，如果其他人工作努力，而某个人工作不努力（但是企业并不能有效监督他），却没有对不努力者实施制裁，那么其他人就很可能仿效不努力者。中国市场中就出现了这样一种不良的现象：如果一个企业不公正地对待劳动关系问题，不依照"合作精神"只完全按照事前合同发工资（不道德），甚至一些企业经常不按照合同、拖欠工资（不合法）等，这样的做法并没有受到惩罚。市场中也没有发送信号。如果这些管理者没有受到应有的惩罚，可能诱使其他管理者也同样出现这样的机会主义行为。

科斯认为，"在一个高度流动的社会中，显然很可能失去诚信"。马歇尔曾说过："金钱比好名声更易于携带"，这与科斯上述思想相同。科斯评论到："是否丧失顾客……将取决于所生产的商品的等级和其营销方式以及社会的经济发展速度——且与用来揭穿欺骗的时间有关。"③ 然而，科斯并未提出有效的手段解决这种"欺骗"行为。④

中国目前的问题就是信任与企业规章制度并没有太大的联系，这是我国企业人力资源管理不成熟的一个表现。由于市场制度不完善，不能发布相关信息，即使存在着制度以及承诺但也变得不可置信。事实上，这一环节的问题，成为企业剩余分配不公、企业管理者乱用企业权威、中国劳动关系短期化的一个重要原因。另外，并非只是企业愿意将合同不断的短期化，员工方面也是这样。员工在选择时，与其选择将来充满不确定性、很难得到回报的劳动合同，还不如选择短

---

① ［德］尼克拉斯·罗曼. 信任 ［M］. 上海：上海世纪出版集团，2005：30.
② 程民选. 信誉与产权制度 ［M］. 成都：西南财经大学出版社，2006：17.
③ 威廉姆森，温特编. 企业的性质 ［M］. 北京：商务印书馆，2007：72.
④ 科斯认为格罗斯曼"一体化是避免欺诈行为"的手段并不是重要因素。

期不断修正的"即时合同"收益大。当员工学到了一定技能投入的话，往往他们会选择"跳槽"方式，通过改变明确的合同增加自己的收益。这样，再谈判费用以及信任方面双方都损失了大量的交易成本，进入了一种社会性"低信任"通过明确短期"即时合同"合作的恶性循环现象。正如博弈论序贯均衡预测的那样，在市场不对称信息条件下，某些企业不公平、不公正对待员工的努力成果，而市场中还没有太多信号区分哪些企业是属于"欺骗"类型，哪些企业是属于"诚信"类型，"诚信"的企业没有得到收益。而员工通过几阶段重复博弈之后，这种认知成为所有求职者的公共知识（common knowledge），于是博弈进入完全信息条件下的有限次囚徒博弈，非合作（即时短期合作）纳什均衡开始出现。因此，如果中国政府希望解决分配问题，最核心的问题是要完善市场机制的运行问题，市场机制应该能够惩罚那些"欺骗"的企业，为企业人力资源管理创造良好的外部环境。

聂辉华研究了不完全合同下的声誉理论。他认为，如果考虑到信息不对称和声誉效应，那么当事人有可能在一定条件下做出有效投资。他在论证司法低效率时，认为发展中国家的司法腐败程度较高，会导致人们履行合同时的成本较高。他的基本逻辑是"司法低效率→诉讼低激励→契约不完全"这样一个思路，然后构造声誉模型，通过发布声誉信息解决不完全合同问题。在欠发达国家或转型国家，司法低效率是一种普遍现象。因为这些国家还没有建立起一套完善的市场经济制度和民主宪政制度。即使对于如美国一类的发达国家，认为不存在司法低效率这种观点也是过于乐观。① 虽然聂辉华的文章主要解决较高人力资本专用性投资过度问题，但在其文章所构造的声誉模型中却也隐含了市场中可以无成本或低成本地观察到声誉信号这一条假设。这样假设无疑与聂辉华所批评的"司法低效率"的问题一样，在交易范围很大的劳动力市场中传播信息过程都会出现大量成本。声誉信号也是存在着成本，不同合同模式安排的规章制度的实行程度并未受到机制约束，企业的规章制度也只有在完善的市场、法制机制的条件下才可能更好地运行。因此，现代大中型企业中，只有通过非人格化的制度，建立有效的绩效评估体系和薪酬体系，保障员工的劳动得到合理的回报，才能保证信任的延续，避免机会主义行为。但同时需要另外一个条件，就是在完善市场机制中能更有效、低成本的发送出更真实的信号。②

---

① 聂辉华. 声誉、契约与组织 [M]. 北京：中国人民大学出版社，2008：171 - 180.
② 但从我国目前市场发展状态来看，信誉作为抵押物，需要既施加在人格的管理者又需要在企业声誉上。在下一节主要论述如何发布信号的问题，解释为什么劳动力市场的声誉信号缺失，并且市场不能自发正常运作。

第四节　劳动力市场机制运作、声誉效应与信息传播

一、市场价格信息的声誉机制与信息传播

商品市场中的合同相对于劳动合同更容易明确规定出来。所以,在研究员工对企业声誉评价信号传播之前,先从最简单的商品市场研究开始。即使在较简单的商品交易中也存在类似于"囚徒困境"非合作均衡问题。虽然交易双方能够从相互诚实的交易中获益,但是如果一方欺骗另一方能得到更大的收益时,道德风险问题就可能出现,非合作的均衡将会产生。所以,如果不在制度、规则上限制这种不诚实行为的出现,阻止双方机会主义行为的话,将不会有交易存在或者交易费用很高,不会达到社会帕累托最优状态。什么样的机制能够约束交易者选择合作,使双方能够信守交易承诺,保障交易过程顺畅进行,使得双方选择相互之间都有利的合作?本节继续研究私人解决诱使合作的可能性,研究信号传播的机制问题。虽然商品市场合同是一种相对的完全合同,然而并非所有购买商品都需要明确合同来解决,都需要存在法律强制力的保护才能解决可能出现的非合作现象。在市场中,可以通过法院或政治上平衡相对谈判能力等方式解决一部分劳动关系问题,而另一种方式——通过发布声誉信息增加"抵押物"或"保证金"也可以诱使合作的出现。

市场机制运行的最大优势是发布了一种浓缩信息的信号——价格。价格浓缩了一部分商品质量好坏的信息,即品质好的商品相对价格比较高,而品质较差的商品相对价格比较低。消费者不需要花费太多时间去考虑及甄别哪种商品更好,只需要凭借价格就能区分出商品的等级。消费者对商品评价较高并出价较高,将获得商品,这个过程达到一种均衡并实现了帕累托最优。

然而,在市场中,一些狡诈的商人正是利用市场机制运作原则,故意把一些本来价格很低的商品定价很高。消费者甄别需要成本,他们不一定能够完全识别价格信号的质量,狡诈商人的机会主义行为破坏了良好的市场秩序。为了弥补这种市场秩序的缺陷,消费者可以通过重复博弈策略,即随机选一家商家,总在他一家购买商品,并进行信任评价。如果值得信任,继续与此商家合作;一旦发现质量与价格之间存在很大差距,则终止与此商人继续合作。商家做的并非"一锤子买卖",为了长期利益就会减少欺骗,降低机会主义行为出现的概率。

事实上，如果在市场上能够准确地识别并且让市场中每个人都知道谁是欺骗者的话，就可以有效地施行惩罚策略，把适当的惩罚手段施加给欺骗者。也就是说，即使交易者随机相遇，但他们能够识别另一方是否有受罚信息，如果在过去存在欺诈行为的话，就提出更加清楚明确苛刻的条件或直接拒绝与欺骗者进行交易。另外，重复博弈并非只需要自身体会、不断购买、交易后才获得私人信息，从其他方式了解到准确的信息也可以指导人们惩罚欺骗者。因此，从简明过程的推演清楚地导出了市场机制有效运作的一个必要信息条件：欺骗者的欺诈行为在市场中可以被识别，并且这种信息能够有效传播给其他人。那么，如何发布这种信息惩罚欺骗者？

第一，交易范围小的社会关系发布信息。

在交易范围较小的情况下，信息可以通过人际关系网来传播。例如，对经验不足的观察者来说，集市交易看上去像是一个秩序混乱的交易场所，其特点是，买卖双方随机配对和缺乏一个传播信息的中心参与人。参与人如何才能够控制某些商人行为不轨的动机呢？经济人类学家克里弗德·吉尔茨（Clifford·Geertz）曾经敏锐地观察到，在摩洛哥集市上，买者与卖者之间的交易存在稳定的惠顾关系，这构成了当地制度结构最重要的特征。他注意到：重复性购买某些特定商品和服务的买主不是在每次需要的时候才到集市上去转悠，经济惠顾成了他们与供应商建立稳定关系的一种手段。在表面上看来像布朗运动一样随机碰撞的集市背后，隐藏了一种富有弹性的非正式的人际网络模式[①]。这种人际网络模式也就是格兰诺维特所强调的，他认为人际网络可以节省交易中成本，诱使人与人之间趋向合作。格兰诺维特在《经济行为与社会结构：嵌入性问题》一文中写到："嵌入性的讨论强调具体的个人关系和这种关系的结构（或'网络'）在产生信任和阻止违法乱纪方面的作用。"这是因为："是否存在一个可信任的人与这个人有过交往，并发现他是可信任的。更好的信息来源还是由自己是否与此人打过交道的经历。"也就是说，承载质量的信任信息在小范围人际关系网络之间传播较快且成本较低，通过这种信息保证人们的诚信合作。格兰诺维特认为的社会网络中的人际关系节省交易成本的地方主要是以下四个原因："（1）它是廉价的；（2）人们总是最信任自己的信息——它更丰富、更详细和被认定是准确的；（3）与一个人保持持续关系的个体具有赢得信任的经济推动力，因为他不想影响将来的交易；（4）持久的经济关系经常会偏离纯粹的经济动机，与社会内容纠缠在一起，而后者则包含了强烈的信任期待，并避免机会主义。"虽然格兰诺维特也写到了社会网络中的人际关系会产生一些低效率的成本，不过他过于武断地

---

① Greertz. C. The Bazaar Economy: Information and Search in Peasant Marketing. *American Economic Review*. 1978, 68: 9-32.

论述到"是社会关系而非制度安排或普遍化的道德，在经济生活中的信任生产中发挥了主要作用"。在人际关系网络内部传播合作信息，防止机会主义行为出现。①

不过，格兰诺维特的理论中似乎根本没有预测到社会网络中人际关系与社会网络关系扩大范围之间的成本增长关系。当交易范围较小，特别是在相对封闭的交易系统，格兰诺维特的"嵌入性"社会关系网的交易费用不是很高。这是因为，相对环境封闭条件下，容易出现重复性交易，人与人之间相互监督，获得私人信息的成本并非很高。格雷夫对马格里商人的研究中指出，在交易过程中维系马格里布商人交易合约执行的机制并不是合同与契约，而是根据地缘、亲缘形成的"多边惩罚机制"（Multilateral Punishment Strategy，MPS），一旦有某个贸易代理商出现欺诈行为，整个马格里布商人联盟将对他作出集体性永久和彻底的惩罚。② 史晋川曾经分析我国温商在最初发展阶段也与马格里商人的封闭系统类似，也是通过人际关系网保证信息的传播。③ 不过，虽然马格里布商人建立商业网络的速度非常快，而且极为有效，其交易成本非常低，但其相对封闭性造成边际成本非常高，也影响整个商人群落的转型与进一步发展；热那亚商人建立商业网络的成本非常高而且缓慢，而这种耗时耗力建成的网络边际成本却非常低，具有很强的复制性与扩张性。④ 随着交易范围不断扩大，马格里商人承担的信息维持费用越来越高，结果是逐渐退出历史舞台。而热那亚商人与之正好相反，虽然在初期发展很缓慢，但在交易范围扩大时，其优势体现出来，信息传播费用并没有马格里商人增长那么快。

第二，大范围的信息传播和发布。

随着交易范围逐渐扩大，重复交易活动变得困难，在大范围内通过人与人之间交流的人际关系网传播信息以及鉴别信息的真实性等成本就会很高。现代市场范围不断扩大，直接导致了格兰诺维特理论的解释能力不断降低。交易范围变大，就需要形成一种制度、条文或第三方实施者抑制道德风险。引入第三方实施者并不一定非要是法院、一般可以是假定第三方的仲裁者是一个忠实履行其职责的中立的参与人。通过第三方的仲裁或调解交易纠纷，聚焦并且传递某些交易人特点的信息，监督可能出现的欺骗性机会主义行为。米尔格罗姆、诺思和温加斯

---

① 格兰诺维特. 经济行为与社会结构：嵌入性问题. 转于格兰诺维特. 找工作：关于合同和职业的研究［M］. 上海：格致出版社，2008.

② Avner Greif, "Contract Enforceability and Economic Institutions in Early Trade：Maghribi Traders Coalition." *The American Economic Review*. 1993，83（3）：525 – 548.

③ 参见史晋川于 2001 年温州瑞安市举行的"中国民营经济发展高层论坛"发言。

④ 与马格里布商人在同一时期活跃在地中海区域的热那亚商人，则不局限于在热那亚商人中选择贸易代理人，不排斥与非热那亚人合作从事贸易活动。他们通过创立合约与法庭来维系与跨时空的陌生人之间的交易合约的执行。

特（1990）研究了中世纪交易中商法仲裁者的作用，对第三方实施问题进行了探讨：在 12～13 世纪、北欧和南欧之间的交易主要通过香槟酒交易会（Champagne Fairs）进行。在交易会上，来自不同地方的商人相互签约，在不存在法律实施的条件下成功地保证了合同的实施。为了协调其商业往来，商人逐渐发展出他们自己的商业法典——商法仲裁者，由那些享有商业地位的法官来负责管理。市场交易范围扩大，必然产生正式的规章或第三方的思想强制保护。这与上节论述大中型企业劳动关系问题中企业正式制度安排代替"领导个人魅力"产生信任的观点类似，这是市场发展到一定阶段的必然结果。

现代化市场经济中必然是以法制、制度化建设限制人的机会主义行为。再次强调，并非只是通过法律机构、强制规范人们行为，完善的市场秩序本身就可以限制人的机会主义行为。在市场中也存在着发送信任信号、扩大市场交易范围的组织，淘宝网就是我国的一个很好的例子。淘宝网解决市场匿名制问题，它的创建使市场不仅可以观察到价格信号；而且还可以观察到包含质量的信任信号。

例：

淘宝网扩大市场交易范围

随着电子商务及其相关技术的快速发展，网上购物已经成为人们购物的主要方式之一。网上交易有与生俱来的缺陷：由于网上交易时买家和卖家并不见面，对货物的质量和特征并没有闲暇购物的亲身体验（即使对商品能有体验也不一定能甄别），只能依靠卖家在网上对商品的描述来判断，如果卖家传的信息有误，那么很可能产生纠纷。如果商品的信息不足，那么很可能使买家无法抉择，从而不选择购买。由于网络交易的虚拟化和特殊化，产生了交易主体的信用不能为对方了解所引发的信用风险，这种网络交易与纯匿名制市场是相近的。

因此，出现了改善这种匿名市场问题、减少信任投资风险的信用评价体系的必要。信用评价体系是对网上交易企业信任度的评价，它的作用在于可以衡量交易者的个人信誉。用户初次进行网上交易时，由于缺乏信息，所以常常关注其他买卖双方的评价。信用评价系统刚好就可以为其提供参考经验，大大增强了双方交易信任。淘宝网中"信息展示类"信用管理措施，主要是提供一些信息供买卖双方参考，也是淘宝网交易中获取信用的最直观手段。在交易成功后，淘宝网提供平台使交易双方遵照一定规则对彼此在交易中的表现进行评价，评价可以累计信用度，并作为以后选择交易对象的依据，这也是淘宝网信用管理中的核心部分。淘宝买家在选择商品购买时可以通过阿里旺旺与卖家进行交流，在对卖家登陆的商品有疑问时，可以多询问商品相关信息，以判断卖家的可信度。

　　　　管辖淘宝网的杭州市工商局高新区分局投诉调解科负责人在接受采访时表示，2007年，他们受理的"淘宝网"投诉案件有483起，而同一时期淘宝网实现的网购交易额为433.1亿元。也就是说，在2007年淘宝网网络零售交易中，大约每1亿元的交易，才立案一起交易纠纷，这个比率比现实中的零售企业要低得多。2008年，淘宝网投诉率再创新低，平均每亿元交易投诉为0.6起。这个数字不到2007年网络交易投诉率的一半，不到线下交易投诉率的1%。淘宝网改变了我国C2C市场中①网络购物信息不对称的问题，扩大了市场交易范围。通过发布个人与商家的一次合作的反馈信息，增加其他人对商家的商品质量掌握的一定信息，使消费者不需要花费太多的搜寻时间就可以低价格、高质量地购买到商品。从淘宝网一例可以看出，存在机制可以改善市场环境，减少市场信息失灵，从而节省社会交易成本提高整个社会效率的作用。

二、劳动力市场观察到信息

　　淘宝网在发展C2C市场与劳动力市场中员工评价的企业声誉机制②有着一定相似之处。它们都反映了市场交易范围很广、个人或通过人际交往网络关系发布信息成本很高的情况。市场交易范围扩大的一个重要因素是，其声誉是否成为一种"保证金"，使承诺更为可信，声誉是否能够限制人的机会主义行为，增加其不良行为的成本。它们的存在都将降低交易社会整体的交易成本，有利于提高社会效率的作用。另外，它们都存在着单独凭借个人力量构建声誉评价体系的成本很高的问题，特别是初期体系的建立问题。淘宝网运行机制与企业员工评价声誉机制存在着一定的不同之处，这也是为何企业内部员工评价声誉机制不会在市场中自发产生的原因。

　　与淘宝网的不同之处在于：一是淘宝网中的交易往往是"即时合同"，并相似于完全合同，交易双方能够在短期内了解并清楚地评价对方提供信息或商品质量的真实程度；企业内部员工评价声誉本身上是长期合作中总的评价，由于不完全合同本身这种评价或多或少会包含一部分主观感情色彩，不一定真正反映出真实合同履行过程。二是"即时合同"的另一个特点是瞬时性，可以在短期内完成交易。虽然张五常曾经批评过商品买卖关系是"即时性"的思想，如商品买卖后包含一定的商品保修等权力与责任关系，但这只是商品的所有权分割问题，并不能否认完全合同中不可能涵盖所有条款，或规定清楚将可能出现问题的"即时合同"的"瞬时性"。但至少通常情况下劳动合同不可能将所有事项完全规定清

---

　　① C2C指个人与个人之间的电子商务，其特点是网上交易涉及的人群广，数量庞大，交易金额小，交易频繁。

　　② 这种机制在第八章会继续讨论。

楚。长期引发的不确定性，加上不完全合同不能通过法庭强制执行，加剧了合同执行的问题。因此，劳动合同的评价是评价一段时间内的履约过程中的细微变化，评价是否合理地通过某种手段、机制来弥补、激励员工的努力与原合同规定之间的差距，也就是如何调整新古典合同无法规定出来的部分。三是淘宝网中交易频繁，无论是服装、电器、工艺品等商品在人们生活中需求很高。巨大需求加上如果能减少交易过程中搜寻信息、讨价还价等费用的话，本身就促进了交易数量增加。正如重复博弈论那样，较高的交易频度提高了商家欺骗的成本，商家为了将来的收益采取"不欺骗"策略是最佳手段。而企业内部员工评价声誉机制并不可能如"即时合同"商品那样频繁交易。合作时间较长的劳动合同在减少讨价还价、工作适合、习得技能（投入人力资本投资）等成本的同时也降低了交易频度。即使企业管理者的机会主义行为出现，频度较低的劳动合同似乎使企业损失相对较小。与交易频度相关的一个因素是收益。即使收取同样很小的交易费用，淘宝网可以在高频度的交易中获得很大的收益，而低频度劳动合同却不能为组织提供很多的收益。

是否存在耐久性是声誉传播有效性的重要条件。比如品牌声誉优于价格机制在于它的耐久性。同一品牌可能会存在着不同型号的商品。一般来说，一件特殊商品往往随着长时间的流动，价格可能是不断下降的（但生活必需品的价格弹性较小，价格下降很慢），特别是电器一类商品，环境发生很微小的变化时，就会引起价格的变动。因此，价格因素不满足耐久性原则，但品牌却存在着满足耐久性的优点。即使环境发生微小变化，品牌的特征也维持不变，不会因为一个人的电器出现故障而得到这个品牌不好的结论。而当很大一部分人使用此商品都出现问题时，这个品牌的价值才会下降。企业内部员工评价声誉在市场传播并不满足耐久性这一点。虽然，媒体在一定程度上可以起到一定的监督作用，通过报道不良行为引起社会关注的方法限制企业机会主义行为。但媒体的监督作用耐久性、信息的可维持性较差，即使一段时间曝光了管理者的如侵害劳动者的违规性事件，当新闻价值没有原来那样吸引社会关注时，新闻可能并不会持续记录。另外，虽然在一时之内可以引起社会关注，但在一段时间之后求职者想观察到这种信息的成本是很高的。

事实上，企业内部员工评价声誉信息已经变成准公共物品，在劳动力市场中很难观察到这种信息。卡森（Casson，1991）指出，关于声誉的信息具有公共产品的特征，能提供正的外部性，使很多相关者同时受益。但正外部性收益是社会收益，并不能促使某个以营利性的组织提供这种服务。即使有人提供这种信息，也没有人收集、整理、加工，致使承担这部分成本对于单独的个体而言是十分高昂的。高成本发送信息本身失去了推动市场交易公平化的意义。而如果低成本提供企业内部员工评价声誉的信息，就不能阻止他人使用信息（非排他性），可任意让多人共用而不减少该信息的效用，而且也无法禁止某人不付代价而享受该信息。另外，企业内部员工评价声誉信息的非竞争性，声誉信息的一个属性是共享性，劳动者可以观察到声誉信息并不影响减少其他人对这种信息的观察，为其他求职者获得信息所带来的边际成本为零。但是"劳动合同"的交易频度并非很大、低成本发送信息的收益小。包含价格质量的员工评价企业声誉信息已经变成了一种准公共物品。所以，企业内部员工评价声誉机制不会在市场中自发产生。

三、声誉机制与人力资源管理

在描述劳动关系与人力资源管理之间的互动关系时，卢福财认为，将和谐劳动关系作为人力资源管理的基础是由我国的社会转型和人力资源管理学科发展的特殊历程以及企业管理的目标所决定的。目前我国劳动力市场不健全，相关法律制度不完善，缺乏外部有效的劳动关系机制，大量的劳动关系问题发生在企业内部，需要企业去解决，如劳资纠纷问题、劳动保护问题、员工纪律问题、员工歧视问题、人力流失问题等等。因此，人力资源管理学科需要特别关注劳动关系问题，将人力资源管理建立在和谐劳动关系的基础之上。劳动关系不仅仅是一个法律问题，应将和谐的劳动关系融入人力资源管理的整个过程。在现代社会以人为本的理念下，有效的人力资源管理可以化解劳动争议，是构建企业内部和谐劳动关系的重要途径。[①]

在本书第四章指出，这种管理学天然假设企业权威不会出现机会主义行为、人力资源管理可以通过科学的管理方法"公平"并且"公正"地分配企业租金的思想是不实现的。如姚先国指出的那样，如果没有来自外部的有效约束，（利益最大化）这种逐利行为就会导致其往往会侵犯劳动者的正当权益。[②]那么，约束人力资源管理的方法仅仅如常凯所述的那样通过法律干预的一种方法吗？

包括法学学者也承认，人的平等感的心理根源是不尽相同的，而且无法用一个共同的指标来指称。[③] 企业内部员工评价声誉的信息并没有衡量"公正"与否，只是将员工平等感的信息反映到市场中，这种方式可以更加灵活地限制企业权威能力，推进人力资源管理成果。与集体谈判直接干预企业权威权力不同的是，企业内部员工评价声誉的信息本身没有干预企业权威的权力，而是在市场中把人力资源管理的工作成果给予一个价格质量的信息。然而，当今中国人

---

① 卢福财. 构建基于和谐劳动关系的我国人力资源管理新体系 [J]. 人力资源，2006（10）：28.
② 姚先国. 民营经济发展与劳资关系调整 [J]. 浙江社会科学，2005（2）.
③ 博登海默. 法理学：法律哲学与法律方法 [M]. 北京：中国政法大学出版社，2004：311.

力资源管理的情况正是外部市场没有这种价格质量信息，不能给予企业相应的收益。无论人力资源管理是否正确、公平、公正地考核每位员工的努力与绩效，企业的声誉及收益都不会受到太大的影响。正如商品市场中狡诈的商人将质量差的商品标价很高的做法一样，没有信息反映人力资源管理成果，那么劳动力市场秩序受到破坏，价格运行机制无法正常运转。所以，中国很多企业并没有真正重视科学的人力资源管理，企业权威才没有受到限制，进一步造成了很多不和谐的现象。

第八章 构建社会主义市场经济合作型劳动关系的框架

本书将焦点集中在劳动关系中限制人的机会主义行为以及"企业权威"的问题研究上。第三、第四章讨论了不完全规定下劳动合同的优势，相对明确了合同在限制员工的机会主义行为的同时也相应限制了企业权威的能力。然而过于明确的合同反而可能会影响企业的效率。通过明确条款、合同来限制企业权威的能力，这种方法近于人力资源管理学研究，这样很可能会出现人力资本专用性投资保障不足的情况。第五、第六章，则将焦点集中在以往研究中通常被忽视的人力资本专用性投资保障的研究上，继而通过工会或者上升到法律层次来保障人力资本专用性投资。第七章，从人力资本专用性保障的范围扩展到包含通用性人力投资的保障方面，继而转向信赖与劳动关系之间的联系以及如何维持这种合作依赖关系的研究。本书指出中国劳动力市场价格机制失灵的真正原因是缺乏价格质量信息。本章将总结全书，并围绕着如何限制企业权威的能力，以保障合作机制为目标，提出符合中国社会主义市场经济当前现状的解决方法——第三方合作机制。这种以信息发布为主的合作机制可以达到防止管理者签订不完全规定的劳动合同之后的道德风险问题，维持劳动双方更好地合作，解决市场价格失灵问题，提高市场交易效率与公平性，以达到构建良好的社会主义市场经济秩序的目的。

第一节 集体谈判协商制度与三方合作机制

一、集体谈判协商制度

(一) 集体谈判协商制度概况

在解决当前中国劳动关系以及收入分配不公时，几乎所有的政策性研究中都涉及集体谈判协商制度。本节将更加深入地分析集体谈判协商制度与第三方合作机制。笔者认为，集体谈判协商制度只是合作机制的一种手段，但绝对不是第三方合作机制的全部含义。为此，我们需要详细分析一下集体谈判协商制度以及第三方合作机制的含义。

20 世纪早期，国际劳工组织（ILO）倡导将三方主义（tripartism）作为一种促进各种社会主体利益和谐和争取公正合理的工作条件的手段。"三方协商"一般被理解为特指一个过程或机制，在那里工人、雇主和政府通过自愿的互动和对话，致力于劳动标准的发展完善和劳工权益的保护。① 依照 ILO 于 1976 年制定的《三方协商促进实施国际劳工标准公约》，三方协商的内容包括法律法规的制定和调整有可能影响劳资双方固有利益的内容；有关就业、职业培训、劳动保护、职业安全卫生、保险福利等劳动标准的全国性机制的建立。英国传统劳动关系研究者克莱格（Clegg）在其关于英国产业关系（传统劳动关系）的书中认为，集体谈判非常重要，对产业关系的研究实质上是对集体谈判的研究②。然而，随着全世界多数发达国家中工会、集体谈判制度的衰败，世界劳工组织的影响力也随之下降。所以在 2002 年 ILO 通过的"关于三方主义和社会对话"的决议案中不得不放宽了上述定义：在关于经济与社会政策上相关利益的议题上，在政府、劳动者代表、资方三方之间所进行的，包含所有形态的谈判、协商或仅仅是信息交换的行为。

我国于 20 世纪 80 年代开始试行集体协商制度，首先在非国有企业进行，特别是外商投资企业利用集体合同来确定双方的劳动关系。1982 年颁布的《中华人民共和国工会法》第十八条规定："工会可以代表职工与企业、事业单位行政方面签订集体合同。"1995 年 1 月 1 日实施的《中华人民共和国劳动法》第三十三条也对集体合同作出专门规定："企业职工一方与企业可以就劳动报酬、工作时间、休息休假、劳动安全卫生、保险福利等事项，签订集体合同。"作为配套规章，原劳动部发布了《集体合同规定》，对集体谈判的具体程序、主体、管理和争议处理办法等作了较完整的规定。2001 年，我国建立了"国家协调劳动关系三方会议"的正式制度，这标志着中国的三方协调机制的正式开始。

（二）集体谈判制度的不足

集体谈判制度的典型理念就是"同工同酬"。同工同酬原则有两项内容，其一是不得因宗教、种族、国籍、性别、年龄或信仰等原因对工人进行歧视；其二是工资由工作决定，对技术要求高、劳动消耗大、劳动强度大的工作付较高工资，反之则付较低工资。第一条用"同工同酬"概念描述并不准确，更为准确的应该是"反劳动歧视"原则，这是合作精神的基本原则之一。而集体谈判的

---

① William R. Simpson. "The ILO and Tripartism：Some reflection", Monthly Labour Review, 1994, Vol. 117, No. 9（Sep.）：40 – 45.

② 李维斯，桑希尔，桑得斯. 雇员关系［M］. 大连：东北大学出版社，2005：167.

"同工同酬"的第二条原则与人力资源管理存在着一点本质不同，集体谈判中职务分类原则是将工资与职务一一相对应，是与明确任务规定的职务工资制度联系紧密的。本书第四、第五章曾经论述过职务工资制度缺少灵活性问题及工会的作用依赖于人力资本专用性问题，明确化任务、合同程度的职务制度正是迎合集体谈判"同工同酬"的理念。本书第四章论述"劳动合同"效率时，就曾介绍过包括美国在内的传统职务制度已经不能发挥"劳动合同"的全部效率，并不能适应市场信息化以及全球一体化给企业带来的影响，美国传统企业为了发挥"劳动合同"效率，加强"劳动合同"中的灵活性部分，采用绩效工资制度以及强调人力资源管理控制员工机会主义行为的水平。第五、第六章指出，通过工会或法律限制企业权威的方法只能保证人力资本专用性投资；面对当前企业外部市场环境的剧烈变化，通过政治手段推行"强行权利"在保障人力资本专用性投资的同时使企业缺乏弹性调节的余地，不能发挥"劳动合同"的效率，并且不能发挥出市场价格机制调节的真正作用。

另外，集体谈判的"同工同酬"也不是推动公平的最佳方法，其思想本身是违背目前我国社会主义市场经济的分配法则。我国社会主义市场经济的分配法则是按生产要素的贡献进行分配，多贡献多得，少贡献少得。不论资本、劳动、人力资本、技术等都可以作为贡献的来源之一，这是我国社会主义初级阶段的客观条件所决定的。然而，看似目的是保护分配公平性的"同工同酬"，其实质却是一种"大锅饭"似的教条平均主义。

例：

全球性集体谈判作用的衰退

本书在第五章描述了美国集体谈判及工会作用的衰退。经济环境的变化表明美国原有的强化工会权力、强调劳工利益的劳资关系体系已经显得不合时宜，美国的劳资关系自20世纪70年代开始发生重大转变。[①] 80年代至今，美国政府政策延续了弱工会的局面。事实上，西方发达国家都出现了不同程度上的集体谈判作用的衰退。如英国从1979年至今，"通过集体谈判来共同调整劳动关系方为最佳途径的观点"，作为一种长期的社会公共政策，开始不为人们所接受。先前体制中的一部分机构，如常设的收入比较委员会（Standing Commission on Pay Comparability）在1979年后便不再设立。被视为制度支柱的集体谈判和在自由市场下的一些僵化的做法，如薪资委员会（Wages Councils），也逐渐淡出和终止。英国ACAS职能的变化也象征着劳动政策开始远离集体主义。ACAS也不再遵循"将改善劳动关系作为其责任，尤其是要鼓励集体谈判的推广、发展以及必要的改革"的论调。

① 李向民，邱立成．美、德劳资关系发展的路径依赖研究 [J]. 经济体制改革，2008（2）：171－174.

正如本书第四章论述的那样，企业劳动合同包含了更多的弹性部分。荷兰企业就是代表之一。20世纪70年代后半期开始，个别公司寻求在产品、服务及其组织机构和人事管理上更富弹性。公司表现出了对外部（弹性合同等）和内部弹性（弹性工时、工作轮换等）的更大需求。在初始阶段，这些公司在工作弹性上并没有多少空间，因为各种规则（还有法律、集体协议等）异常严格，同时工会也不愿通过共同合作实现这种工作弹性形式。事实上，他们害怕丧失自身的功能。但是在一些激烈的争论之后，为同时照顾到雇主和工会的地位及需求，也实现了工资降低和更多的灵活性来达成平衡以防止裁员和缩短工时，各方在1982年11月达成一致，有更多和更富弹性的工作。①

（三）集体谈判与我国工会特殊路径

表8.1反映了中国传统劳动关系解决方法的优缺点比较。管理学大师巴纳德认为，复杂的道德准则以及高度承担责任的能力是经理人的责任。② 这种提高管理者自身道德素质的思想是十分天真的，它隐含了假设——管理者本身不会出现机会主义行为。然而，在中国缺乏限制的企业权威并没有能够通过道德以及企业规章、制度限制自身行为，造成了很多不和谐的现象。因此，我国法学界强调需要法律、集体谈判限制企业权威。直至今日，就中国社会整体来看，中国工会的发展路径仍然未摆脱一种"自上至下"的政治工会发展模式。传统学者认为，中国劳动市场中劳动力的"供求"状态决定了"强资本、弱劳工"的现象，企业层面集体谈判的谈判力不足。因此，我国很多学者认为，"政府要确认并支持工会组织行使'集体争取工资'的权利，建立政府、工会、企业三方协商机制，使工资的市场定价能按市场分配原则趋于合理化，纠正分配过度向资本倾斜的现象"或者"政府在集体谈判中担当着组织、协调和监督的角色。"然而，这些说法根本没有考虑政府在劳动关系问题上处于相对信息劣势地位。他们求助于政府，而最后政府的作用往往流于形式，不能真正解决劳动关系问题，政治方面的追求抑制了企业层次集体谈判的灵活性，更不可能真正达到和谐状态。

表 8.1　　　　　　　　中国传统劳动关系解决方法的优缺点比较

方法	优点	缺点
法律	国家强制力保证	私人信息不足，缺乏弹性调整，无法分配企业剩余，影响企业权威能力

---

① GyÖrgy主编，易定红等译. 欧洲劳动关系：共性卷 [M]. 北京：中国劳动社会保障出版社，2009：171.

② 巴纳德. 经理人员的职能 [M]. 北京：机械工业出版社，2007：179.

方法	优点	缺点
集体谈判（政治） （高层次集体谈判）	国家强制力保证，很小程度的分配企业剩余	私人信息不足，缺乏弹性调整，影响企业权威能力
集体谈判（经济） （企业层次集体谈判）	能够分配企业剩余，有私人信息优势	谈判力不足，相对缺乏弹性调整，影响企业权威能力
人力资源管理	能够适应市场变化，有很强的灵活性	不能有效地保障企业制度是可执行的，企业管理者权威未受到限制

　　的确，某些社会条件能影响政治环境，进而可以改变社会成员的相对力量。通过法律直接干预的方法相对有效、可以立竿见影地调整利益相关者之间的讨价还价能力以解决当前的劳动关系问题。但是法律强制的方式忽视了经济学规律以及合作的本质。美国工会史也是"政治因素"并不可能永远战胜"经济规律"的很好例证。美国曾经的工资率确实是由集体谈判达成的，然而，忽视经济规律的政治行动必然是短期的。即使在某种程度上谈判力量似乎超过了经济力量，因为一时较高的工资必然引起较高的价格，从而降低了产品的市场需求，但反过来又会减少雇主对劳动力的需求，使工资最后跟劳动的边际生产力恢复一致，工会政治上的一时胜利最终还是短命的。[①] 劳动关系系统论的开创者邓洛普（Dunlop John）曾经明确指出：①政治性劳资安排相对于成熟的集体劳资关系，更易出现在有着尖锐派别斗争的新联盟当中。②政治焦点倾向于将最好的用于短期行为上。时间拖得越长，则越缺乏政治侧重。[②] 这两点正好反映了集体谈判政治方面的斗争思想及短期持续性问题。特别是，人们往往忽视了不断反复的政治斗争及法律的制定等给各方面带来的成本。更可怕的是，寻求政治租金为滋生腐败提供了基本条件，这也造成了政府产生了比市场失灵更可怕的资源配置方面的浪费。

　　另外，虽然集体谈判通过政治影响力提高谈判能力、制约企业权威的方法能达到一种表面良好的和谐结果，然而这种利益集团斗争的思想并非出于诚信合作的精神，而是出于利益集团之间自利的心。不考虑他人的利益、企业的状态没有限制机会主义行为，自然不能真正有效地创造更多的租金，并将其进行合理的分配，因此，集体谈判协商制度只是保障合作精神的一种方式，并非市场经济条件下合作机制的全部含义。

---

　　① 从宏观角度分析，虽然员工们可以通过政治过程的讨价还价来提高名义工资，但短期内名义工资的上涨很容易导致名义价格随之上涨，而价格水平和他们的实际工资是由总需求决定的。这就是近年来中国刚有"涨工资"的消息发布，物价首先飞涨的原因。因此，政治过程集体谈判并不能使更多的中国民众享受到改革开放后经济快速发展的成果。
　　② 沃纳. 管理思想全书［M］. 北京：人民邮电出版社，2009：164.

全球性工会运动盛行只是在 20 世纪七八十年代以前。那时候市场信息传播并不发达，处于制造业、人力资本投资专用性投资较高的情况，集体谈判制度因此才能作为一种平衡企业分配权力的方法。传统集体谈判制度强调一致性，团结就是力量，然而分配时利益集团又都存在自己的目标。而且集体谈判过程需要大量的时间、费用，缺乏市场调节弹性。那么，合作机制是否可以突破这种管理者分配企业剩余的权力，更加灵活地适应市场变化并能保护合作精神不被管理者机会主义行为侵害？劳动关系并非仅仅涉及集体关系或是只能通过集体谈判来解决，认识到这一点非常重要。人力资源管理所强调的"个人能动性和热忱"对组织的良好运行非常关键，它们也主要反映在组织中的个体从工作中获得的满意感和情感回报，无论是否有工会组织出现，冲突和合作都是劳资关系当中固有的方面。把三方合作机制单纯地认为是集体谈判及协商的机制，则弱化了三方合作机制的真正作用。现今，我国市场机制已经具备了一定的条件，可以超越通过"政治斗争"来影响市场价格因素、弥补人力资源管理缺点、发挥其灵活性的作用并且能够限制企业权威分配权力，这需要我们重新理解市场经济条件下合作机制，完善市场价格机制。

二、我国学者对合作机制的理解

我国有关三方合作机制的研究并不是很多，而且基本思想都是指集体谈判协商制度。吕景春在描述三方合作机制时认为：其重要作用在于它能够借助于一些"合作因素"来平衡社会各主要利益集团之间的利益关系，使劳资关系从"零和冲突"转向"正和交换"，由此带动其他社会经济目标，如社会福利制度、劳动保障、公平就业等的协调发展，从而促进经济社会的和谐与稳定。作为"合作主义"政制模式发祥地的欧洲等西方福利国家劳动关系的具体实践也证明，建立在三方合作机制基础上的"合作主义"是工业化国家协调劳资关系、缓解劳资矛盾与提高劳动生产率和经济绩效的重要手段。[①]

他认为，合作主义的原生状态为雇主、雇员、国家（政府）三方关系的民主模式，是在解决雇主、劳工、国家三方关系中发展起来的一种"民主合作方式"或制度安排。政府政策的制定不取决于议会竞争，而是政府与雇员组织（劳工联盟）、雇主组织（雇主联盟）之间各自利益相互协商的结果。政府承认雇员组织、雇主组织的合法性及对该类组织的合法地位，雇员组织和雇主组织则保证各自所属组织支持政府的相关决策。

---

① 吕景春. 和谐劳动关系的"合作因素"及其实现机制——基于"合作主义"的视角 [J]. 南京社会科学，2007（09）.

　　他在解释"合作主义"与以往"多元主义"（传统集体谈判）的区别时这样写到："合作主义"是为解决多元主义的困境而发展起来的，所以其利益集团观也与多元主义的对抗性竞争完全不同，它强调协调与合作。多元主义倡导的对抗性竞争可能演变为团体冲突，进而在与政府的关系上存在不可调和性。他进一步解释到，多元主义与合作主义都强调利益集团存在的必要性，两种理论都认同国家与社会的分离，承认利益集团的合法性，并肯定利益集团对政治过程的作用。在利益集团合法性方面，多元主义认为它是与生俱来的，而合作主义认为这种合法性来自政府支持。

　　如何能够实现建立机制以解决劳动关系问题？合作主义认为，社会利益冲突应通过协商合作的途径来实现。各利益集团首先需要依据行业等标准形成体系，并在体系内建立关键的功能性利益集团，作为该体系的利益代表，然后由关键利益集团与政府协商，建立合作关系。政府的决策应考虑利益集团的需求，利益集团则支持政府的政策。通过这种协商合作，一方面，不仅可以保证利益需求进入政府过程并在决策中得以体现；另一方面，还可以避免因利益集团力量不均衡而导致的利益不均，以及利益集团广泛进入政府过程造成的混乱。

　　然而，这种"合作主义"的定义本质上并没有脱离多元主义的思想。事实上，吕景春所描述的这种合作主义只是强调政府的协调作用，只是多元主义中突出政府的形式上的作用而已。仍然按利益集团这个出发点研究就证明了这种合作并非从微观企业、社会的效率、公平角度思考。因此，探讨什么是真正的合作主义，还要回到微观企业、个人的基本分析单元，回到本书最初的定义上。

三、劳动合同的特殊性与合作机制的本质

　　在本书第三章中，我们论述了劳动合同的特殊性，否定了单纯将劳动合同视为一种以"公平"为核心的交易关系，认为劳动合同是一种包含交易关系与身份关系双重属性的特殊合同。那么，劳动关系的这种混合属性与收入分配有什么关系？

　　现代企业理论认为，劳动关系引入了一种企业治理结构代替法律仲裁系统产生了企业优势，引入控制权的同时必须规定租金的分配问题。哈特等人将企业管理者拥有的这种权力称为剩余控制权（residual rights），即初始合同中没有规定的所有对物质资产的权利。拥有剩余控制权的一方，可以按照任何不与先前的合同、惯例或法律相违背的方式决定资产的所有用法。不过，要特别强调的是，劳动关系中的关系性特征并没有否认"公平"、"合理"的分配，反而要求其保证良好的合作以及隐性关系。企业内部采用"低能激励"并追加控制的方法缓解了市场"高能激励"所导致的各种扭曲，促进了人们之间的协作，产生了企业竞争优势，这是企业权威的责任之一。正如威廉姆森在描述企业的特征时认为："与

市场相比，层级制中的内部激励或是和缓的或是低能的。人们付出努力的程度与得到的补偿之间联系很少或者没有直接的联系。这主要因为市场的高能激励不可避免地被内部组织削弱。"①

如果认为劳动关系单纯是交易关系的话，员工的确没有任何理由可以得到企业创造的超额利益（企业租金），因为他们所有的才能都已经在市场中给予标价。然而对于企业来说，为了维护企业内部人们之间的协作特征，企业就不得不放弃一部分"高能激励"。有时，企业并不是完全地采用"谁能力大，谁就得到多"的方法，特别是企业不能夸张地拉大企业内部的分配差距，简单认为管理者可以占有所有的企业剩余，或企业已经支付员工高于市场的报酬就足够了。"高能激励"的观点没有认清劳动关系的特殊性与企业竞争优势的来源。如果采用这种片面"高能激励"手段的话，部门和员工可能就会拼命耗用设备，增加眼前的收入，降低相互之间的协作意图。克鲁格曼认为，如果一个企业整体激励差距过大，可能会影响团队的士气，或引发劳资纠纷。② 与很多学者从社会公平正义及公平分配的价值判断角度不同，我们从企业劳动关系的特征这个微观角度分析，得出在企业内部过大的差距也会影响到企业长期稳定的发展。企业的低能激励方式可以有效地维持人们之间的协作意愿，在企业内部"合理"分配企业所创造的租金是企业权威的责任之一，这也是企业不同于市场的一个最重要因素。

应该认识到，合作劳动关系问题的研究应该促进利益相关者之间更好、更公平地合作，以实现企业长期财富创造能力最大化这样的目标（创造企业租金并合理将其分配）。为此，合作机制的重要任务是在市场环境中限制任何一方的机会主义行为，保证市场中的机会公平。金喜在认为，机会均等（机会公平）是社会主义公平观应有的内容，它反映了公有制经济条件下社会成员对生产资料占有上的平等关系。在市场经济条件下，机会均等所强调的是，每一个人在市场经济活动中都应有平等的参赛机会和被挑选的机会。参与市场活动的机会均等虽不属于收入分配的范围，但是它直接影响收入分配的公平性，因此应属于判断收入分配公平与否的重要尺度之一。③

合作机制并不是只强调保障短期的效率，其内涵还包括公平性的基本含义，合作机制可以良好地处理公平与效率之间的关系。另外，正义的分配观蕴含于合作精神之中，只有强调包含正义观的合作机制，才会有效协调劳动双方更好的合作，才有助于促进人的全面发展与社会关系的和谐。别内费尔德（Bienenfeld）认为，对相互吵架的孩子及他们相互矛盾的基本愿望所给予的公正程度，会对家

①　Williamson, Oliver E. 1998. The logic of economic organization. *Journal of Law*, *Economics and Organization*. 4：65－93.

②　[美] 克鲁格曼. 美国怎么了 [M]. 北京：中信出版社，2008：108－110.

③　金喜在. 当代中国市场经济理论与实践 [M]. 北京：科学出版社，2011：215.

庭的和睦与否产生影响。社会亦是如此：公正会增进合作，而歧视则会侵损合作①。"合作精神"下，劳动双方的合作将创造更多的企业租金，并将其合理分配，进而加强进一步的合作。因此，合作的框架不只在于创造一个有利于利益集团成员相互谈判的环境，集体谈判只是限制机会主义行为的一种方式。而更重要的是，合作机制应是完善市场价格机制的一种体现，市场中应该能够观察到员工对分配评价的质量信息。这正是科斯的伟大之处，他所论述的两个对象——企业和市场以及它们之间的关系，正是合作机制的重要主体的体现。我们不能离开这一主题谈分配。只有在完善的市场价格机制中，一个分配公平、有利于合作的环境才能存在。

合作机制不能单纯地理解为只是不同利益集团为了谋取自己成员利益的集体谈判，这种合作机制狭义了合作的本质。其强调政治运动，部分否定了市场中价格机制的调节作用。法学家博登海默认为，"仅仅培养一种公正待人和关心他人的精神态度，其本身并不足以使正义处于支配地位。推行正义的善意，还必须通过旨在实现正义社会的目标的实际措施和制度性手段来加以实施"②。这种观点是部分正确的。我们也绝对不能只是单纯批评法律、政治手段，摆在我们面前的我国当今分配以及劳动关系问题，需要限制管理者机会主义行为，一定要有效、彻底地解决。然而，本书强调的是，法律秩序并非限制管理者机会主义行为的唯一手段，同样经济市场秩序也是很重要的一个方面，这需要我们重新认识第三方合作机制的基本作用是什么。

例：

2008 年美国金融危机引发分配的公正性的思考

克鲁格曼认为，管理者过高的薪水并不能完全反映其能力的差别。他认为："管理者的薪酬与基本的供需因素的联系远没有那么紧密，而是大大受制于社会规范与政治权力的变化。

"首先，管理者的素质与这种素质的重要程度，都无法明确度量出来。就算考察一个公司的盈利状况，也不足以对该公司高管进行可靠的评估，因为决定利润的许多因素是高管所无法控制的。因此，确定高管薪水的问题带有强烈的主观性，甚至从众性（这里他没有从剩余索取权的角度分析）。在美国 20 世纪五六十年代，大公司没觉得拥有一位著名的、有魅力的领导人有多重要：CEO 很少登上商业杂志的封面；而公司喜欢从内部选拔人才，并强调其注重团队合作的品质。相反，在 80 年代及其后，CEO 变成了明星，与其公司互为表里。

---

① 转引自博登海默. 法理学：法律哲学与法律方法［M］. 北京：中国政法大学出版社，2004：312 - 313.

② 博登海默. 法理学：法律哲学与法律方法［M］. 北京：中国政法大学出版社，2004：278.

　　"其次，就算公司董事会对管理者的素质及这一素质对盈利状况的重要性有正确的判断，他们最终支付给高管的实际薪酬仍在很大程度上取决于其他公司的做法。因此在20世纪六七十年代的企业界，那些被视为超级管理明星的人，很少得到令人咋舌的薪酬。事实上，当时的公司倾向于认为，高管薪酬过高可能会影响团队的士气，或是引发劳资纠纷。在这样的氛围中，就算公司董事会确实认定雇用明星经理人是正确的做法，它也不需要以畸高的薪水来吸引那些名人。但今天，管理层薪酬动辄高达数百万甚至数千万美元。而且，现在就算公司董事会并不痴迷于管理层的想法，他们最终也会支付高额的薪酬，一是要以此来吸引他们觉得合适的管理者；二是因为一个公司若不对其CEO慷慨酬劳，就会引发金融市场的疑虑。"①

　　特别是，在2008年美国金融危机中，美国的一些首席执行官往往宣称，经济收益并不完全来自于他们的自身行为，而是他们不可掌控之力量的产物。他们的辩解可能是有一定道理的。然而，如果这是真的话，我们就有很好的理由来质疑他们在经济良好时期对超额报酬的索取。哈佛大学桑德尔教授质疑美国首席执行官们的高收入："如果我们因为年成不好而责备天气的话，那么，那些有天赋、有智慧并努力工作的银行家、交易员以及华尔街的高级经理们，又怎么能够由于那些在艳阳高照时所获得的惊人回报而受禄呢？"②

　　桑德尔的这段评论是有关分配公正性很好的反思。可以看出，如果管理者在市场经济景气时所强调的自身"贡献"应该拥有"剩余索取权"、"剩余控制权"或者占有企业所创造的大部分租金，那么，为什么在市场经济不景气时，他们却只身而退，辩解到经济收益并不完全来自他们的自身行为，而是他们不可掌控之力量的产物呢？那么，占有企业所创造的大部分租金也都是他们才华的表现吗？桑德尔写到：贪婪是一种恶，是一种不道德的存在方式，尤其是当它使人们觉察不到别人的痛苦时。它不仅仅是一种个人的恶，它还与公民德性相冲突。③这就是市场分配机制中没有良好地保护机会公平，没有体现出分配的社会性质，没有良好地限制"企业权威"的权利，导致他们短期内人们很难察觉到的占有损害员工利益的机会主义行为。然而，即使大家一致认同社会分配存在着不公现象，如何解决社会中分配不公却是更加挠头的事情。西方发达国家也没有给出明确的解决方法。桑德尔的讨论都源于一些特殊时间，如2004年的飓风"查理"之后的欺诈性价格、2008年的美国金融危机等问题，是价格市场不能"正常"动作而引发的一种讨论，对于究竟如何解决企业租金的分配问题没有给出良好的解决方法。

　　从上述材料中，我们可以寻找出合作机制任务的思路，并且可以将这些与第三章中威廉姆森所论述的"低能激励"理论与劳动关系理论联系起来。克鲁格曼在分析20世纪六七十年代企业界时认为，即使明星级别的企业管理者也从企业

　　① ［美］克鲁格曼. 美国怎么了［M］. 北京：中信出版社，2008：108－110.
　　② ［美］迈克尔·桑德尔. 公正［M］. 北京：中信出版社，2011：18.
　　③ ［美］迈克尔·桑德尔. 公正［M］. 北京：中信出版社，2011：8.

分配的整体考虑，不能因为自己个人的薪酬过高而影响整个企业团队的士气，这点正是"低能激励"的企业管理者责任的体现。企业管理者必须从企业整体角度行动，而不是单纯强调个人对企业的贡献、忽视企业的内部合作性。

在企业责任和低能激励的理解上，马克思超越了他之前的任何一位思想家。他认识到了组织化人性的重要性，人性的几乎所有特征都可能是组织结构强加在我们身上的。马克思认为："只有在共同体中，个人才能获得全面发展其才能的手段，也就是说，只有在共同体中才可能有个人自由。"① 这种"共同体"的观点就连现代自由学派思想家、明显是非马克思主义者的罗尔斯都赞同。罗尔斯认为，"人的才干和'做出努力的'意愿在很大程度上是社会影响的产物"②。既然我们的才能和取得的成本实际上是企业组织的共同产物，那么认为个人应该为拥有或者不拥有这些才能负责就是愚蠢的。这种共同体的观念指出了自由主义理想的不完善性及其正义的局限性。虽然一些心理学家论证了人们往往会追求自己利益这个结论的正确性，但在享受企业给予他们的施展才能的同时，天才的管理者应该承担起相应的企业责任，把利己主义思想放在一边。企业管理者必须履行着企业责任，合理进行分配，而不是单纯强调个人对企业的贡献。

四、发达国家合作机制任务的转变

随着全世界多数发达国家中工会、集体谈判制度的衰败，世界劳工组织在公司中的影响力也随之下降，ILO 所定义的第三方合作机制放宽了传统集体谈判的定义。如在 2002 年 ILO 通过的"关于三方主义和社会对话"的决议案中提出，其是关于经济与社会政策上相关利益的议题上，在政、劳、资双方或三方之间所进行的，包含所有形态的谈判，协商或仅仅是信息交换的行为。其中最后所阐明的"仅仅是信息交换行为"是 ILO 重新审视自己职能的一种体现，其目的是解决市场中存在的信息不对称现象，特别是有关劳动关系中密切相关的企业租金信息不对称的问题。

（一）企业租金的信息不对称议价模型

"信息不对称议价模型"的基本想法是：通过合同谈判，试图达成一个使企业管理者与工人们（工会）双方认同的一种企业租金分配的结果。所谓分配的租金也就是杨瑞龙与杨其静所强调的"企业的核心内容是关于组织租金的创造和分配"。他们解释为："人们之所以要创造企业（或组织），并且企业能够存在和发

---

① 马克思恩格斯选集（上）. 北京：人民出版社，2004：140.
② 罗尔斯. 正义论［M］. 北京：中国社会科学出版社，1988：73.

展，无非是这种组织能够创造大于每个成员单干的收入。不过，在'单干'并不是可供人们选择的有效生存方式的社会中，可能更有现实意义，更为准确的说法应该是：一种有生命力的企业（或组织）制度在于这种组织的常态是它所创造出的总收益在支付了所有组织成员的保留收入，即满足了所有成员的参与约束条件（participation constraint）之后还有一个正的剩余，而这个剩余就是'组织租金'——相当于经济学中的'超额利润'或'净利润'。可以这么说，保留收入的创造和分配并不是企业的特性，因为这是任何一个理性人参与任何一项经济活动所必然要求的权利；但是组织租金创造和分配却是企业（或经济组织）中的独特内容，是企业成员争夺的真正对象。"① 在议价过程中，特别是合作之后，如何解决分歧，在企业和员工之间分配这些由他们联合起来创造出的租金，就是一个重要问题。议价模型往往假设租金的分配通过一种有效的协商方式，而这种协商是企业保持长期效率的基础。

不过，从议价模型的另一面可以看出，"租金的不确定性"是分配不公及相应纠纷产生的关键原因，它破坏了劳动关系双方进一步的持续合作。如果员工、工会和企业之间都十分清楚租金多少的话，理性的谈判将会立刻解决劳动纠纷，根本不会产生过于高昂的谈判成本。与此相反，当存在信息不对称的情况时，某一方（企业）对企业的租金盈余大小比另一方（工会）更有信息方面的优势时，企业往往说服工会合作之后的租金创造是很小的，因此，员工们将可能分得到较少的工资。一旦员工们不相信管理者提供的信息，他们将可能使用如罢工、怠工等方式强制管理者发布真实的信息并合理分配企业租金。这时，如希克斯强调的，罢工是一种不必要的浪费。这往往是因为劳资双方缺乏真诚的信息交换、良好的沟通、协商所造成的不必要的浪费。因信息不对称而产生的不合作的解决方法是通过信息甄别或发送信号传递双方之间的信息。劳动双方坦诚地交换信息，真诚地为了更好地合作而协商谈判。

然而，在现实中，企业的雇主掌握着企业生产经营信息，企业的经营和财务状况是核心秘密，不可能告诉工人及工会。工会在这方面争取的是更多的信息，防止管理者通过欺骗及隐瞒企业真实的经营状态以及企业创造出准租金大小等违背合作精神的信息。然而，可惜的是，从中国的实际现状来看，管理者的机会主义并未受到很好的限制。一个原因是与我国工会发展路径"从上至下"，上级行政命令有关。工会争取的不是公平信息与人力资本专用性投资不受侵害，而更多的是直接寻求政治影响权力。另外一个重要原因是与我国目前市场价格机制不够完善有关。劳动力市场中缺乏价格质量的信息，不但企业权威获得租金的能力没有受到限制，反而市场中发布信息鼓励管理者占有更多的租金。另外，一部分经

---

① 杨瑞龙，杨其静．专用性、专有性与企业制度［J］．经济研究，2001（3）：3－11．

济学家并没有考虑到分配的社会性因素，他们呼吁管理者应该掌握"剩余索取权"、"剩余控制权"的重要性。占有全部的企业租金似乎是管理者天经地义的。

　　笔者认为，即使当今中国有健全的法制保障，劳动关系也很难达到真正意义上的和谐状态。因为，目前我国劳动力市场中的价格机制运作是存在问题的。我国目前只是强调企业内部能力或政治手段推动集体谈判能力以达到限制企业权威分配权力的目的，那么是否能超越企业内部较小的谈判能力或者政治能力，而通过市场对企业管理者的租金分配能力进行限制呢？

（二）日本、英国的合作机制——信息分享

　　一般管理者对企业所创造出来的租金有明显的信息上的优势，他们利用这种信息上优势的机会主义行为可能侵占大部分企业租金。在一些西方发达国家的合作机制中，信息发布与分享作用越来越明显。

1. 日本联合咨询系统

　　森岛通夫（Morsishima）认为，在日本通过联合咨询系统（Joint Consultant System）中的信息共享降低了劳动纠纷与争端的比率。简单来说，联合咨询系统起到了一种使企业和工会之间保持连续对话机制的作用，其中包括企业对工会公布当前的经营状况、生产力的问题，以及对未来的投资管理计划等信息的分享。只要双方共同协商之后，工会将保证在一定期限内不能因这些问题而采取罢工行动。森岛通夫研究了日本1980年"春斗"时期，工人们和管理者之间通过联合咨询系统的信息共享影响集体谈判的结果。信息共享的数据包括来自97个工会关于该企业的盈利能力、员工们的生产能力、人员编制调整方案以及劳动力成本等信息。森岛通夫认为，控制其他因素可能会在影响谈判的影响因子后，向工会提供更多信息的企业，其与工会的平均工资谈判时间也大大缩短。森岛通夫认为这个结果对信息不对称的议价模型提供了支持。①

2. 英国劳动关系的合作机制

　　上文介绍了英国的劳动咨询调解仲裁委员会（ACAS）保证英国劳动关系合作机制上的贡献。ACAS的信息和咨询服务不只得到了雇员方面的认可，而且也得到雇主方面的认可。雇主与雇员都选择ACAS的信息和咨询服务及其调解作用。其原因非常相似，他们都不仅希望所得到的信息是准确和权威的，还希望所提供信息的一方是独立和中立的。他们不希望从不同的部门得到不同的答案，也不希望看到自己因为某些特定的原因和利益而被利用。此外，也是因为ACAS没有强制执行力，才使很多雇主愿意将ACAS作为信息和咨询的渠道。很多人是不

---

① Morishima, Motohiro. Information Sharing and Collective Bargaining in Japan: Effects on Wage Negotiation. *Industrial& Labor Relations Review*. 1991, Vol. 44, No. 3, pp. 469 – 485.

愿接近具有强制力的部门，他们认为如果这些部门具有强制力，则从这些部门获得的答复就并非基于解决问题的机制，而是基于权力的原因。

ACAS 的贡献在于它提高了工作场所的效率和产出，通过相互之间的信息提供，它使管理者真正认识到如何运用劳动关系的作用来提高工作效率和促进有效的信息和咨询业务。提议包括国家劳动力的发展计划，计划可以帮助管理者了解和认识软劳动关系的技巧及更优秀的劳动组织形态，并强调良好的劳动关系和提高组织运行能力之间的关系。现在 ACAS 的服务已经可以扩展到微观业务的中小型企业内，鼓励它们认识到健康的劳动关系对企业发展所具有的价值和能够带来的利益。提议包括开展一种针对中小企业的服务，确保他们获得权威的信息。

近年，ACAS 建立了电子平台与论坛，目的是方便劳动双方更加容易得到信息。它将各地社会、经济合作组织聚焦在一起，探讨劳动关系的重要性、劳动关系给经济运行和劳动场所的社会凝聚力所带来的益处。

第二节　构建社会主义市场经济条件下合作型劳动关系的关键

一、改革开放后的分配政策与政府作用

在改革开放以前的 20 多年计划经济实践中，我们曾经把公平和绝对平均主义、我国经济发展与分配政策变化混为一谈，以平均分配代替公平分配。这种分配方式与社会主义初期阶段的本质是相悖的，严重挫伤了劳动者的积极性，造成生产效率低下、经济发展缓慢、人民长期贫穷。1993 年 11 月召开的中共十四届三中全会通过的《中共中央关于建立社会主义市场经济体制若干问题的决定》中指出："建立以按劳分配为主体，效率优先，兼顾公平的收入分配制度，鼓励一部分地区一部分人先富起来，走共同富裕的道路。"以"效率优先，兼顾公平"为原则的收入分配制度打破了改革前在收入分配领域长期存在的平均主义，促进了经济效率的提高，大幅度减少了贫困人口，我国正逐步进入小康社会。

然而，在这个过程中，我国也出现了贫富差距拉大、社会保障缺失、社会不稳定因素增加等问题。这些问题严重制约着大多数国民分享经济发展成果，并与我们追求共同富裕的目标及建设社会主义和谐社会相违背。党的十六届五中全会从科学发展观、和谐社会出发，提出"坚持效率优先、兼顾公平，既要反对平均主义，又要防止收入悬殊。初次分配注重效率，发挥市场的作用，鼓励一部分人通过诚实劳动、合法经营先富起来。再分配注重公平，加强政府对收入分配的调

节职能，调节差距过大的收入"。不过，这种初次分配忽视公平的提法马上得到了修正。党的十七大报告提出"初次分配和再分配都要处理好效率与公平的关系，再分配更加注重社会公平"的重要论断，第一次肯定了初次分配要处理好效率与公平的关系，是对完善市场机制的再认识。完善的市场机制本身可以处理好效率与公平的关系。初次分配和劳动关系密切相关，解决劳动关系问题可以促进经济社会全面协调可持续发展，对构建社会主义和谐社会具有重要的现实意义和理论意义。

政府的政策如何能施行？针对当前我国分配不公引起的收入差距以及劳动关系现状，2010 年 10 月，《人民日报》发表了高培勇教授的题为《解决收入分配问题重在建机制增渠道》的文章。文章指出：倘若我国当前的收入分配问题果真有什么特殊之处，那么，这种特殊性只能归之于现实市场经济体制的不完善。以不够完善的现实市场经济体制为线索审视我国当前收入分配运行格局，可以观察到的一个基本事实是：政府对解决收入分配问题不可谓不重视、不可谓决心不大，但一旦付诸行动，却往往是找不准下手的地方和有效的工具，或者政策虽好但落实不下去。机制欠缺，渠道不畅，或许正是当前我国收入分配问题的主要症结所在。……在理论上，收入分配可以分为初次分配和再分配两个层面。初次分配是基础环节，基础打不牢，其他便很难谈起。但这一层面的问题多属于市场体系，政府的作用空间相当有限。政府既不能直接调整非国有制企业的职工工资，也不宜过多干预国有企业的职工工资。政府所能做且可见效的，至多是规范市场分配秩序。[①]

然而，他的文章却没有深入分析如何规范市场分配秩序，而将注意力放在再分配层面上。正如本书所论述的，政府在分配信息上并没有私人信息优势以及政府官员之中也很容易出现腐败等机会主义行为现象。所以，这种包含了福利经济学核心思想再分配解决的方法必定是低效率的。这与他文章所述的"当务之急"是有关系的，也就是一种在短期内政府为了解决分配不公的现状不得已而采取的方法。在解决当前劳动关系问题以及分配不公引起的收入差距问题上，中国政府采取哪里有问题堵哪里的方法，虽然政府重视，但却不知道如何解决。

我们熟知大禹治水的故事，面对滔滔洪水，大禹从鲧治水的失败中汲取教训，改变了以往单纯通过"堵"的办法，而改对洪水进行疏导。他率领民众，与自然灾害中的洪水斗争，最终获得了胜利。同样道理，分配问题不是单纯凭借"堵"就可以解决了的，一定要分析为什么出现这样的问题。解决劳动关系问题以及分配不公引起收入差距扩大问题的关键还是依赖市场机制环节，如果单纯通过政府强制干预市场机制的价格就如同堵洪水一样，可以解决短期的表面现象，却不可

---

① 高培勇．解决收入分配问题重在建机制增渠道［J］．工会博览，2010（11）．

能真正解决问题，反而可能引起更严重的后果。如果想真正彻底地解决问题，我们一定要回到关键的市场机制环节中，分析市场环节中哪个部分出现问题，如何解决问题并完善市场机制。这就回到本书研究的主题——如何构建社会主义市场经济条件下的合作型劳动关系，即如何限制管理者分配企业所创造的准租金的权力。只有解决市场机制中的初次分配问题，创造一种给予（劳动者）每个人平等机会的合作框架，劳动关系才可能达到真正意义上的"和谐劳动关系"的状态。

二、市场分化倾向与政府作用

（一）市场分化倾向

市场经济具有自发的分化倾向。市场经济的分配法则是按生产要素的贡献进行分配，多贡献多得，少贡献少得，无贡献不得。在这种分配法则下，不仅劳动可以参与分配，其他生产要素如资本、土地、技术等也可以参与分配。这样一来，人们的分配差异不仅来自劳动所得，还来自其他生产要素的回报。在当今中国社会，百万富翁并不少见。这些百万财富的所有者把财富投资于股市、债券、定期存款或开发生产某种产品，就可以获得红利、债息、利息或利润收入，同时与其他劳动者一样，通过自己的经营劳动获得劳动收入。如此循环往复，百万富翁就会变成千万富翁、亿万富翁。与此相反，主要靠劳动收入维持生计的人，把微薄的收入用作家庭最基本的生活开支，几乎没有或只有极少的积累。一旦家里发生天灾或人祸，必须通过举借外债来渡过难关。这些弱势群体一旦背上几万元、十几万元的债务，十年八年都难以偿清。于是，社会上的贫富差距将越来越大。① 市场的这种分化倾向具有的自发性成为市场失灵以及不能保证完全公正的收入分配的一个原因。

不过，上段论述实际上应该分成两个不同的问题来看。在上段后部分的论述是描述最贫困的弱势群体问题，而前部分的论述是企业所创造租金的分配问题。第一个问题中涉及的对象是那些能力弱、有较少人力资本投资、贡献少的，只能获得较少的收入，勉强维持基本生活的弱势群体，的确单纯通过市场价格机制为这些弱势群体提供机会公平是很难达到的，是市场机制无法解决的。这就需要政府长期坚持不懈地加大对弱势群体的教育以及再培训方面的投入，让每一个社会成员都生活在良好的生存和发展环境中，这是社会公平和社会公正的基本要求。然而，企业租金分配问题只凭借政府作用直接干预市场中的价格也是绝对不可能解决问题的。

---

① 金喜在. 当代中国市场经济理论与实践 [M]. 北京：科学出版社，2011：16.

例：

企业社会责任标准

我们经常能够听到"企业的社会责任"说法，然而什么才是"企业的社会责任"这一问题则是见仁见智了。有人认为，企业社会责任是指企业为其影响到的其他实体、社会和环境的所有行为负责；也有人认为，企业的社会责任是指超过法律和经济要求的、企业为谋求对社会有利的长远目标所承担的责任；还有人认为，企业的社会责任是指，企业承诺的其行为符合伦理要求，为经济发展作贡献，改善员工、家庭、社会整体生活质量的责任等。总的来说，企业社会责任是从社会和公众对企业的期望和要求中产生的。企业响应社会和公众的期望和要求，为自己的长期发展和整个社会的可持续发展应该承担的义务和责任。

那么企业的社会责任之一就是关心企业管理者在内的所有员工、利益相关者的利益。邓宁（Lord Denning）将以信任的态度对待雇员作为雇主应承担的义务，他写到，雇主有义务友善地、细心周到地对待自己的雇员。不做任何可能有损他们之间信任关系的事情有时被固定为一项潜在的条款。① 目前全世界很多国家公认的有关企业承担社会责任的标准，比如已成为一个新的国际贸易标准的 SA8000（Social Accountability 8000 International Standard）。它对各类工商企业应该承担的社会责任作出了更明确的规定，这项标准要求企业的生产经营行为不仅要考虑经济利益和当前效益，还要承担相应的社会责任。企业行为要符合人类社会的进步以及长远发展的利益。劳动关系中有关企业工作环境、禁用童工、禁止让工人进行强制性劳动、劳动时间、雇员健康与安全、员工培训、薪酬、工会权利等具体问题，成为 SA8000 标准体系的主要内容。中国企业在履行社会责任方面也做出了积极的努力。如中国企业联合会组织出台了《企业诚信经营自律守则》，对企业履行社会责任提供了指导。《守则》中规定："保障职工的物质利益，建立完整的工资、奖励、保险制度和作业安全保障体系。遵守劳动合同，加强安全管理，保护职工在劳动过程中的安全与健康。制止拖欠工资、擅自违约、性别歧视、危害职工生命安全等侵害职工利益行为"。一些企业采取了一定的措施，如在企业经营活动中尽量消除对环境的负面影响，把影响和损失降到最低；改变以往利润最大化的单纯目标；积极投入社区公益事业，扶持贫困地区发展，积极为捐助贫困学生的希望工程作贡献等。

然而，SA8000 标准只是企业需要承担的最低级别的基本责任。合理分配企业所创造的租金是企业的一项基本责任，也是企业的社会责任体现。这正如建设好国家要尊敬师长、孝顺父母一样。如果不将基础责任做好，而鼓吹为国家作贡献，企业社会责任变得空泛无力。然而，就连 SA8000 标准往往都变成了一种"面子化"工程，只流于形式，更谈不到劳动关系中按照合作精神公平评价每位员工的努力以及公平、合理地分配企业租金。一个原因与我国政府的执行能力有关，但更为重要的是，有价值的信息在市场价格机制中无法体现。

---

① 李维斯，桑希尔，桑得斯. 雇员关系［M］. 大连：东北财经大学，2005：9 - 10.

（二）政府作用与我国特殊情况

经济学比较熟知的结论政府作用主要是在市场价格机制失灵的时候。然而，如何弥补市场价格机制失灵，政府应该从哪个部分出手却一直被人忽视。

英国利物浦大学教授罗恩·比恩（Ron Bean）（1985）在《比较产业关系》中总结了政府在劳动关系中扮演的五种主要角色：①政府扮演第三方管理者角色，为劳资双方提供互动架构与一般性规范；②政府扮演法律制定者的角色，通过立法规定工资、工时、安全和卫生的最低标准；③如果出现劳动争议，政府提供调节和仲裁服务；④政府作为公共部门的雇主；⑤政府还是收入调解者。① 这种定义下的政府基本上是一种中立的第三方姿态，政府作用是保证劳动关系在市场中达到一种相互信任、互利的合作的框架，并且为这种合作框架创造良好的社会条件。

而我国学者往往基于我国劳资双方力量对比的思想，"中国化"政府作用，偏离中立基础思想。程延园（2002）的研究"中国化了政府在劳动关系扮演的五种主要角色"，将政府在劳动关系中扮演的五种角色称为"5P"角色：①劳动者基本权利的保护者（Protector）；②集体谈判与雇员参与的促进者（Promoter）；③劳动争议的调停者（Peace-maker）；④就业保障与人力资源的规划者（Planner）；⑤公共部门的雇佣者（Public sector employer）。② 显然在程延园这种描述中，政府作用已经偏离了中立保障合作框架。政府作用需要创立良好的合作环境，不再单纯是劳动双方合作的推动者，而成为较弱势一方的保障者。

这种劳动关系中政府作用的认识在我国学者的观点中比较普遍，只是在程度上存在略微的差别而已，基本认为目前的分配问题是市场失灵的一种体现，需要政府采取直接或间接干预手段影响市场中劳动力的相对价格。然而，本书反复表明，合作机制的建立是因为政府在劳动关系分配问题上往往不存在信息方面的优势，而且政府的身份要做调解者、仲裁者有时甚至是雇主身份。政府这种多重身份，本身包含了不同利益相关者，必然将带来政策内部的意见不统一，引起更多的是政治租金方面的寻求。

在解决分配问题上，政府不具有信息优势，政府要想了解每家企业的这些信息，势必要花费大量的监督、搜寻的成本。通过法律等手段解决劳动关系的成本太大，所以政府将权力交给更有信息优势的双方，以及中立的第三方降低成本。目前西方发达国家的集体谈判往往是处于私人谈判意义上，本身也是摆脱解决劳动关系的法律诉讼的方法，通过私人解决来降低交易成本。集体谈判制度并不是

---

① Bean, R., 1985, Comparative Industrial Relations: An Introduction to Cross – National Perspectives, New York: ST. Martin's Press.

② 程延园. 政府在劳动关系中的角色思考 [J]. 中国劳动保障报, 2002. 12. 10.

单纯为了协商创造环境，它本质上是将解决方法的权力交给更加具有信息优势的两个主体——企业、（企业）工会。相对政府或其他企业外部人员，甚至企业内部一般员工来说，工会比他们更清楚企业的经营状态、利润情况、劳动力成本、企业租金大小等信息。而政府要想了解每家企业的这些信息，势必要花费大量的监督、搜寻的成本。在解决分配问题上，政府不具有信息优势，才通过法律等手段将这种解决方法的权力交给更有信息优势的双方。比如，20世纪90年代晚期，英国就业法庭每年受理案件的数量超过10万件。维持就业法庭服务处（ETS）运作的开支则达到5 200万英镑。法庭的审理活动如此繁忙，19部法案和规定所确立的权利又涉及70多个法律领域。在这种情况下，英国成立了一个法庭内部的机构，即劳动法庭调度处（Employment Tribunals Taskforce），由该处对相关审理等安排进行审核，并对非常专业的个人劳动关系的司法体制改革和未来发展提出建议。① 所以，英国的布朗（Brown）提出，不要完全依靠个人将案件提交法院，而是通过督察员和机构来推动更强有力的执行。② 这一观点就是依靠个人将案件提交法院来解决劳动纠纷的费用过高，应该建立合作型机制推动劳动关系双方在合作过程中能保证合作精神。那么，第三方合作机制的一个出发点就是远离法律的依赖性，并降低法律诉讼而引起的成本。而政府为了降低信息上不存在优势而引起的成本，它可以推动并建立第三方中立组织，这种第三方组织的作用在于为劳动双方创造更好的合作环境。

我国分配问题上出现市场失灵现象是由于市场价格机制的不完善，包含社会关系、公平、公正等员工评价企业声誉的价格质量信息缺失了。我国劳动力市场在市场信息化、流动性的冲击下，交易范围急剧扩大，破坏了原来通过"亲戚"、"朋友"等社会关系网所能维持包含价格质量的声誉信息的传递范围。然而保障质量信息的机制并没有跟上，员工还是通过重复合作博弈获得管理者是否有"合作精神"的"私人信息"。员工将这种自己所获得的管理者是否合作的私人信息传播给其他人的成本很高。因此，才出现我国市场无法限制管理者机会主义行为，没有良好控制"企业权威"能力的局面。

同时，考虑到我国工会发展的特殊路径、目前分配和劳动关系问题现状以及市场信息化与全球一体化冲击等背景，笔者也不赞同我国完全照搬西方发达国家的做法，不考虑上述问题是不利于我国解决分配和劳动关系问题的。虽然本书介绍了英国的劳动咨询调解仲裁委员会（ACAS）的作用，但我国合作机制的基本职能除了ACAS的劳动关系的信息咨询和劳动纠纷的调解仲裁的功能以外，还需要有超越英国ACAS的基本功能。

---

① ［英］琳达，聂尔伦. 英国劳资关系调整机构的变迁［M］. 北京：北京大学出版社，2007：第十章.
② ［英］琳达，聂尔伦. 英国劳资关系调整机构的变迁［M］. 北京：北京大学出版社，2007：第八章.

三、构建社会主义市场经济条件下合作型劳动关系的关键

(一) 市场经济是中国经济的必然选择

1978 年党的十一届三中全会拉开了中国改革开放的序幕。1979 年，中国在思想解放的驱动之下明确提出了"计划调节和市场调节相结合，以计划调节为主"的方针，为市场调节在社会主义经济中的地位正了名。1982 年，党的十二大提出了"计划调节为主，市场调节为辅"的原则，肯定了市场调节的必要性，把计划调节的计划区分为指令性计划和指导性计划，提出对许多产品和企业要实行指导性计划。1984 年，党的十二届三中全会通过的《中共中央关于经济体制改革的决定》指出，改革是为了建立充满生机的社会主义经济体制；要逐步缩小指令性计划的范围，适当扩大指导性计划的范围。1987 年，党的十三大进一步指出，要建立计划与市场统一的体制；指令性计划为主的管理方式不能适应社会主义商品经济发展的要求，国家对企业的管理应该逐步转向以间接管理为主；计划和市场的作用范围都是覆盖全社会的；新的经济运行机制应当是"国家调节市场，市场引导企业"的机制。1992 年年初，邓小平同志在南方谈话中指出，计划经济不等于社会主义，资本主义也有计划；市场经济不等于资本主义，社会主义也有市场；计划和市场都是经济手段；计划多一点还是市场多一点，不是社会主义和资本主义的本质区别。1992 年年底召开的党的十四大，正式把社会主义市场经济体制确定为中国改革的目标。[①]

无论是从理论还是中国改革开放 30 多年的实践经验上看，市场经济比计划经济更能优化资源配置结构，提高资源的利用效率。市场经济能够按照社会需求调节资源的流向和流量，协调好供给与需求的关系；能更好地解决因社会分工和多元利益主体并存所引起的矛盾；能充分调动经济主体的积极性和创造性，刺激经济效率的提高；能更好地提高稀缺资源的利用效率；能更快地吸收人类社会的一切文明成果，更好地发展自己。

因此，我们不可能脱离市场经济建设而谈解决分配及劳动关系问题，反而可能会退回到原来改革开放前的状况，造成更大的社会浪费，停顿和倒退在中国都是没有出路的。

(二) 中国特色的社会主义市场经济

市场经济本身不存在姓资姓社之分，它作为资源配置的一种方式，既可以与

---

① 金喜在. 当代中国市场经济理论与实践 [M]. 北京：科学出版社，2011：5.

资本主义经济制度结合，也可以与社会主义经济制度结合。市场经济与资本主义制度结合在一起，就是资本主义市场经济；与社会主义制度结合在一起，就是社会主义市场经济。社会主义经济制度主要体现在：在所有制结构上以生产资料公有制为主体，在分配方式上以按劳分配为主，在发展目标上追求全体社会成员的共同富裕。① 这种传统思想把公有制为主体前提下运行的经济作为社会主义市场经济与资本主义市场经济的本质区别。不过，西方发达国家在不同程度上也同样存在着国有企业。那么，如何理解"主体"两字的含义就是传统思想争论之处，至今我国也没有一个较为明确的标准。

　　"中国特色的社会主义市场经济"中市场经济的中国特色在哪里？新的时代应该赋予特色更多、更完善的含义。笔者认为，市场在发送价格信号本身包含各国特有文化的自身特点。中国是一个有着五千年文明历史的礼仪之邦，在道德是非判断影响下，中国古代在一种并没有实际意义上的"法制"情况下，也达到了一种长期比较稳定的均衡。的确，道德治国有着不稳定的因素，当市场交易范围扩大必然是法制规则下的市场秩序才较为节省社会成本的。但道德也可以补充"法制"治国的一些不足，可以在法制市场秩序下降低社会交易成本。劳动力市场的声誉效应本质提供了一种指导信息，把人们评价企业的分配是否合理的、可接受的（公平、公正的），即将员工们道德是非判断的评价作为信号发送到市场中，把马克思所说的"历史"和"道德"因素纳入市场之中。在这种系统下，人们可以大大减少搜寻信息的成本。人们不再只看到眼前的收入，通过与经理人不断地再谈判、修正条件变化而引起的合同变化，他们还可以更清楚地预测到未来自己的努力是否可以得到回报；通过观察信任信号，如果在劳动力市场上能观察声誉较好的经理人，那么他们通过欺骗、不合理的支付未来收益的成本也相对较高，机会主义行为的可能性就受到了限制。在这种有着良好的信息分离的市场中，人们会更加诚信、公平交易；人们才能在自发地交易中更加注重合作，进而才可能真正达到和谐的社会目的。

　　笔者认为，"中国特色的社会主义市场经济"的"中国特色"并非只是公有制企业的重要性占全国经济比重有多少这种形式上的问题，而是市场经济中的价格能反映出一种价格的质量，而这种价格的质量是包含了中国人民基本道德是非判断的评价的信息。当今中国劳动力市场中工资不仅可以反映劳动力的价格多少，而且还要能反映出这种价格是否是与劳动量、贡献相匹配，员工是否认同管理者企业租金的分配方案等这类包含价格质量的信息。中国劳动力的市场价格失灵只是我国市场机制不完善所导致的，并非需要政府直接或间接干预市场价格，改革开放前的政府干预价格已经被证明，政府在分配问题上并没有信息优势，政

---

① 金喜在.当代中国市场经济理论与实践［M］.北京：科学出版社，2011：18.

府干预价格是低效率的。

政府不如建立一种机构以补充并完善市场价格机制的不足部分，完善劳动力市场价格机制以弥补市场失灵，第三方合作机制的含义不是政府应该管理一切事情或只是政府起到调节各个利益集团之间的利益分配的作用，它的真正意义是保障合作、提供机会平等的基本条件。为此，我国合作机制需要超越英国 ACAS，不仅仅是信息咨询，还需要能够提供保证双方合作质量的信息（一种方法就是反馈员工的道德是非评价的信息），并为劳动双方合作创造更好的外部市场环境。在分配以及劳动关系问题上是否能达到真正的"和谐"状态，单单凭借不断完善的法律机制是不够的，除法律的这种"硬"标准，还需要加大声誉效应这种"软"标准，并且在市场中可以低成本观察到这样的信息。

因此，"中国特色"的合作机制除基础劳动信息咨询以外，还需要政府建立劳动关系状态反馈的信息机制，这种机制反映出员工评价企业人力资源管理的工作成果是否公平、公正以及补充工资（价格）等质量信息。这种机构用于收集劳动关系中企业及雇主的以往信息，包括他们是否有不良行为的记录，定期调查企业员工对包含是否合理分配企业租金等评价管理者工作（包含）的信息。并将这种反馈评价信息在市场中低成本提供给人们。声誉评价合作机制的建立会增强当事人之间的信任合作关系，提高了雇主"压榨"雇员机会主义的成本，推进中国人力资源管理的良好发展，为劳动双方更好的合作提供机会公平的条件，使整个社会资源配置受益。

第三节　劳动力市场声誉效应促进合作
信息发布机构的建立

一、合作机制雏形的构思

三方协商（集体谈判）制度的哲学本质仍然是"斗争"，通过"罢工"、"消极合作"、"政治"等手段增加工会的谈判能力，凭借这种谈判能力与管理者进行工资方面（企业剩余分配）上的讨价还价。但是其合作机制不像集体谈判制度，它并没有偏袒资方或劳方的某一方，它的作用是促进双方更加诚实"合作"，使管理者与员工相互信任，降低管理者的机会主义行为。

本书第七章曾分析过，在中国现今劳动力市场条件下，劳动力市场声誉信息（人力资源管理成果评价信息）的提供已经成为了一种准公共物品。劳动力市场中不会自发出现这种维护交易的合作机制，劳动力市场的价格（工资）信号缺少了质量信息，市场失灵的情况出现了。因此，这种维护劳动力市场秩序、提供公共物品的合作机制是需要政府出资构建的。本节论述合作机制雏形的构思，明确政府的职能。

政府应该从人力资源与劳动部门中单独设立出来这一组织机构，除了调解性服务及信息和咨询性服务职能以外，还要发送劳动力市场声誉信息，评价企业人力资源管理成果，完善劳动力市场中价格运行机制。

（一）劳动力声誉评价信息的客观性

实证研究者受到自然科学量化研究方式的影响，认为只有客观的、实证的和定量的研究才符合科学的要求，才具有其价值。从本书整体来看，我们不赞成如总工会（行业工会）通过调研等手段人为规定的"公平"的标准，进而指导集体谈判。即使行业工会、总工会（高层次）的集体谈判标准评价"公正"的方式是建立在科学客观的调查研究基础上，但这种客观标准只是反映了某一时刻静态的劳动关系状况，且限制了企业人力资源管理灵活性的调整空间。随着时间流逝、市场环境变化等影响因素会降低这种人为制定客观"公平"标准的有效性。简而言之，任何应该分配多少的"公正的分配"信息都只是研究人员在研究那一个点静态的分析结果，并不能反映出由市场环境变化等因素引起劳动关系的动态调整过程。另外，由于各个企业的租金创造能力不同，高层次集体谈判制度缺少私人信息的运用，其客观标准只是"平均主义"的一种表现。而现今企业工会缺乏有效的谈判能力，不可能保证存在客观的标准分配企业创造的租金，也无法有效地限制管理者的企业权威。

然而，市场中如果没有客观标准限制企业管理者权威的话，将不利于整个企业的合作过程，自然也达不到和谐的结果。社会学者哈拉兰博斯强调客观科学的研究方式的重要性时指出："只有当社会世界能够用数学语言来表示时，它的各个部分之间的确切关系才能得到证实。只有当资料可以通过可信的计量用数量来加以表示时，不同研究者的研究结果才能直接地加以比较。没有量化，社会学就只能停留在印象主义的臆想和未经证实的见解这样一种水平上。"[①] 如果不存在客观的评价标准反映劳动力声誉信息（人力资源管理成果信息）的话，合作机制的效用是会受到质疑的，因此，合作机制的声誉信息评价需要科学、准确的客观标准。一年或两年内，合作机制以调查问卷的方式调查每个企业的员工评价其企业人力资源管理的信息（声誉信息的收集），并将其信息汇总，通过比较容易观察到的数据指标将汇总的声誉信息反馈到市场中。

---

① 哈拉兰博斯. 社会学基础［M］. 上海：上海社会科学院出版社，1986：60 – 61.

（二）声誉评价信息的收集[①]

员工评价企业人力资源管理成果的测量是一个较高抽象层次的工作，因为这种测量包括员工的态度、看法、意见、性格以及员工自己的工作程度与企业人力资源的评价是否相符合等方面的内容。一方面，由于这些抽象概念和这些主观性较强的内容具有潜在性的特性；另一方面，其构成也往往比较复杂，它们一般很难用单一的指标进行测量。因此，在政府调查评价过程的问卷中，应该使用复合测量形式。由于这种复合测量可以将多项指标为一个分数（从员工满意度到实数域的实值映射），因而可以有效地缩减资料数量，可以用更为简单的信息使大家识别企业人力资源管理的工作成果以及是否准确"公平"、"公正"的分配企业租金。在政府组建的合作机制中，可以设计李克特量表（Likert Scaling）[②] 的方法评价劳动力市场声誉信息。李克特量表是由一组对某事物的态度或看法的陈述组成。要优于将陈述的回答简单的分成"满意"和"不满意"两类的指数量表，李克特量表可以将员工满意度分成"非常满意、很满意、满意、不满意、非常不满意"五类形式，并将其制成问卷。在调查评价企业人力资源管理成果之前，对问卷的信度（reliability）和效度（validity）进行测评。对于100人以上的大型企业可以采用简单随机抽样的方法，以降低调查成本。在保证管理者不能干预员工评价企业人力资源管理结果的条件下，将某企业的被调查员工集中起来填写问卷，调查人员采用匿名制问卷形式指导员工完成问卷。

调查过程的管理与质量监控是合作机制有效性保证的重点。为了防止管理者影响调查结果的行为，在调查的实施阶段，除了调查员严格按照调查计划的要求和进度安排开展调查工作以外，作为实地调查管理者、指导者和质量监控者的研究人员必须对这一阶段中各个方面的工作进行全面的、及时的把握。其主要任务包括以下几个方面：

（1）合理组建调查队伍。要使整个调查过程有条不紊，使调查员保质保量地按照研究者的计划要求开展工作，防止企业管理者行贿于调查员，防止调查员之间的合谋，对数据造假等现象，必须对调查员进行合理地组织。可以采用调查员随机配对的方式，小组的规模以 4~6 人为好。

（2）建立监督和管理的办法及规定。为了保证调查工作的顺利开展和资料的质量，除了调查人员随机配对的方式以外，在组建调查队伍的同时，要制定并向调查员宣布调查工作的各种程序规定和管理制度。这种程序规定和管理制度包括调查进度控制措施、调查小组管理办法、调查指导和监督措施、资料复核与检查

---

① 参考风笑天. 社会学研究方法 [M]. 北京：中国人民大学出版社，2001.

② 它是由美国社会心理学家李克特（R. Likert）于 1932 年在原有的指数形式的基础上改进而成的。

措施、调查小结与交流制度等等。设定相应规章制度，一旦发现调查人员的受贿行为，给予严厉的处罚。

（3）问卷回收和实地审核的管理与监控。无论是自填问卷调查还是结构访问调查，最好在调查问卷收回的当天就进行问卷资料的审核。要求每个调查员在收回或完成一份问卷后，及时浏览和检查问卷填答情况，发现问题，并在检查合格的问卷上面签上调查员的姓名和时间。同时，要求每个小组的组长，再次对调查问卷进行清理和检查，并签上组长的名字及时间。

（4）补充信息系统的设立。合作机制的调查目的获得了企业员工的私人信息。然而，调查过程中，管理者为了提高企业及自身的声誉，可能通过不正当的手段威胁员工，造假评价信息，妨碍合作机制的调查工作。为了防止这种现象的出现，合作机制应该设立补充信息系统，在调查并发布信息之后，设立信息补充系统，员工可以通过匿名制方式补充调查过程中其他可能疏忽的信息。对于调查结果存在重大异议的情况，采用更换小组重新调查的方式。

（三）声誉评价信息的汇总、发布

在问卷设计时，问卷形式主要采用"封闭式"问题，事前设计好的编码，为每一个可能选项赋值。收回的问卷到合作机制后，再次清点问卷数量，检查、校正问卷，提高数据质量。然后，数据录入（Data Transferring）、查错或数据净化、统计、汇总数据。为了方便数据录入可以采用编码读卡系统，降低工作人员录入的成本。另外，合作机制的工作人员审核"封闭"问题的"其他"选项或者是"开放式"问题等"参考性信息"，审核是否有必要新设立问题或者在调查之中可能出现信息的遗漏问题。最后，数据汇总、整理、统计后，将反映企业关于劳动力市场声誉（人力资源管理成果）的信息发布，以年鉴（或两年）形式汇总历史信息。

合作机制采用简单随机抽样的方式，来调查员工对企业的人力资源管理成果的评价信息。劳动关系的长期性并不像即时合同那种瞬时交易，需要不断调整，只需要将一段时间内的劳动关系，将员工评价人力资源管理成果的信息反映到市场之中，所以这种调查可以每一年或两年为一个调查单位，同时可降低调查成本。合作机制通过在企业员工之内发放问卷调查、评价企业的劳动关系状态以及人力资源管理成果，并及时将调查结果信息汇总、反馈到劳动力市场之中。这种研究是将员工对于企业人力资源管理工作的评价进行客观描述，并不需要解释为什么，也不需要规定某种什么是"公平"、"公正"的分配结果，那样反而诱使员工表明他们的私人信息。要防止"平均主义"分配出现，更好地给予企业人力资源管理工作的灵活性调整空间。政府可以提供信息咨询以及特定事件的最终仲裁或审判作用，但更重要的是，政府是作为一个中立的市场秩序监督者的身份，维持劳动力市场中价格信息的顺畅传播。

人们比较熟知企业股票期权制度，它有利于调节所有者与经营者分离的现代企业组织形式中不可避免地所有权缺位的矛盾。股票期权、增值权本质上是利益捆绑方式，它可以在一定程度上对其矛盾进行有效调节。然而，股票期权是一把双刃剑，有利有弊。由于股票数据反映了管理者的工作"业绩"，一些管理层为了使自身利益最大化，不惜虚增利润掩盖亏损，并利用一般股东与管理层信息的不对称进行内幕信息交易，导致投资者受损失。比如，美国安然等大公司倒闭，就与管理层持有大量股票期权有关。不过，正是股票数据与管理者的工作"业绩"存在着相关性，才使管理者更加重视股票的价值。那么，关于劳动力市场（或企业的人力资源管理）可以反映管理者工作"业绩"的信息数据，直接影响高层管理者重视人力资源管理的程度。合作机制发布客观的历史声誉信息使管理者合理对待员工的做法与管理者自身收益相一致，并有效地限制管理者机会主义行为。

合作机制中企业声誉评价的调查在本质上是一种定量研究，反映出员工对人力资源管理工作的评价信息，并将这种信息反馈到市场之中，完善劳动力市场的价格机制。它通过特定的程序和手段，采用专门的工具，量化企业人力资源管理的工作成果，并依据统计学的原理和方法，以及计算机的辅助，完成对这种量化信息的整理和分析。合作机制的客观指标以及可操作性也优于工会作用中的相应方面。合作机制给予企业人力资源管理工作的保留以更广、更灵活性的空间，并且给予其工作公正的评价，限制管理者企业内部的分配权力。

二、声誉效应合作信息发布机构的建立的基本思想

一些企业管理者可能质疑这种声誉评价信息发布的合作机制，并认为企业租金的创造往往是商业机密，就连企业内部员工之间也不容许相互之间寻问对方的工资、待遇情况，更何况将这种信息公布于市场。声誉评价机制反映的信息不在于工资的多少（价格大小），而重点在于员工是否满意工资与自己劳动贡献的匹配程度以及对管理者工作的认可程度。

我们以两种情况解释声誉效应合作信息发布机构的建立的基本思想。第一种情况，虽然有些企业工资很高，但每天需要连续 12 个小时以上的工作时间，严重违反《劳动合同法》中的相关规定。然而一旦员工表现出不满的情绪，将立刻遭受到"被解雇"的命运。员工自身承担与企业的法律诉讼，其成本是极为高昂的，所以很难将企业告上法庭。第二种情况，如果企业与员工保持良好的"隐性关系"，员工自身愿意为企业工作 12 个小时以上，这种情况下强行施行《劳动合同法》的内容就是对"劳动合同"效率的否定，"劳动合同"将不会存在比较

"即时合同"的优势，企业的优势不存在甚至是企业的存在也不重要了。因为那种情况只需要在市场中签订规定较完全的"即时合同"，并且存在法律机制的强制保障即可，而事实上，这也是不可能的。

声誉效应信息发布的合作机构可以将上述两种情况区别开来。第一种情况中，违背自己个人意愿被"强迫"工作、自己的工作努力没有得到自己的期待目标、企业管理者自己分配到了过多的企业剩余等因素都会造成员工产生不满情绪，而相应的员工对管理者工作的认可程度必然很低。这种包含低评价的信息反馈到市场中，必然对企业造成很大的负面影响，从而敦促管理者努力、真诚地对待劳动关系问题。另一种情况，合作机制需要给管理留有空间，企业与员工保持着良好的"隐性关系"，管理者的工作结果自然会得到很高的员工评价。当高评价的信息反馈到市场中，必然会使企业召到更为优秀的员工，并得到很高的社会评价。鼓励先进的管理方式，其成果将进一步发挥"劳动合同"的效率，使"劳动合同"效率远超越"限时合同"的效率部分。

能将这种信息分离出来，本身是市场机制作为分离机制应该做到的。但至少现在的不包含质量信息的单纯价格并没有反馈这样的信息，不能限制管理者的机会主义行为，因此不能保障合作。将这种道德是非判断评价信息反馈到市场中，补充工资（价格）以外更重要的质量信息，将社会关系因素包含在分配之中有效的推进"公平"意识，并且保障劳动关系的合作精神是达到和谐劳动关系的重要条件。因此，声誉效应合作信息发布机构建立的基本思想是市场价格分离均衡机制的完善，鼓励人们诚信合作；与不合作者交易时更加谨慎或直接不与之合作等方式惩罚不合作者。

三、"道德是非判断"信息的准确性

上文分析过，公正性包含人们的主观判断，政府很难从宏观角度回答什么是"公正的分配"，也很难制定这样的标准。企业自身特点、经营能力等方面的不同，使企业租金的创造能力也大不相同，即使是同一行业中的企业也会存在有些效益较好、有些出现亏损的现象。而通过宏观平均化的标准的方式，本身就是低估了效益较好的企业租金分配。正是这部分被低估的盈利，一些学者将其美化为"企业家能力"。而事实上，从上文美国金融危机引发分配公正性的思考例子中可以看出，企业盈利并非单凭管理者一个人的能力可以完全改变的。因为不具有企业利润、员工努力程度等"私人信息"的优势，无论政府多么精准平均化的标准都将是徒劳的。这种标准化不但不会让更多的中国人民分享到改革开放经济快速发展的成果，却只会为那些身处良好企业的管理者们抬高自身价值。

　　劳动力市场声誉效应合作信息发布机制并没有规定"公正分配"的标准，而是赋予权力给拥有"私人信息"的人，让他们评价分配是否是"公平"、"公正"的，这点上与非政治手段的集体谈判制度的思路是一致的。即使员工们不知道具体的经营收益信息，但他们也相对了解他们的工作量、所制造商品的市场价格等信息。因此，相对政府来说员工以及工会更了解自己身处企业的经营状态，掌握着大量的"私人信息"。劳动力市场声誉效应合作信息发布机制将员工、工会掌握的这种"私人信息"的优势转化为市场价格质量的信号，它使"公平"、"公正"分配的信息不再只是人们的一种心理认可及有价值无价格的信息，而是将其转化为一种真正有价值且有价格的信号。这种合作机制优于集体谈判制度，它并非通过政治、谈判能力等"迫使"企业在工资方面让步，而是完善了市场价格机制。"隐性关系"好的企业在市场中可以获得更大的收益，"隐性关系"不好的企业也要受到相应的惩罚。另外，无论员工的人力资本专用性还是通用性技能投资，劳动力市场声誉效应合作信息发布机制都能够有效的发布信息，促进企业人力资源管理工作的有效性。

　　充分利用"私人信息"优势，弥补市场价格机制不足是声誉效应合作信息发布机制的最大好处，不过，同时也给予合作机制带来了很大的麻烦。这个麻烦就是来自员工评价信息的准确性问题。关于企业租金分配合理性、是否自己的贡献与收入相匹配等问题必然包含了员工的主观性。因此，是否存在相对客观的"道德是非评价"信息及其准确性，直接关系到合作机制的效率以及影响力。

　　在一定程度上，统计学的大数定律可以减少员工个人主观评价而引起的偏性。这样声誉效应可将评价目标定在30人以上的大、中型企业中，在这些企业中，评价信息并不会因为一个或几个员工的个人主观性评价而影响结果。而当企业中大部分员工对于企业租金分配合理性、是否自己的贡献与收入相匹配、管理者能力等评价不高的话，那么就很难说明此企业的劳动关系状态、企业"隐性关系"较好。

　　为此，我国的第三方合作机制可以如英国ACAS那样，是一个以地区性机构为基础的全国性机构。全国性总部可以为地方性机构提供技术支持如英国ACAS那样具体包括送达支付、信息技术、数字解决方案、账务、人力资源、通信、政策、研究和评估等方面。每年，地方性合作机制对其地区的企业进行评估，并将评估信息加以总结反馈到总部机构，可以较低成本将这部分信息提供给所有求职者以及民众。

四、合作机制与工会

　　构建劳动力市场中声誉信息发布的合作机制并不是说可以去除掉工会作用，

而是工会需要重新审视自己的功能。企业工会职能从一种人力资本专用性投资的保障职能或是寻求政治法律保护的传统职能到信息发布的监督者、市场价格机制的完善者身份。因为，相对政府或其他企业外部人员，甚至是企业内部一般员工来说，工会比他们更清楚企业的经营状态、利润情况、劳动力成本、企业租金大小等信息。工会在企业内部限制企业管理者权威，同时协助第三方合作机制的调查，补充第三方合作机制可能疏漏的信息。

有些学者认为，我国目前企业中绝大多数（企业）工会的构成均是企业管理者的"同伙"，并不能代表工人利益。还有些学者认为，"中国劳动力的供求现状"导致了员工的谈判能力较低。合作机制可以解决上述的两个问题。合作机制并不是给予员工以谈判能力，不需要员工拥有谈判能力，并不依赖于工会的作用，而是把员工评价企业（如分配的公正性）等信息客观地反馈到市场中，通过在劳动力市场中可以观察到的信号来限制管理者的行为。从企业员工较小的谈判力量扩展到通过市场机制来限制管理者的机会主义行为。这种合作机制的作用正如淘宝网的 C2C 平台那样，在交易域很大的情况下，促进双方公平、公正的交易。

五、合作机制的运行

经济学家立刻会质疑创建劳动力市场声誉效应信息发布机制是否经济、有益可图。的确，如果更准确地回答这一问题，需要今后更加详细的研究。

英国的劳动咨询调解仲裁委员会（ACAS）从成立至今，资金主要来源还是依赖于政府。英国的劳动咨询调解仲裁委员会已经运行了 30 多年了，但 ACAS 同样遇到有关机构运行费用的筹集问题。特别是如果要 ACAS 扩大其覆盖范围和影响力，引入一些收费的服务项目将有助于 ACAS 完成自己的使命。ACAS 必须确信能够建立一种资金制度，这种制度能保证其获得一定的收入，并且在从政府获得的资金不减少的情况下，能够维持机构开支。对经费的削减提议则意味着一个显而易见的选择，ACAS 要么回到以前的改善劳动关系的老路上，要么考虑另外的资金机制——既从政府获得资助，也从商业活动中获取收入。但是这又会提出一些非常敏感的问题，就是如何保持 ACAS 的独立性和中立性问题，以及 ACAS 准备进行私有化的费用问题。①

无论如何，在合作机制的运行之初，一定是由政府提供机制运行资金。可以想象到这种合作机制的创立运行以及社会制度变迁的费用并不能太低。这需要人们长时间共同努力。比如，在随地吐痰这个问题上，即使有明确的规定却没有被

---

① ［英］琳达，聂尔伦. 英国劳资关系调整机构的变迁［M］. 北京：北京大学出版社，2007：第三章.

广泛认同与支持的话，只依赖诱导性制度变迁是不可行的，制度设计本身也是无效的；只有当广泛的民众反对吐痰行为，增加违规者的社会成本时，诱导性制度才是可能成立的。也就是说，无论是自发性或是诱导性制度变迁在变化过程中必须满足一个共同的条件：必须有超过临界规模的参与人修改对于活动范围的内部结构以及外部环境的认知，并以分散化或相互协调的方式联合采取新策略，这样才能导致新均衡的出现。所以，在劳动力市场发布声誉信号的方法除了需要国家政府能够提供劳动力市场声誉效应信号发布机制的建立和运行成本以外，还需要在劳动者中大力宣传，使人们认识到声誉信号的重要性，从而真正起到提高管理者机会主义行为成本的作用。这些行动都是需要成本的。然而，我们同样应该看到劳动力市场声誉效应的信息发布机构完善市场价格机制，将会能给社会带来多么深远的意义。

第四节　劳动力市场声誉效应信息发布的合作机制的意义

一、降低社会交易成本

这里运用杨小凯的新兴古典经济学理论解释劳动力中声誉效应重要性，如图8.1所示。它可以降低交易费用，提高整个社会的效率与公平性。为了将分工的比较优势充分发挥出来，市场中每笔的交易费用一定要降低。

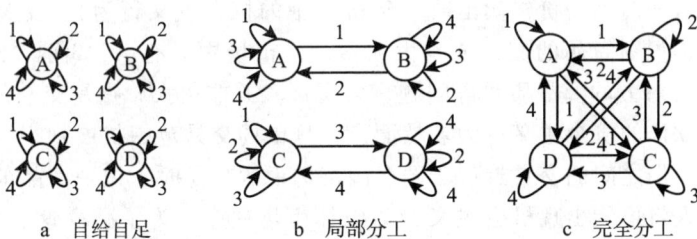

图8.1　新兴古典经济学分析框架的特点

图8.1中假定一个经济系统中有四个消费者或生产者（A，B，C，D），每个人必须消费4种产品，且可以选择生产四种类型的产品（1，2，3，4）。我们根据分工的程度，将经济分为自给自足、局部分工和完全分工三种类型，分别用a、b、c来表示。在图a中，每个人自给自足四种产品，没有市场存在，整个经

济分成 4 个互不往来的部分，经济没有一体化、缺乏商业化、生产集中程度低、每个人的专业化水平低。若我们假定专业化可以通过加速熟能生巧边干边学的过程提高生产力，[①] 则图 a 中的自给自足状态中每人的生产力都很低，但却完全没有交易及其产生的交易费用。由于所有人的生产消费结构相同，经济结构的多样化程度很低。在图 b 中的局部分工状态中，每人生产的产品种类数从 4 减至 3，即专业化水平上升，因此生产力上升，市场也从无到有，每人的交易次数从 0 增至 2，交易费用也从无到有。经济分为两个互不往来的部分，与自给自足相比，市场一体化程度上升。产品 1 或 2 的生产者人数也从自给自足时的 4 个减至 2 个，所以生产集中度上升，同时也出现两类生产贸易结构不同的专业，因而比自给自足的结构多样化程度上升。人与人之间的依赖性、每人的贸易依存度，社会的商业化程度及市场个数都增加。图 c 则是一种完全分工状态，每人的专业化程度、社会结构的多样化程度、每人的贸易依存度、社会的商品化程度、市场个数、经济一体化程度、生产集中程度、交易次数及总交易费用、每个人的生产率都比局部分工时增加。[②]

　　杨小凯的新兴古典经济学模型引申出一个重要结论是：市场交易范围较大的一个必要条件就是交易过程中的交易费用不能过大。比如在图 b 中，A、B 的相对比较优势分别是 1、2 两种消费。如果在他们之间交换 1、2 两种商品时，比如 A、B 两个人距离较远，或者他们之间没有路，商品交换的交易费用很大时，交易本身是不成立的。曾在我国农村流传的"要致富，先修路"就是这样一个道理。进一步，当交易市场范围增大的时候，相对的交易费用也随之而增加。这时所增加的成本并非来自如运输、货币使用与否等交易成本。另外，识别商品的质量费用也是需要交易成本的。价格机制在这时产生了作用，高质量的商品价格较高，低质量的商品价格较低。不过，一旦在这个交易过程中，有些人通过欺诈手段，把低质量的商品高价格卖出时（经济学中的机会主义行为），交易将充满不确定性因素，识别商品的交易成本大大增加。市场中只有 A、B 两个交易者时，识别的成本（对方的商品质量等问题，第七章）并非很大，重复交易的互利性行为可以减少欺诈的机会主义行为。然而，一旦市场交易范围扩展到很大，存在很多参与人，他们之间的交易近似于匿名制市场中的交易时，识别商品的成本将会很大，参与人将可能出现机会主义行为破坏市场秩序。为了减少这种识别成本，商品市场中出现了如品牌、知名商店发送了减少识别成本的信号，虽然他们相对价格较高，但至少质量是有保证的。

　　劳动力市场中也存在这样的问题，员工可能没有能力胜任他所获得的较高收

　　① 这里不只是通过干中学等强化自己的强项技能，事实无论如何能力的人存在，都会存在着相对比较优势。可以简单假定，A，B，C，D 四个人的相对比较优势分别为 1，2，3，4。
　　② 杨小凯，张永生. 新兴古典经济学与超边际分析 [M]. 北京：中国社会科学出版社，2003：15.

入，或者存在如偷工减料、偷懒、怠工等机会主义行为；同样管理者也可能不分发给劳动者合理收入，甚至如拖欠工资等。在实际中，限制员工机会主义行为可以通过如管理手段、任务的明确合同化等方法解决。然而，问题是如何限制管理者的机会主义行为以保护交易过程中的诚信与合作？正是因为我国缺乏良好的微观劳动力市场的经济秩序，所以，才会出现当前劳动力市场中所谓的劳资双方力量不均衡以及劳动关系中一些"不和谐"的现象。

声誉效应信息发布合作机制的作用在于劳动市场范围在信息化的条件下突然扩大，而缺乏价格的质量保证。将"良好的员工评价"声誉信号展现于市场之中，给劳资双方带来安全感和信任感，督促劳资双方能够以诚实、合作精神进行合作，一起携手创造企业租金。同时，减少了劳资双方在签订合同之前之后，双方在信息收集、信号显示、信息甄别、签约等方面所付出的交易费用。

二、推进我国人力资源管理良好发展

如果说，股票只是一种企业短期发展良好的信息体现的话，那么员工评价的声誉可以反映企业长期发展的信息。如果大部分员工都对企业管理者的企业准租金的分配不满意的话，员工与企业"隐性关系"很差，必将影响到企业员工未来工作的热情、动力，将会直接影响企业的未来效率以及收益。

声誉效应的信息发布合作机制将推动企业人力资源管理更为科学、准确的发展。因为只有科学、准确的评价每个员工的工作与贡献，并给予其合理的报酬，它才能得到员工的认可。本书第四章曾经指出，管理学天真地假设了只有员工才会出现机会主义行为，管理者不会出现机会主义行为，并可以本着"合作精神"合理地分配企业所造成的企业租金。然而，现实中并非如此，中国很多企业并不重视人力资源管理。很多企业中领导的分配权力是一种"绝对权威"，企业管理规章都流于形式，员工工资的评价过程中谁与"领导"关系好就可以拿到"高"工资，员工也不能怀疑"领导"拿了多少，在中国企业中人力资源管理的重要性并不高。

与强调提高管理者自身素质、道德观、责任感，天真假设管理者不会出现机会主义行为的做法不同，员工反馈信息的声誉效应的信息发布机制使人力资源管理工作真正在市场中产生价格，限制了管理者的机会主义行为，它督促企业加强在人力资源管理精力上的投入。如果人力资源管理评价不准确，将会得到员工的低认同感。一旦这种信息反馈到市场中，至少人们会评价，企业管理者分配可能不合理或是企业人力资源管理工作的不到位等原因导致企业"隐性关系"不佳。另外，如果求职者观察到某企业中在职员工评价其企业"隐性关系"的满意度非常之低这类信息，这很有可能是因为在职员工认为自己没有受到与劳动、贡献相应的补偿或出现员工一起与企业所创造的企业剩余反倒完全被管理者"压榨"了这种极端的情况。那么，求职者选择进入该企业将会变得十分谨慎，即使选择在这类企业工作的话，员工也更加愿意寻求一种明确合同，以防止管理者侵害自己利益的机会主义行为。在劳动力市场中，合作机制将会使企业人力资源管理真正产生了价格，这种价格还包含价格的质量信息。因此，有良好的"隐性关系"、较高声誉评价的企业可以招到更为优秀的人才。

通过市场中声誉效应的方式监督人力资源管理的执行程度，不只是保障了人力资本专用性投资，而且也保障了通用性技能投资，有助于通用性人力资本的流动，进而完善了市场价格机制，达到资源配置的帕累托最优状态。反馈员工对劳动关系问题上道德是非判断的评价、强调劳动力市场的声誉效应监控了企业人力资源管理的工作效率，将摆脱我国企业中人力资源管理缺乏公平性及效率低下的困境，推动企业重视人力资源管理以及劳动关系的调整。

三、良好正的外部效应

目前，我国大中型企业的劳动关系问题并不是很严重，在小型企业，特别是那些处于近似完全竞争的企业的劳动关系可能出现更大问题。为了保障评价信息的准确性，减少个别员工的主观性判断引起的影响，劳动力市场声誉效应信息发布机构只能评价员工使用量较多的大、中型企业。可能有学者将指出信息发布合作机制似乎与集体谈判制度一样，不能良好地解决小型企业劳动关系紧张状态这一问题。然而劳动力市场声誉效应信息发布机构所发布的声誉信息有着社会良好正的外部效应，可以解决小型企业中劳动关系紧张的问题。如本书第七章所述那样，小型企业的交易范围较小，用工关系信息传播主要依靠"亲戚"、"朋友"或"老乡"等社会关系网的途径。社会自我履行、共同抵制合作是可置信的信念的一个理性条件是，任何个人警告侵害社会利益的违规行为的成本是很小的。公平以及公正观念在市场价格机制中保障了工资（价格）的质量，并将这种声誉信息反馈到市场机制，促进了人们追求公平以及公正分配观念。包含"合作精神"的公平、公正的分配观念一旦在大、中型企业中广泛被人们接受，"合作精神"降低了社会中警告侵害自己利益的成本，就会促进小范围交易的社区影响管理者行为，强制他们自我履行的实施。那么人们普遍接受"合作精神"，在社区、社会关系网也将会出现类似声誉评价的信息传播。

第五节　政府在初期分配中的作用

目前，我国收入分配整体方案改革正在激烈的讨论中。其中，政府在分配问题上的角色以及其发挥作用是人们讨论的焦点，我国学者在其认识上存在较大的分歧。虽然，党的十七大报告所提出的"初次分配和再分配都要处理好效应与公平的关系，再分配更加注重社会公平"的重要论断，但在实践层次上如何统一初次分配和再分配的关系，并且防止我国不断拉大的收入差距问题仍然是制约我国长期稳定发展的"瓶颈"。针对政府在初次分配（个人工资等）与再分配（社会保障性支出等）所能发挥作用的认识上，传统学者认为在初次分配中政府不要插手，按照市场机制运作，只要搞好再分配就行。

最近，一些学者对这种传统观点持怀疑态度。如苏海南说："必须把初次分配存在的问题解决好，才有可能真正解决收入分配的问题，单纯靠二次分配解决不了中国收入分配问题。"不过，这种观点有很大的模糊性。政府能够解决初次分配吗？是采用直接干预市场的价格体系吗？本书从劳动关系的本质这个微观视角分析为什么我国初次分配中需要政府的积极作用。不过，与学者们所强调"政府在初次分配中的直接干预"观点不同，本书认为，在我国目前初次分配中，市场机制并没有起到有效的资源配置作用。比如是否"以合理范围分配"的企业责任这部分有价值的信息并没有能够以某种方式在市场以价格形式表达出来。市场中体现企业责任的信号很难被观测到，而且人们又轻易认为企业管理者的绩效收入与个人能力似乎存在相关性，所以，企业管理者更倾向于占有更多的剩余，而不是完成自身责任和提高企业合作意愿，导致了分配上的不公问题。体现劳动合同的关系性"好"与"坏"的信息在劳动力市场中缺乏，导致了企业权威的分配能力没有受到限制，初次分配中的市场出现价格机制失灵现象。

分配不公的根本原因是微观市场机制中市场失灵，评价企业权威能力的体系不完善，企业权威有着多重任务，只依赖一些如企业管理者的年薪信息来评价企业权威的能力必然导致激励偏差。因此，由我国市场不完善的特殊情况，我国政府应该在初次分配市场中起到规范市场微观秩序的积极作用。

重视分配结果只是督促企业完成企业责任的一种方法之一。政府还应该在规范和改善劳动力市场的微观环境上多下功夫，如何低成本的解决目前市场声誉信息的发布是很重要的。只有在市场机制中能够观察到相对完善的信息评价（如企业的初次分配是否能够得到多数员工的接受），才能真正并且从根本上解决分配问题。

第六节　本书研究的局限与劳动关系研究的边界

一、本书研究的局限

本书的主要的目的是使更多民众分享到改革开放后经济高速发展的成果。为此，必然需要解决初次分配中公平与效率之间的统一，回到劳动关系问题上，督促管理者以合作姿态分配企业所创造的租金，限制企业管理者分配企业所创造租金（剩余）的权力，构建较完善的初次分配的"中国特色"社会主义市场经济条件下劳动关系的合作机制。然而，限制机会主义行为、保障机会公平只是合作机制的最基本因素，完善的合作机制还包含本书所讨论以外的一些重要因素，如弱势群体的教育、再培训等方面。

金喜在认为，判断分配公平与否的标准中应该有三条基本原则：所得收入与贡献相适应、机会均等、保障弱势群体的生存和发展。本书所研究的合作机制可以解决所得收入与贡献相适应以及机会公平问题。然而，本书并没有过多涉及有关弱势群体的生存和发展问题，绝不是说弱势群体问题就可以被忽略或不重要，这是本书研究重点的局限所致。事实上，当今中国社会中存在很大数量的弱势群体，主要包括残疾人、鳏寡老人、城乡贫困家庭、失地而无正当职业的农民、失业人员、农民工、受自然灾害的人群、体力劳动型灵活就业者等，他们的生活水平和质量关系到整个社会的稳定以及发展。从机会公平还是收入与贡献相适应上看，虽然其都是在社会主义市场经济条件下必须坚持的公平原则，但都不能解决弱势群体的生存和发展问题。

金喜在认为，使社会全体成员能够过上幸福的生活，逐步实现全体社会成员更高层次的共同富裕，是社会主义社会追求的根本目标。为实现这一目标，不仅需要通过市场机制激发经济活力，提高经济效率，还需要用计划机制和政府的宏观调控来弥补市场经济及机制的不足。应该看到，激烈的市场竞争不仅必然带来人们收入上的差别，还会使一部分人失去最起码的生存保障。在社会主义市场经济条件下，竞争规则应当建立在每个社会成员的基本生存条件得以保障的基础上。而做到这一点，并非靠削弱或限制市场的竞争机制来实现，而是靠非市场手段，即依靠政府的宏观分配政策和调控政策来实现。[①] 笔者大部分同意这种观点，因为在判断是否是弱势群体的标准上，政府并不需要花费过多的费用收集、核实相关信息，这就与劳动关系以及企业租金分配产生了重要的区别，政府干预的效率有了很大的保证。[②]

所以，笔者一再反复强调，只凭借经济学、法学或其他任意一门学科都无法完全解决劳动关系问题，劳动关系问题是一个非常复杂、多学科交叉的问题，可以运用经济学、管理学、法学、甚至是社会学的研究方法，可以从不同角度研究劳动关系问题。虽然各个学科之间有着一定的交差，然而根据学科特定的特点，

---

① 金喜在. 当代中国市场经济理论与实践［M］. 北京：科学出版社，2011：216.

② 法学研究领域中交换对等之平等（commutativa equality）或亚里士多德所称为的"矫正正义"也从法学角度阐述了这样的问题，并且得出相同的结论。可参见博登海默. 法理学：法律哲学与法律方法［M］. 北京：中国政法大学出版社，2004：307 - 317.

存在一些其他学科无法研究的内容。所以，不同学科在研究劳动关系问题上都存在着自己的适用范围，学术、实践操作中都也存在相应的边界。以下说明其他学科超越本研究的部分。

二、劳动关系研究的边界与总结

在研究劳动关系问题上，各个学科有着自己学科特点，有一些其他学科无法研究的内容，图8.2反映了不同学科之间劳动关系研究的边界。当然，因为研究同样的劳动关系问题，学科之间必定存在着交叉部分。

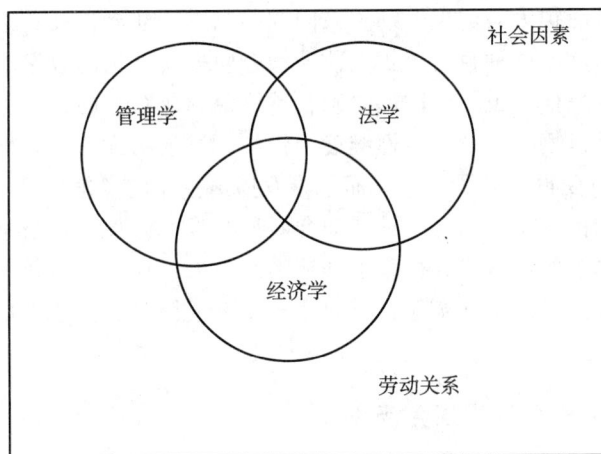

图8.2　劳动关系研究的边界

（一）劳动关系的法学研究

我们引用常凯所举的例子："企业还往往不足额给付，甚至拖欠劳工工资。2004年全国劳动保障监察部门查处的各类案件中，克扣和拖欠工资的占41%。另据问卷调查，近一年中，7.8%的员工被拖欠过工资，工资平均被拖欠3.2个月，人均被拖欠金额2 184元。在建筑企业和劳动密集型加工制造、餐饮服务企业，拖欠职工工资问题尤为突出。"从常凯举的这个例子中看，的确是应该由法律部门来解决。如果企业没有特殊、合理的理由，不按照合同所规定的执行，就是违法。如果市场多数企业都有类似行为，就是法律机制的强制能力不够。较公正地说，如果法律无法通过强制力保证合同的执行的话，那么，市场机制也必然是不健全的。市场机制的运行是建立在法制强制力保证的基础上的。从这种意义上，常凯所说的"劳动关系的运行机制尚不规范，目前中国劳动关系的市场运行，是一种不规范的市场运行。这种不规范突出地表现在中国的劳动法制的不健全"① 这种观点是正确的。但是，这绝对不能得到法律可以控制超出应有的范围试图解决一切劳动关系问题的结论。一旦走出了法律应该干预的范围，希望通过法律解决一切劳动关系问题，所支付的成本也必须随之而急剧增加。

在本书第六章的法律研究边界中，曾引用了施瓦茨的观点：当国家设立默示规则的一次性成本小于私人解决问题的总成本之和时，国家提供默示规则就是值得的。② 也就是说，如法律强调"公正"，通过法律解决劳动关系问题必须要求法庭面对的是具有大量的同质性案件。正如董保华所述那样，《劳动法》出于保障劳动者生存利益的需要，将一部分内容规定为强制性规范，而使《劳动法》具有公法特征，这部分内容应当成为人力资源管理的底线性规定。

法学方法试图扩大其解决劳动关系问题的范围，甚至扩展到本属于管理学研究优势的范畴，然而这种盲目的扩大使劳动合同失去真正的效率。如本书第四章所强调的灵活度那样，虽然合同越明确，越能限制住双方的机会主义行为，然而应该认识到这是以牺牲企业灵活性维度为代价。过于明确的合同将会使劳动合同与"即时合同"变得一样了，它反而很难发挥出企业的竞争优势，产生出更多的企业租金，很难保障企业的效率，劳动合同没有吸引力甚至是企业存在意义都成了问题。劳动关系的法学研究扩张了其范围的结果，直接影响到管理学的研究以及企业效率。从而管理学从企业自身效率出发，抵御着法学"平均主义"保障范围的扩展。

（二）劳动关系的管理学研究

本书一开始放宽了人的理性假设的一个主要原因就是给予管理学研究劳动关系留有足够的空间。在研究劳动关系中，员工特殊时期的"非理性"假设是管理学研究最特殊的地方。而法学与经济学的研究手段在很大程度上都是基于人的理性思考，如法学主张"权利与义务之间的对等"，并且任何条款都需要明确化以及经济学的"理性"假设。

人力资源管理的一项重要作用在于它通过一种相对较明确化的系统来评价员工个人能动性和热忱是否对企业的良好运行起到影响。以合同效率模型角度解释，人力资源管理在控制员工的机会主义行为时，同时保持其灵活性，充分发挥劳动合同的效率。除正常准确地评价员工的工作状态并给予相应报酬以外，它们也将培养员工从工作中获得的满意感、情感回报以及企业归属感等特殊时期的员工"非理性"。中国可能更多的是亲戚、朋友关系这种特殊产物建立并维持着相

---

① 常凯. 论劳动合同法的立法依据和法律定位 [J]. 法学论坛，2008 (03).

② Schwartz, A., 1994, "The Default Rule Paradigm and Limits of Contract Law", *Southern California Interdisciplinary Law Journal* 3：389 – 419.

互之间的信任，甚至在某种必要条件时（如市场不景气）可以"无偿"或"低成本"的维持合作①。在大型企业中这有利于使员工与企业一起共度最艰苦的时期，如经济不景气时，即使报酬不如景气时期多，然而员工的任务、工作态度可能与景气时期保持一样。20 世纪 60 年代至 90 年代初，日本经济高速发展，日本企业控制机会主义行为就是凭借这种管理学上的特殊时期"非理性"的宣传。管理学中劳动关系特殊之处就是因为劳动合同中的不明确规定，企业与员工在长期合作中产生了一种"隐性关系"，这种"隐性关系"将可能导致员工特殊时期的"非理性"。管理学"隐性关系"产生的特殊时期的员工"非理性"使劳动合同的弹性、效率要远远超越本书主要使用的经济学意义上"理性"的定义，甚至是互惠性原则。事实上，人也并非任何情况下都能保持理性思维，这也是人与机器的最重要区别之一，是企业、组织存在竞争优势的重要源泉之一。

　　不过，管理学天然假设了在执行合同过程中可以本着"合作精神"，公平对待每一名员工的贡献，并且分配企业所创造的租金给予员工相应的回报。管理者也不会存在违背"合作精神"的机会主义行为。然而，事实上，这种假设本身就是不成立的。这正如常凯所论述的："中国强调更多的是企业的效率，更多地看重人力资源管理的技术，忽略了人力资源管理和劳动关系之间的关系。"② 我们需要限制管理者的"企业权威"以及机会主义行为。通过法律以及集体谈判制度只是限制管理者机会主义行为的一种方式，然而法律强制力或集体谈判这种对抗性质的谈判力抗衡方式并不能良好地统一分配问题中的效率和公平之间的关系。要保障公平及效率的统一、规范人力资源管理、限制企业权威，我们需要重新认识市场价格机制的运作。通过完善的市场价格机制规范企业人力资源管理，监督其保障企业效率的同时，也注重公平以及公正地对待每位员工。

（三）劳动关系的经济学研究

　　经济学的定义有很多，通常认为，经济学是一门研究人类在"稀缺"问题下作出选择的科学，并研究人与社会如何使用稀缺的生产性资源，生产出有价值的商品，并把它们分配给社会的各个成员。经济学中最重要的研究对象是市场。如何通过市场价格机制影响企业劳动关系中利益相关者之间的利益、行为是经济学的长处，这是超过其他学科研究范围之外的特别之处。

　　虽然，本书一部分内容指出目前我国法律过于保护劳动者作法的不足，但笔

---

① Kale，P.，Singh，H.，and Perlmutter，H. 2000. "Learning and Protection of Proprietary Assets in Strategic Alliances：Building Relational Capital," Strategic. Manage. J.，21，pp. 217 – 237. 或 Poppo，L. and Zenger，T. 2002. "Do Formal Contracts and Relational Governance Function as Substitutes or Complements?" Strategic Manage. J.，23，8，pp. 707 – 725.

② 寇肯等. 美国产业关系的转型 [M]. 北京：中国劳动社会保障出版社，2008：186.

者也不赞成传统经济学家一味批评《劳动合同法》及法学界忽视公平、片面地追求企业效率的观点。一味批评并不能解决当今我国劳动关系以及分配问题。事实上，中国市场机制的确没有保障机会公平以及良好地限制机会主义行为，并不符合"合作精神"，经济也不可能长期有效率地稳定发展。经济学家需要反思：如果当今中国市场机制运行真的那么好，可以由价格信号资源达到资源最优配置的话，那么为什么还造成了现在极为严重的两极分化？这就是经济学强调的效率，还是中国当今市场价格机制不足以反映出社会的真正效率？

如本书第七、第八章中强调的那样，在当前中国市场中，已经损失了一部分包含着价格"质量"信号的信息。市场中，某些管理者"挤占"人力资本专用性投资、甚至是拖欠工资等行为之后的"道德风险"现象（机会主义行为）破坏了市场秩序，使市场价格机制中价格"质量"的信息不能够正常发送，造成市场不能有效地优化配置资源。市场中不能观察到除了工资以外的企业人力资源管理成果。因此，中国企业的人力资源管理实际上并没有发挥真正效率与公平性统一的作用。

因此，市场中才出现其他方式来弥补市场资源配置方式，如价格"质量"信号所引起的损失效率通过"熟人、亲戚"介绍工作或通过劳动关系中重复博弈进而识别对方提供的价格信号"质量"。然而，这种弥补只是市场制度不完善的一种次优选择，在劳动关系交易过程中，管理者与员工相互之间的不信任，已经造成了大量的社会资源浪费。目前市场只能促进效率，不能良好地保障"公平"或者是市场中存在着价格失灵，的确需要由政府来补充市场作用。但是政府的补充作用不是干预市场价格机制（无论是直接还是间接），而应该构建合作机制来完善市场机制，提高市场竞争程度，使价格信号包含质量信息，鼓励人们诚信合作。哈耶克认为，计划与竞争通常是不可兼得的，但计划在为竞争而计划时，才能与竞争结合起来。与上述观点一样，目前中国劳动力市场需要政府的管制作用，但管制主要应该是完善劳动力市场结构性的问题。通过完善的市场秩序规范企业管理制度，推进企业重视人力资源管理作用，进而限制管理者机会主义行为的效果。只有保证劳动关系的过程合作，才能真正意义上达到社会和谐的结果。

结　　语

本书构建了一种全新思路的劳动关系理论体系，良好地统一了初次分配中公平与效率之间的关系。本书的目标是使更多的中国人能够分享到改革开放后中国经济高速发展所带来的成果。因此，与传统劳动关系的研究手法形成鲜明对比，因为传统劳动关系研究只能保障最低水平的收入（弱势群体），给予他们机会摆脱最低水平，国家再分配可以在一定程度上保障效率与公平之间的统一。而传统的强调政府作用的方法，面对弱势群体范围以外的研究对象时，政府很难存在信息优势，很难有效地统一初次分配中公平与效率之间的关系，在初次分配问题中政府不应该采用直接干预的手段。

无论给予本书如何的评价，笔者坚信，坚持市场机制主导作用符合当今中国国情，无疑是最正确的选择。不能因为当今中国出现的一些不和谐现象就将其归结为市场价格机制不足，市场失灵，并以此为政府盲目干预提供借口。既然市场价格机制存在着问题，我们应该更清楚、更冷静、更理性地分析为什么市场价格机制出现问题，如何能够完善市场价格机制。

本书分析我国劳动力市场中价格失灵的真正原因，即缺乏员工评价价格质量的声誉信息。正是因为员工评价声誉信息的缺乏，才使我国出现了很多劳动关系不和谐的现象，如管理者违背"合作精神"，不道德地侵占员工应分得的企业租金（剩余），不公平、不公正评价每位员工的工作成果，甚至出现拖欠工资等不合法的机会主义行为。这是宏观上分配收入差距过大的原因之一。集体谈判制度只是促进合作的一种机制。但其制度本身却存在着缺乏灵活性、激励不足的问题，并不一定是真正的"和谐"状态必需的框架。

笔者强调，为限制管理者的机会主义行为以及企业权威的目标，我们需要明确的管理制度以及工会、集体谈判等方式，更为重要的是将管理制度（人力资源管理）的成果信息反馈到市场价格机制之中，即为劳动关系利益相关者之间更好的合作创造公平的外部环境。在我国目前初次分配中，市场机制并没有起到有效的资源配置作用，反映劳动合同的关系状态"好"与"坏"等信息在劳动力市场中不能被人们观察到，企业权威的分配能力没有受到限制，导致我国微观市场价格机制并不能有效地正常运转，即市场失灵现象的出现。所以，政府应该加大对初次分配的干预。这种干预不是直接影响价格机制（改变结果），而完善初次分配中市场价格机制信号传递作用。本书明确了当前政府的职能，政府并非直接（或间接）干预市场中的价格，而应该建立合作机制保证劳动力市场中价格机制正常运转，保证市场的竞争性。

　　就像树木跟树林的关系一样，只有构成微观经济制度主体健康，我们才能看到宏观经济的稳定、发展，只有完善的市场机制才能真正促进合作，它是当今中国保证经济高速发展、普遍提高人民生活水平、达到和谐劳动关系状态、实现共同富裕的最佳选择。中国的分配问题研究不仅将重点放在分配得到多少才是公平的，而且更为重要的是微观分配制度是公平的。因此，本书在完善我国市场机制方面作出了探索性的研究。

参 考 文 献

[1] 马克思. 资本论（第一卷、第三卷）［M］. 北京：人民出版社，1975.

[2] ［德］尼克拉斯·罗曼. 信任［M］. 上海：上海世纪出版集团，2005.

[3] ［美］罗尔斯. 作为公平的正义——正义新论［M］. 上海：上海三联书店，2002.

[4] ［美］哈尔·R·范里安. 微观经济学：现代观点［M］. 上海：上海三联书店，1994.

[5] ［美］马斯-科莱尔；温斯顿；格林. 微观经济学［M］. 北京：中国社会科学出版社，2001.

[6] ［美］坎贝尔·R·麦克南；斯坦利·L·布鲁；大卫·A·麦克菲逊. 当代劳动经济学［M］. 北京：人民邮电出版社，2006.

[7] ［美］伊兰伯格，史密斯. 现代劳动经济学［M］. 北京：中国人民大学出版社，2007.

[8] ［美］桑普斯福特. 劳动经济学前沿理论［M］. 北京：中国税务出版社，2003.

[9] ［美］爱德华·拉齐尔. 人事管理经济学［M］. 北京：生活·读书·新知三联书店，2000.

[10] ［美］迪克西特，奈尔伯夫. 策略思维［M］. 北京：中国人民大学出版社，2002.

[11] ［美］夏普，雷吉斯特，格兰姆斯. 社会问题经济学［M］. 北京：中国人民大学出版社，2007.

[12] ［美］巴罗. 宏观经济学：现代观点［M］. 上海：格致出版社，2008.

[13] ［美］埃里克·弗鲁博顿，［德］鲁道夫·芮切特. 新制度经济学——一个交易费用分析范式［M］. 上海：上海三联书店，2006.

[14] ［美］R·科斯、A·阿尔钦、D·诺思等著. 财产权利与制度变迁——产权学派与新制度学派译文集［M］. 上海：上海三联书店，2003.

[15] ［美］科斯，诺思等著，［法］克劳德·梅纳尔编. 制度、契约与组织——从新制度经济学角度的透视［M］. 北京：经济科学出版社，2003.

[16] ［美］约翰·N. 德勒巴克等编. 新制度经济学前沿［M］. 北京：经济

科学出版社，2003.

[17] [美] 威廉姆森，温特等编. 企业的性质：起源演变和发展 [M]. 北京：商务印书馆，2007.

[18] [美] 威廉姆森著. 资本主义经济制度 [M]. 北京：商务印书馆，2007.

[19] [美] 奥利佛·威廉姆森，斯科特·马斯滕著. 交易成本经济学——经典名篇选读 [M]. 北京：人民出版社，2008.

[20] [美] 保罗·米尔格罗姆，约翰·罗伯茨著. 经济学、组织与管理 [M]. 经济科学出版社，2004.

[21] [美] 西蒙. 管理行为 [M]. 北京：机械工业出版社，2007.

[22] [美] 马奇，西蒙. 组织 [M]. 北京：机械工业出版社，2008.

[23] [美] 波斯纳. 法律的经济分析 [M]. 北京：中国大百科全书出版社，1997.

[24] [美] 波斯纳著. 苏力译. 道德和法律理论的疑问 [M]. 北京：中国政法大学出版社，2001.

[25] [美] 罗伯特·D·考特、托马斯·S·尤伦. 法和经济学 [M]. 上海：上海财经大学出版社，2004.

[26] [美] 博登海默. 法理学：法律哲学与法律方法 [M]. 北京：中国政法大学出版社，2004.

[27] [美] 寇肯等. 美国产业关系的转型 [M]. 北京：中国劳动社会保障出版社，2008.

[28] [美] 奥尔森. 集体行动的逻辑 [M]. 上海：上海三联书店，1995.

[29] [美] 弗莱施哈克尔. 分配正义简史 [M]. 南京：译林出版社，2010.

[30] [美] 斯蒂文·G·米德玛编. 科斯经济学 [M]. 上海：上海三联书店，2007.

[31] [美] 汉斯曼. 企业家所有权 [M]. 北京：中国政法大学出版社，2001.

[32] [美] 迈克尔·詹森. 企业理论——治理剩余索取权和组织形式 [M]. 上海：上海财经大学出版社，2008.

[33] [美] 帕特里克·博尔顿，[比] 马赛厄斯·博瓦特里庞. 合同理论 [M]. 上海：格致出版社，上海三联书店，2008.

[34] [美] 克鲁格曼. 美国怎么了 [M]. 北京：中信出版社，2008.

[35] [美] 丹尼尔·雷恩. 管理思想史 [M]. 北京：中国人民大学出版社，2009.

[36] [美] 巴纳德. 经理人员的职能 [M]. 北京：机械工业出版社，2007.

［37］［美］巴纳德．组织与管理［M］．北京：中国人民大学出版社，2009．

［38］［美］麦格雷戈．企业的人性方面［M］．北京：机械工业出版社，2007．

［39］［美］彼得·W·德鲁克．管理的实践［M］．北京：机械工业出版社，2006．

［40］［美］彼得·W·德鲁克．经典德鲁克［M］．海口：海南出版社，2008．

［41］［美］威廉·大内．Z 理论［M］．北京：机械工业出版社，2008．

［42］［美］约翰·W·巴德．人性化的雇佣关系——效率、公平与发言权之间的平衡［M］．北京：北京大学出版社，2007．

［43］［美］戈登·图洛克．收入再分配的经济学［M］．上海：上海人民出版社，2008．

［44］［英］亚当·斯密．国富论［M］．北京：华夏出版社，2004．

［45］［英］亚当·斯密．道德情操论［M］．上海：上海三联书店，2006．

［46］［英］琳达·狄更斯，聂尔伦编著．英国劳资关系调整机构的变迁［M］．北京：北京大学出版社，2007．

［47］［英］李维斯，桑希尔，桑得斯．雇员关系［M］．大连：东北财经大学出版社，2005．

［48］［英］沃纳．管理思想全书［M］．北京：人民邮电出版社，2009．

［49］［法］贝尔纳·萨拉尼耶．合同经济学［M］．上海：上海财经大学，2008．

［50］［法］GyÖrgy 主编，易定红等译．欧洲劳动关系：共性卷［M］．上海：中国劳动社会保障出版社，2009．

［51］［日］青木昌彦，奥野正宽．经济体制的比较制度分析［M］．上海：中国发展出版社，2005．

［52］［日］青木昌彦．企业的合作博弈理论［M］．北京：中国人民大学出版社，2005．

［53］［日］青木昌彦．比较制度分析［M］．上海：上海远东出版社，2001．

［54］［韩］张瑛硕．当代中国劳动制度变化与工会功能的转变［M］．石家庄：河北大学出版社，2004．

［55］樊纲．现代三大经济理论体系的比较与综合［M］．上海：上海三联书店，2006．

［56］朱钟棣．当代国外马克思主义经济理论研究［M］．北京：人民出版社，2004．

［57］金喜在．当代中国市场经济理论与实践［M］．北京：科学出版社，

2011.

　　[58] 陆铭. 劳动经济学 [M]. 上海：复旦大学出版社，2002.

　　[59] 徐伟红. 劳动经济学案例 [M]. 杭州：浙江大学出版社，2006.

　　[60] 陆铭. 劳动和人力资源经济学 [M]. 上海：上海人民出版社，2007.

　　[61] 杨河清. 劳动经济学 [M]. 北京：中国人民大学出版社，2002.

　　[62] 马国川. 争锋 [M]. 北京：中国水利水电出版社，2008.

　　[63] 马立诚. 交锋三十年 [M]. 南京：江苏人民出版社，2008.

　　[64] 王家声，应春山主编. 第三只眼 [M]. 广州：广东人民出版社，
2008.

　　[65] 卢现祥. 新制度经济学 [M]. 武汉：武汉大学出版社，2004.

　　[66] 杨其静. 企业家的企业理论 [M]. 北京：人民大学出版社，2005.

　　[67] 曲振涛，杨恺钧. 法经济学教程 [M]. 北京：高等教育出版社，
2006.

　　[68] 史晋川. 法经济学 [M]. 北京：北京大学出版社，2007.

　　[69] 魏建，周林彬. 法经济学 [M]. 北京：中国人民大学出版社，2008.

　　[70] 张维迎. 企业的企业家——契约理论 [M]. 上海：上海三联书店，
1995.

　　[71] 张维迎. 博弈论与信息经济学 [M]. 上海：上海三联书店，2001.

　　[72] 张朋柱，等. 合作博弈理论与应用 [M]. 上海：上海交通大学出版
社，2006.

　　[73] 杨其静. 企业家的企业理论 [M]. 北京：中国人民大学出版社，
2005.

　　[74] 聂辉华. 声誉、契约与组织 [M]. 北京：中国人民大学出版社，
2008.

　　[75] 谌新民. 企业内部劳动力市场 [M]. 北京：中国社会科学出版社，
2006.

　　[76] 刘汉民. 企业理论、公司治理与制度分析 [M]. 上海：上海三联书
店，2007.

　　[77] 张曙光. 中国制度变迁案例研究 [M]. 北京：中国财政经济出版社，
2002.

　　[78] 费方域. 企业的产权分析 [M]. 上海：上海三联书店，1998.

　　[79] 周其仁. 产权与制度变迁：中国改革的经验研究 [M]. 北京：社会科
学文献出版社，2002.

　　[80] 盛洪. 现代制度经济学（上下卷）[M]. 北京：北京大学出版社，
2003.

[81] 张苗荧. 文化、企业制度与交易成本——温州模式的新视角 [M]. 杭州：浙江大学出版社，2008.

[82] 陈钊. 经济转轨中的企业重构：产权改革与放松管制 \[M]. 上海：上海三联书店，2004.

[83] 陈郁. 企业制度与市场组织——交易费用经济学文选 [M]. 上海：上海三联书店，2006.

[84] 洁蕙，等. 劳务派遣 [M]. 上海：上海人民出版社，2008.

[85] 程延园. 劳动关系 [M]. 北京：中国人民大学出版社，2002.

[86] 程延园. 集体谈判制度研究 [M]. 北京：中国人民大学出版社，2004.

[87] 董保华. 劳动合同法的软着陆——人力资源管理的影响与应对 [M]. 北京：中国法制出版社，2007.

[88] 郭庆松. 企业劳动关系管理[M]. 天津：南开大学出版社，2001.

[89] 吴宏洛. 转型期的和谐劳动关系 [M]. 北京：社会科学文献出版社，2007.

[90] 林毅夫. 发展战略与经济发展 [M]. 北京：北京大学出版社，2006.

[91] 孙月平. 劳动经济问题研究 [M]. 北京：人民出版社，2003.

[92] 权衡. 收入分配与社会和谐 [M]. 上海：上海社会科学出版社，2006.

[93] 李实，史泰丽，等. 中国居民收入分配研究3 [M]. 北京：北京师范大学出版社，2008.

[94] 迟巍. 人力资源经济学 [M]. 北京：清华大学出版社，2007.

[95] 杨强. 中国个人收入的公平分配 [M]. 北京：社会科学文献出版社，2007.

[96] 王开玉，等. 中国中等收入者研究 [M]. 北京：社会科学文献出版社，2006.

[97] 王君南，陈微波. 劳动关系与社会保险 [M]. 济南：山东人民出版社，2004.

[98] 陆铭. 工资和就业的议价理论 [M]. 上海：上海三联书店，2004.

[99] 杨宜勇. 劳动就业体制改革攻坚 [M]. 北京：中国水利水电出版社，2005.

[100] 陆立军，王祖强. 浙江模式——政治经济学视角观察与思考 [M]. 北京：人民出版社，2007.

[101] 茅于轼. 中国人的道德前景 [M]. 广州：暨南大学出版社，1997.

[102] 万广华. 经济发展与收入不均等：方法和证据 [M]. 上海：上海三

联书店，2006.

[103] 风笑天. 社会学研究方法 [M]. 北京：中国人民大学出版社，2001.

[104] 风笑天. 现代社会调查方法 [M]. 武汉：华中科技大学出版社，2005.

[105] 柯惠新，丁立宏. 市场调查与分析 [M]. 北京：中国统计出版社，2000.

[106] David Lowery and Holly Brasher. *Organized Interests and American Government*. McGraw – Hill companies，2004.

[107] Simon, H. A. An Empirically Based Microeconomics. New York, NY: Cambridge University Press. 1997.

[108] Marsden, D. *A Theory of Employment Systems*: *micro-foundations of societal diversity*. Oxford University Press. 1999.

[109] Brousseau; Glachant. *New Institutional Economics*. Cambridge. 2009.

[110] Gary Davis, *Corporate Reputation and Competitiveness*, Routledge press, 2003.

[111] 宮本光晴. 企業システムの経済学. 新世社，2004. 134.

[112] 磯谷明徳. 制度経済学のフロンィア. ミネルゥ7書房房. 2004. 184.

[113] 陆铭，陈钊. 就业体制转轨中的渐进改革措施——国有企业二层次内部劳动力市场的效率改进 [J]. 经济研究，1998 (11).

[114] 周其仁. 市场里的企业：一个人力资本与非人力资本的特别合约 [J]. 经济研究，1996 (6).

[115] 周其仁. 控制权回报与企业家控制的企业——公有制经济中企业家人力资本产权的一个实例 [J]. 经济研究，1997 (5).

[116] 赵增耀. 内部劳动力市场的经济理性及在我国的适用性 [J]. 经济研究，2002 (3).

[117] 赵曙明，赵薇. 美、德、日劳资关系管理比较研究 [J]. 外国经济与管理，2006 (1)：17 - 22.

[118] 夏小林. 私营部门：劳资关系及协调机制 [J]. 管理世界，2004 (6)：33 - 52.

[119] 徐光华，陈万明，王怀明. 基于人力资本与投入资本博弈的企业剩余收益分配模式研究 [J]. 管理世界，2006 (6)：149 - 150.

[120] 胡宇辰，曹鑫林. 论企业非正式组织的管理协调 [J]. 管理世界，2007 (7)：166 - 167.

[121] 严善平. 人力资本、制度与工资差别 [J]. 管理世界，2007 (6)：4 - 13.

［122］王胜谦．我国的收入分配问题与就业政策［J］．管理世界，2006（2）：144 - 145.

［123］杨瑞龙，聂辉华．不完全契约理论．一个综述［J］．经济研究，2006（2）：104 - 115.

［124］杨瑞龙，杨其静．对"资本雇佣劳动"命题的反思［J］．经济科学，2000（6）：91 - 100.

［125］杨瑞龙，周业安．一个关于企业所有权安排的规范性分析框架及其理论含义［J］．经济研究，1997（1）：12 - 22.

［126］杨瑞龙，卢周来．正式契约的第三方实施与权力最优化［J］．经济研究，2004（5）：4 - 12

［127］卢周来．企业雇佣契约的性质研究［J］．经济社会体制比较，2007（4）：57 - 62.

［128］史晋川，朱慧．法经济学在中国的新进展［J］．经济研究，2006（6）：124 - 127.

［129］张曙光．企业理论的进展和创新［J］．经济研究，2007（8）：153 - 160.

［130］于金富，徐详军．全国首届"马克思主义经济学发展与创新论坛"综述［J］．经济研究，2007（6）：154 - 156.

［131］常凯；李坤刚．必须严格规制劳动者派遣［J］．中国劳动，2006（3）：9 - 12.

［132］重逢．国家对劳务派遣用工有明确限定［J］．劳动保障世界，2008（2）：44.

［133］宋丰景．专用性人力资源与劳务派遣［J］．北京社会科学，2005（1）：12 - 20.

［134］岳永，姚慧琴．分工、分配与劳资关系——收入差距的政治经济学解释［J］．制度经济学研究，第18辑，2008（1）：1 - 39.

［135］Robert E. Hall. The Importance of Lifetime Jobs in the U. S. Economy［J］. *The American Economic Review*, 1982（4），pp. 716 - 724.

［136］Assar Lindbeck；Dennis J. Snower. Wage Setting, Unemployment, and Insider - Outsider Relations, *The American Economic Review*, 1986（2），pp. 235 - 239.

［137］Edward P. Lazear. Balanced Skills and Entrepreneurship［J］. *The American Economic Review*, Vol. 94, No. 2（May, 2004），pp. 208 - 211.

［138］Edward P. Lazear；Paul Oyer. The Structure of Wages and Internal Mobility［J］. *The American Economic Review*, Vol. 94, No. 2（May, 2004），pp. 212 -

216.

[139] Sanford Grossman and Oliver Hart, "The Costs and Benefits of Owner-ship: A Theory of Vertical and Lateral Integration", *Journal of Politcal Economy*, 1986, Vol. 94: 691 – 719.

[140] Cheung, S. N. S. "The contractual nature of the firm". *Journal of Law and Economics*, 1983, 26 (1), 1 – 21.

[141] Alchian and Harold Demsetz, "Production, Information Costs and Eco-nomic Organization", *American Economic Review*, 1972, 62 (50): 777 – 795.

[142] Coase, R. "The Nature of the Firm" . *Economica*, 1937, Vol. 4, No. 3, 286 – 405.

[143] Coase, R. "The Federal Communications Commission," *Journal of Law Economics*, 1959. 2, 2, pp. 1 – 40.

[144] Coase, R. "The Problem of Social Cost," *Journal of Law Economics*, 1960. 3, 1, pp. 1 – 44.

[145] Sanford Grossman and Oliver Hart, "The Costs and Benefits of Owner-ship: A Theory of Vertical and Lateral Integration", *Journal of Politcal Economy*, 1986, Vol. 94: 691 – 719.

[146] Bolton, P. and A. Rajan. "The Employment Relation and the Theory of the Firm: Arm's Length Contracting versus Authority. " 2001. Mimeo, Princeton.

[147] Baker, G. P. , R. Gibbon, and K. J. Murphy. "Relational Contracts and the Theory of the Firm. " *Quarterly Journal of Economics*, 2002, 117, 39 – 84.

[148] Levin, J. "Relational Incentive Contracts. " *American Economic Review*. 2003, 93, 835 – 857:

[149] Teece, D. J. "Economies of Scope and the Scope of the Enterprise," *Journal of Economic Behavior and Organization*, 1980. 1, pp. 223 – 247.

[150] Teece D. J. , Rumelt, R. , Dosi, G. , and Winter G. S. "Understand-ing Corporate Coherence: Theory and Evidence," *Journal of Economic Behavior and Organization*. 1994. 23, pp. 1 – 30.

[151] Bengt Holmstrom and Paul Milgrom. "Multitask Principal – Agent Analy-ses: Incentive Contracts, Asset Ownership, and Job Design", *Journal of Law, Eco-nomics, & Organization*, Vol. 7, Special Issue, (1991), pp. 24 – 52.

[152] Luis Garicano. "Hierarchies and the Organization of Knowledge in Produc-tion", *The Journal of Political Economy*, Vol. 108, No. 5 (Oct. , 2000), pp. 874 – 904.

[153] Milgrom, P. and Roberts, J. D. 1988. "Economic Theories of the Firm:

Past, Present, and Future," *Canadian Journal Economics*, 21, pp. 444 – 458.

[154] Williamson, O. E. , Wachter, M. & Harris, J. 1975. "Understanding the Employment Relations: The Analysis of Idiosyncratic Exchange" . *The Bell Journal of Economics*, 6, pp. 250 – 278.

[155] Wartick, S. L. Measuring Corporate Reputation. *Business and Society*, 2002, 41 (4): 371 – 393.

[156] Toshiaki Tachibanaki; Tomohiko Noda; Torben M. Andersen; Alan Kirman. Enterprise Unionism: The Japanese System at Work [J] . *Economic Policy*, Vol. 11, No. 23. (Oct. , 1996), pp. 469 – 485.

[157] Wood, S. J. Human Resource Management and Performance [J]. *International Management Review*, 1999, 1 (4): 367 – 413.

[158] Kaufman, John Dunlop. Reflections on six Decades in Industrial Relation: A Interview with John Dunlop [J]. *Industrial and Labor Relation Review*, 2002, 55 (2): 324 – 348.

[159] Godard, J. "Do Labor Laws Matter? The Density Decline and Convergence Thesis Revisited," [J]. *Industrial Relations*, 2003, 42 (3): 458 – 92.

[160] Vincent J. Roscigno and Randy Hodson. The Organizational and Social Foundations of Worker Resistance [J]. *American Sociological Review*, 2004, 69 (1): 14 – 39.

[161] Courchene, T. J. Human Capital in an Information Era [J]. *Canadian Public Policy/Analyse de Politiques*, 2002, 28 (1): 73 – 80.

[162] Wolfgang Streeck and Christine Trampusch. Economic Reform and the Political Economy of the German Welfare State [J]. *German Politics*, 2005, 14 (2): 174 – 195.

[163] Funk, Lothar. Convergence in Employment – Related Public Policies? A British – German Comparison [J]. *German Politics*, 2007, 16 (1): 116 – 136.

[164] Macaulay, Stewart. 1963. "Non-contractual relations in business" [J]. *American Sociological Review*, 28: 55 – 70.

[165] Shulman, Harry. 1955. "Reason, contract, and law in labor relation" [J]. *Harvard Law Review*, 68 (June): p999 – 1036.

[166] Guest, D. and R. Peccei. Partnership at Work: Mutuality and the Balance of Advantage [J]. *British Journal of Industrial Relations*, 2001, 39 (2) 207 – 36.

[167] Stahl, I. (1972), Bargaining Theory, Economic Institute, Stockholm School of Economics.

[168] Rubinstein, A. (1982). "Perfect Equilibrium in Bargaining Model ",

Econometrica, 50, 97 - 109.

[169] Guth et al, 1982, "An Experimental Analysis of Ultimatum Bargaining", *Journal of Economic Behavior and Organization*, 3.

[170] Roth Alvin E. , Vesna Prasnikar, Shmuel Zamir, and Masahiro Okuno - Fujiwara, "Bargaining and Market Behavior in Jerusalem, Ljubljana, Pittsburgh, and Tokyo: An Experimental Study. " *American Economic Review*, December 1991, 81, 1068 - 1095.

[171] Hoffman, Elizabeth, Kevin McCabe, and Vernon Smith. 1994. "Preferences, property rights, and anonymity in bargaining games" . *Game and Economic Behavior*: 7 (3), 346 - 380.

后　记

　　爱因斯坦曾说过："知道的越多，越觉得自己无知"。博士毕业后经过近两年的工作学习，我越发发觉在经济学的浩瀚海洋中，自己只是得到了一杯水，还有更多的知识要学习。由此回看自己的博士毕业论文，更觉浅薄，用最近几年的学习所得对其进行反复修改完善之后，诚惶诚恐地将之出版，期待各位同仁给予批评和指正。

　　在此书即将出版之际，回顾多年学习经历，感慨颇多。对东北师范大学各级领导和老师多年来的关爱、帮助和不倦教诲，感激之情难以言表。

　　首先，我要向恩师金喜在教授表示最诚挚的谢意，是金老师引导我走进科学研究的殿堂。金老师的谆谆教诲使我从一个数学学院（统计学专业）本科生变成了一个具备经济学、管理学及法学的专业知识及科研能力的专业人才。我的论文从选题、总体框架到行文和修改，无不凝聚着恩师的汗水和心血。金老师人品高尚、学识渊博、治学严谨，师从于这样的大家使我终身受益。同时，在他身上，我还学到了求实求真的精神，学到了做人胸怀坦荡的真谛。我将终身以金老师作为我的榜样，坚持学习，在追求真理的道路上不断前进。

　　对东北师范大学多位老师的教诲和帮助，我要表达最衷心的感谢。

　　对日本国九州大学经济学部的矶谷明德教授在我公派留学一年半期间的指导和帮助也要再次表示感谢。

　　我还要感谢我身边的同学和朋友，尤其是我的室友李本崇与胡宇同学，在十年的时间里，无论在生活上还是在学习上他们都给了我莫大的帮助！

　　最后，我还要感谢我的父母，感谢他们这么多年来一直给予我的支持、鼓励和无私的爱。

　　谁言寸草心，报得三春晖！在此书即将出版之际，作者真心向一切给予我支持和帮助的人表示最诚挚的谢意！我是幸运的、幸福的，我会将你们给予的无私帮助传递给更多的人，用我所学到的知识去回报社会、回报国家、回报天下苍生。

崔　驰

2013 年 10 月 27 日